Literatura y pensamiento en España

Estudios en honor de
CIRIACO MORÓN ARROYO

Edited by

FRANCISCO LA RUBIA-PRADO

Juan de la Cuesta
Newark, Delaware

Copyright © 2003 by Juan de la Cuesta—Hispanic Monographs
270 Indian Road
Newark, Delaware 19711
(302) 453-8695
Fax: (302) 453-8601
www.JuandelaCuesta.com

MANUFACTURED IN THE UNITED STATES OF AMERICA

ISBN: 1-58871-031-9

Índice

Agradecimientos vii

Introducción
    FRANCISCO LARUBIA PRADO ix

Publicaciones de CIRIACO MORÓN ARROYO xv

CERVANTES

Aproximación a una teoría dramática cervantina
    ENRICA CANCELLIERE 1

'¡O más dura que mármol a mis quexas!':
Presencia intertextual de Garcilaso
en *La Galatea* de Cervantes
    EDWARD DUDLEY 15

Saavedra: Testimonio, clamor y experiencia limítrofe en Cervantes
    MARÍA ANTONIA GARCÉS 33

Los dos finales de *La vida es sueño*: una lectura cervantina
    ROBERTO GONZÁLEZ ECHEVARRÍA 55

La renovación crítica y el *Quijote*:
Notas sobre el cervantismo italiano
    MARÍA CATERINA RUTA 77

"... y cuerpo sin alma": de Dulcinea a Altisidora,
o la transformación paródica del ideal amoroso en el *Quijote*
    EDUARDO URBINA 101

LITERATURA Y PENSAMIENTO MODERNOS

El quijotismo de Unamuno y la envidia
    CESÁREO BANDERA 115

Ortega y la etnopsicología: Multiculturalismo y carácter nacional
THOMAS MERMALL 137

Ortega Gasset, la técnica y la nueva comunicación
GONZALO NAVAJAS 155

Quiasmo, contradicción y paradoja
en el lenguaje y pensamiento de Unamuno
PAUL OLSON 167

La salvación de la patria como condición de la salvación del yo:
preocupación de la Edad de Plata
NELSON R. ORRINGER 187

El Encontronazo de Robinson y Don Quijote:
Los Españoles y los ingleses se critican, 1895-1905)
LAURA OTIS 207

Ortiz y Malinowski: Los caminos de la transculturación
ENRICO MARIO SANTÍ 229

Corrientes y prácticas literarias en la obra de Carmen de Burgos
SYLVIA TRUXA 245

Agradecimientos

MI AGRADECIMIENTO A TODOS los que han aceptado contribuir al presente volumen: a aquellos que están presentes en el índice, y a Rolena Adorno, Mary Gaylord y Karl-Ludwig Selig que, por causas muy ajenas a su voluntad, no han podido sumarse a este homenaje.

Thomas Lathrop ha participado con su siempre competente trabajo como Editor de "Juan de la Cuesta," y Roberto Pareja me ayudó a editar el volumen en su fase inicial. Finalmente, agradezco al Departamento de Lenguas Romances de Cornell University su ayuda para la publicación de este volumen.

Introducción

EN RELACIÓN A LA aptitud de la cultura alemana para la filosofía, José Ortega y Gasset dice que cuando un boticario alemán machaca hierbas en un mortero está pensando en el lugar que dicha actividad ocupa en el orden cósmico. Pues bien, Ciriaco Morón Arroyo traspasa las implicaciones de tal actitud porque no permite que su actividades—académicas o de otro tipo—se emplacen simple y azarosamente en un cosmos o universo cualquiera. Ciriaco sitúa su diario quehacer en el orden cósmico que su sentir y su volición han elegido y regulan. Se trata de un orden de coherencia inusitada; de hecho, la vida de Ciriaco es en sí misma una declaración filosófica—intelectual, ética y estéticamente. No se ha visto—o yo no he visto—mayor grado de integración de los diferentes planos y estructuras de la vida humana. Su sentimiento hacia la vida no es ni cómico, ni nihilista, ni trágico. Es místico. Y siguiendo a Santa Teresa suscribe enteramente—y a pesar de los pesares—aquello de que "el alma humana no es una cosa oscura."

La coherencia existencial de Ciriaco es respetada, y su bondad admirada, por sus amigos, colegas, estudiantes y, desde luego, por sus paisanos de Pastrana (el pueblo de Guadalajara donde nació el 8 de agosto de 1935). De esto último tengo noticia no por haber visitado personalmente la noble villa alcarreña, sino porque en el verano del año 2001, navegando por el Danubio, al anochecer, y admirando el majestuoso parlamento húngaro en Budapest, conocí a otros turistas cuya patria no era otra que Pastrana. Al mencionarles el nombre de Ciriaco, me hablaron de él con la admiración y cariño que llevaron a los pastraneros en 1992 a declararlo hijo predilecto de la ciudad—y si no le pusieron a una calle su nombre fue porque Ciriaco se negó a ello, argumentando que no quería ser tan pronto convidado de piedra.

Ciriaco Morón Arroyo posee una extraordinaria formación clasicista. Al final de sus años en el seminario de la Diócesis de Toledo—lo que antes se llamaba el bachiller, y en los Estados Unidos se conoce como *high school*—Ciriaco se sabía de memoria varias églogas de Virgilio, el *Arte poética* de Horacio, una cantidad considerable de poemas de Ovidio, y párrafos enteros de la *República* de Platón. De ahí que cuando leyó el verso de Rubén Darío: "Yo soy aquel que ayer no más decía...," recordara instintivamente el "Ille ego qui fuerim" de Ovidio. Y en 1980, cuando viajó por primera vez a la Universidad de L'Aquila en Italia, al parar el tren en Sulmona, Ciriaco recordó aquello de "Sulmo mihi patria est gelidis uberrius undis," también de Ovidio.

Al acabar el seminario, Ciriaco se matriculó de Filosofía en la Universidad Pontificia de Salamanca, en donde no había facultades de ciencias ni laboratorios. Lo que sí había era cuatro facultades: Teología, Derecho Canónico, Humanidades Clásicas y Filosofía. Allí, la filosofía obligada era el tomismo, pero también se leía con atención a Martin Heidegger. Fue por aquellos años cuando surgió la polémica en torno a la ortodoxia o heterodoxia de Unamuno. Ciriaco, que había leído a Unamuno desde muy joven, defendió su lectura diciendo que a él no le había hecho ninguna mella en la fe. Con ese motivo recibió una enorme regañina de un cura que lo llamó pedante y le preguntó si él sabía más dogma que los obispos.

En 1958, Ciriaco fue a estudiar a la Universidad de Munich con una beca del Ministerio de Educación Nacional. Apenas sabía alemán. Determinado a aprenderlo con la mayor celeridad posible, Ciriaco se impuso un régimen de estudios severo: estudiaba ocho horas diarias, y cuando tenía que buscar una palabra en el diccionario memorizaba la página en la que el vocablo en cuestión estaba más las dos páginas adyacentes. Esa determinación, su prodigiosa memoria, el *Fausto* y los escritos teológicos de Karl Rahner le hicieron aprender alemán en un tiempo récord.

En Munich, sus maestros fueron el teólogo Michael Schmaus y el filósofo Max Müller. Éste, que estudió con Heidegger en Friburgo en los años 30, fue rechazado por su maestro porque Heidegger consideraba que un católico no podía ser filósofo. Después de la Segunda Guerra mundial, cuando Heidegger estaba poco menos que considerado como un proscrito, Max Müller, el alumno rechazado, le abrió las puertas de la universidad al maestro. En aquellos años, Ciriaco escuchó a Martin Heidegger hablar sobre la esencia de la lengua.

Aprovechando sus conocimientos de escolástica, Ciriaco decidió, tras oír a Schmaus comentar que el aristotelismo de San Buenaventura no había sido bien estudiado, trabajar sobre ese tema. Su tesis, que terminó en 1962, se tituló "Abstracción e iluminación: Problemas de la metafísica de San Buenaventura." Fue en Munich cuando Ciriaco, aspirante a medievalista, asistió a un seminario de Arnold Reichenberger, profesor visitante de la Universidad de Pennsylvania. Al final del seminario, Reichenberger lo invitó a enseñar literatura española en Penn. Su carrera fue fulgurante a partir de ese momento. A los 32 años ya era catedrático. En Penn sus dos maestros fueron Otis Green y Arnold Reichenberger, quienes siempre consideraron los éxitos de Ciriaco como propios. Sus cursos en Penn versaron sobre la generación del 98, Ortega, el ensayo español y la mística. Al describir ciertos fenómenos místicos Ciriaco constató con sorpresa la poca sorpresa mostrada por los estudiantes. Éstos le aclararon que tales fenómenos eran fáciles de conseguir con las drogas. Así, Ciriaco, a sus 30 años, oyó por primera vez en su vida hablar de drogas y del LSD.

En 1971, Ciriaco fue a Cornell University como "Emerson Hinchliff Professor of Hispanic Studies." Allí siguió trabajando en esa historia del pensamiento que no es la historia de la filosofía. La Biblia, Lutero, Darwin y tantos otros no se suelen tratar en las historias filosóficas pero son jalones de revoluciones culturales. En 1973 introduce el estudio de Heidegger en Cornell con una lectura de *El ser y el tiempo* en la "Society for the Humanities" a la que asistieron siete profesores de la universidad.

Cuando llegué a Cornell a hacer mi doctorado en 1987 encontré en Ciriaco a un maestro entusiasta, generoso y en extremo erudito. Cursé con él tres asignaturas: Literatura medieval; el pensamiento de Martin Heidegger; y un estudio independiente sobre Unamuno y Ortega, que fue el germen de mi tesis doctoral. Recuerdo mis muchas conversaciones con él sobre estos dos autores en su inmensa oficina de Cornell. Recuerdo cómo sus conocimientos me aturullaban un poco, y cómo necesitaba varios días para poner orden tanta información, y muchos más para asimilarla e integrarla críticamente en mi propio trabajo. Después de Cornell, Ciriaco ha sido el interlocutor perfecto. Sus enormes conocimientos, su capacidad sistemática, y la convicción con la que proyecta sus ideas nunca han dejado de impresionarme ni tanto sus escritos ni como nuestras conversaciones. Ciriaco ha sido un maestro, a la vez una fuente de horizontes vastos e insospechados para mi actividad investigadora y un desafío intelectual de primer orden.

La contribución de Ciriaco Morón Arroyo a las humanidades funde la cultura española con la filosofía. El español lo ha mantenido en sus raíces y la filosofía continental le ha dado la perspectiva y estímulo para pensar en temas y conceptos, no en simple historia. Su libro *The Humanities in the Age of Technology* (The Catholic University of America Press, 2002) es la última aportación a su considerable obra. También es la primera de una navegación por areas discursivas que, aunque no enteramente nuevas en su producción, desbordan la perspectiva más específica de sus contribuciones a la comprensión de obras literarias, autores concretos, o la cultura española.

Ciriaco ha escrito sobre autores y textos de todas las épocas. El presente volumen de homenaje a su persona y a su obra como educador y escritor se ha elaborado con un criterio específico: concentrar las contribuciones de los participantes en dos grandes temas muy queridos para Ciriaco, evitando así la dispersión: Cervantes, y la época de la llamada Generación del 98 y José Ortega y Gasset.

Ciriaco Morón Arroyo empezará pronto otra intensa andadura de su vida, una andadura que, de hecho, ya se ha abierto intelectualmente con el citado libro sobre las humanidades. Lo que siempre podemos esperar de su magisterio es una oposición decidida y transparente a las causas que, desde su perspectiva, pueda conducir al malestar en la cultura y a la deshumanización de la vida.

Francisco LaRubia-Prado
Georgetown University

Ciriaco Morón Arroyo

Publicaciones de Ciriaco Morón Arroyo

I. Libros

1. *Abstraktion und Illumination: Probleme der Metaphysik Bonaventuras* (Dissertation), University of Munich, 1963, 105 p.
2. *El sistema de Ortega y Gasset*, Madrid, Ediciones Alcalá, 1968, 470 p.
3. *Sentido y forma de "La Celestina,"* Madrid, Ediciones Cátedra, 1974, 126p. 2nd., revised edition, 1984, 134 p.
4. *Nuevas meditaciones del "Quijote,"* Madrid, Editorial Gredos, 1976, 366 p.
5. *Calderón: Pensamiento y teatro*, Santander, Sociedad Menéndez Pelayo, 1982, 178 p. 2nd ed., Santander, 2000.
6. *El "alma de España." Cien años de inseguridad*. Oviedo, Ediciones Nobel,1996, 315 p.
7. *Las humanidades en la era tecnológica*. Oviedo, Ediciones Nobel, 1998, 310 p. English translation by The Catholic University of America Press, Washington, D. C. 2001.

II. Antologías, Ediciones, Monografías

1. *Mística Española, I, Antecedentes y Edad Media*, Madrid, Ediciones Alcalá, 1971
2. Tirso de Molina, *El Condenado por Desconfiado*, with Dr. Rolena Adorno, Madrid, Ediciones Cátedra, 1974. Revised version, 1991
3. P. Calderón de la Barca, *La vida es sueño*, Madrid, Ediciones Cátedra, 1977. Sixteen printings. Revised edition, in 1991.
4. *Santa Teresa de Jesús: Textos fundamentales*. Introducción, Selección y notas de Ciriaco Morón Arroyo. Madrid, Taurus, 1982
5. "Aesthetic Ideas and Literary Criticism in Spain from 1868 to the present." Monograph published in Italian in the book, *La civiltà*

letteraria spagnola, Franco Meregalli, ed., Torino, UTET, 1990, vol. II, 787-793; 865-879; 973-982.
6. *Menéndez Pelayo: Hacia una nueva imagen*, Sociedad Menéndez Pelayo, Santander, 1983
7. *El erasmismo en España*, Sociedad Menéndez Pelayo, Santander, 1986
8. *Fray Luis de León*, Sociedad Menéndez Pelayo, Santander, 1989.
9. *Antología de la lírica medieval castellana*, Salamanca, Ediciones Almar, 1989.
10. Miguel de Unamuno, *Tres novelas ejemplares y un prólogo*. Introd. and notes, CMA. Madrid, Espasa-Calpe (Colección Austral), 1990.
11. *Ortega y Gasset. Un humanista para nuestro tiempo*. Erie, PA., Monographs of ALDEEU, 1992.
12. *Pedro Salinas. Estudios sobre su praxis y teoría de la escritura*. Santander, Sociedad Menéndez Pelayo, 1992.
13. *Celestina and Castilian Humanism at the End of the Fifteenth Century*. Binghamton, N. Y., CEMERS, 1994, 40 p.
14. *Aprender* (Meaningful Learning), in González, Novak, and Morón Arroyo, *Errores conceptuales y aprendizaje significativo* (Pamplona, Ediciones Eunate, 2001), 55 pp.

III. TRADUCCIONES

Benzion Netanyahu, *The Marranos of Spain* [1972]. Spanish transl. by C. M. Arroyo. Valladolid, 1994. 2nd. revised ed., ibid., 2001.
B. Netanyahu, *The Origins of the Inquisition in XVth C. Spain*. Transl. with Ángel Alcalá. Barcelona, Editorial Crítica, 1999.

IV. ARTÍCULOS

1. "Posibilidad y hecho de un tomismo existencial," *Salmanticensis*, 4 (1957), 395-430
2. "Una visión inédita de la expulsión de los moriscos," *Salmanticensis*, 6 (1959), 483-502
3. "Aristotelismo y agustinismo en la Universidad de Paris en la segunda mitad del siglo XIII," *La Ciudad de Dios*, 176 (1963), 646-665

4. "*San Manuel Bueno, mártir* y el 'sistema' de Unamuno," *Hispanic Review*, 32 (1964), 227-246
5. "Dos obras de historia cultural española," *Hispanic Review*, 33 (1965), 516-564
6. "España y la tradición occidental," *Revista de Literatura*, 27 (1965), 199-205
7. "*Niebla* en la evolución temática de Unamuno," *Modern Language Notes*, 81 (1966), 143-158
8. "Algebra y logaritmo: dos metáforas de Ortega y Gasset," *Hispania*, 49 (1966), 232-237
9. "Galdós y Ortega y Gasset: historia de un silencio," *Anales Galdosianos*, 1 (1966), 143-150
10. "Las dos estéticas de Ortega y Gasset," *Actas del II Congreso de la Asociación Internacional de Hispanistas*, Nijmegen, 1967, 439-445
11. "*Nazarín y Halma*: sentido y unidad," *Anales Galdosianos*, 2 (1967), 67-81
12. "*La lámpara maravillosa* y la ecuación estética de Valle-Inclán," in Zahareas, A., ed., *Ramón de Valle-Inclán: An Appraisal of his Life and Works*, New York, Las Americas Publishing Company, 1968, 443-459
13. "Notas sobre Vico en España," *Forum Italicum*, 2 (1968), 513-526
14. "La teoría crítica de Menéndez Pidal," *Hispanic Review*, 38 (1970), 22-39
15. "Unamuno y Hegel," *Crisis*, 19 (1972), 17-41, reprinted in Antonio Sánchez Barbudo, ed., *Miguel de Unamuno*, Madrid, Taurus, 1974, 151-179
16. "Mística y expresión: la originalidad cultural de Santa Teresa," *Crisis*, 20 (1973), 213-241
17. "Sobre el diálogo y sus funciones literarias," *Hispanic Review*, 41 (1973), 275-284
18. "System, Influence and Perspective: Three Words in Search of Definition," *Diacritics* (Spring, 1973) 9-18
19. "Verdad y métodos en la crítica literaria, *La vida es sueño*," in L.E. Davis and E.C. Tarán, eds., *The Analysis of Hispanic Texts: Current Trends in Methodology*, (Second York College Colloquium), New York, Bilingual Press, 1977, pp. 122-143
20. "Las ideas estéticas de Unamuno," *Letras de Deusto*, 7 (1977), 5-22
21. "Siglo XVIII y teoría literaria," *Dieciocho*, 1 (1978), 7-19

22. "The Reformation and Its Impact on Spanish Thought," in M. Chrisman and O. Grundler, eds., *Social Groups and Religious Ideas in the Sixteenth Century*, Kalamazoo, Michigan, Western Michigan University Press, 1978, 126-138
23. "Temas de investigación sobre la obra de Ortega," *Los Ensayistas*, 3 (1978), 5-18
24. "Cooperative Mimesis: Don Quijote and Sancho Panza," *Diacritics*, (Spring, 1978), 75-86
25. "On Cervantes and Calderón: A Repl(a)y," *Diacritics*, (Fall, 1979), 71-79
26. "The Spanish Source of *Hamlet*," *Hispanic Journal*, 1 (1980), 5-23
27. Articles on M. Menéndez Pelayo, R. Menéndez Pidal, J. Ortega y Gasset, Américo Castro and J. Ferrater Mora, published in the *Columbia Dictionary of Modern European Literatures*, New York, 1980
28. "Crítica," *Dieciocho*, 3 (1980), 70-81
29. "Gramanálisis," *Dieciocho*, 3 (1980), 163-172
30. "Axiomática," *Dieciocho*, 4 (1981), 85-92
31. "*La vida es sueño* y *El alcalde de Zalamea*: para una sociología del texto calderoniano," *Iberoromania*, 14 (1981), 27-41
32. "Ortega y Gasset: práctica y teoría de la lectura," in *Homenaje a Juan López Morillas*, Madrid, Editorial Castalia, 1982, 333-347
33. "Dialéctica y drama: *El médico de su honra*," in *Actas del Congreso Internacional sobre Calderón*, Madrid, Consejo Superior de Investigaciones Científicas, 1983, 519-532
34. "*El pintor de su deshonra*: hacia un modelo de sociología literaria," in *Actas del Colloquium Internationale Calderonianum*, Universita dell'Aquila, Italy, 1983, 355-364
35. "La ironía de la escritura en Calderón," in *Aureum Seculum Hispanum: Festschrift fur Hans Flasche zum 70 Geburtstag*, Wiesbaden, F. Steiner Vlg., 1983, 217-230
36. "Sanctity/Sanity: A Study of St. Teresa's *Interior Castle*," *Studies in Formative Spirituality*, 4 (1983), 187-199
37. "Ortega y la literatura española clásica," *Letras de Deusto*, 13 (1983), 175-192
38. "La historia de cautivo y el sentido del *Quijote*," *Iberoromania*, 18 (1983, *Homenaje a Heinrich Bihler*, Gottingen), 91-105

39. "Desde Ortega y Gasset: idea de las humanidades," in *Plural: Actas del Coloquio sobre ciencia, tecnología y modernidad*, Universidad de Puerto Rico: Administración de Colegios Regionales, 1983, v. II, pp. 13-23
40. "Menéndez Pelayo: Hacia una nueva imagen," in M. Revuelta and C. M. Arroyo, eds., *Menéndez Pelayo: Hacia una nueva imagen*, Santander, Sociedad Menéndez Pelayo, 1983, 11-30
41. "Menéndez Pelayo y la cultura alemana," in M. Revuelta and C. M. Arroyo, eds., *Menéndez Pelayo: Hacia una nueva imagen*, Santander, Sociedad Menéndez Pelayo, 1983, 101-120
42. "Amo y criado en el *Quijote*," in *Homenaje a Gustav Siebenmann*, Madrid, José Esteban, 1984, 355-378
43. "*La deshumanización del arte*, texto de circunstacia," in *Homenaje a Sumner Greenfield*, University of Nebraska, Lincoln, NE, 1984, 153-171
44. "Nivel, Para una introducción a Ortega," in *Cuadernos salmantinos de filosofía: Homenaje al profesor E. Rivera*, Catholic University of Salamanca, 1984, 541-555
45. "La Inquisición y la posibilidad de la gran literatura barroca española," en Angel Alcalá, ed., *Inquisición española y mentalidad inquisitorial*, Barcelona, Ariel, 1984, 315-327. Versión inglesa en A. Alcalá, ed., *The Spanish Inquisition and the Inquisitorial Mind*, Atlantic Research and Publications, Inc., Highland Lakes, N. J., 1987, pp. 361-373
46. "A Historical Revolution: Lorenzo Valla's attack on Scholasticism," en *ACTA*, VIII, State University of New York at Binghamton, 1984, 23-45
47. "I will give you a living book: spiritual currents at work at the time of St. Teresa of Jesus," en *Carmelite Studies*, Washington D.C., 1984, 95-112
48. "Ensayo y ciencias sociales," (Conferencia inaugural del sexto congreso anual sobre estudios hispánicos, Indiana University of Pennsylvania, 1980), publicada en Cruz Mendizábal, ed., *Hispanic Studies*, IUP, 1984, 8-21
49. "Ortega y Gasset, el "Ensayo de estética a manera de prólogo," en Manuel Durán, ed., *Ortega, hoy*, Xalapa, Mexico, Universidad Veracruzana, 1985, 71-84.
50. "Las ciencias naturales como humanidades: Ortega y Hermann Cohen," en C.M. Arroyo, ed., *Ortega y Gasset: un humanista para nuestro tiempo, Monografías de ALDEEU*, pp. 19-31.

51. "Lorenzo Valla: nuevo discurso del método," en *Homenaje a Pedro Sáinz Rodríguez*, Madrid, 1986, v. IV, pp. 319-334
52. "The Human Value of the Divine: Saint Teresa of Jesus," en Katharina M. Wilson, ed., *Women Writers of the Renaissance and Reformation*, Athens, Georgia, University of Georgia Press, 1987, 401-411
53. "Conocer a Unamuno," *The Journal of Basque Studies*, v. 7, (1987), 48-53
54. "Unamuno: poesía y filosofía," *Mundaiz*, San Sebastian, 3 (1987), 291-304.
55. "Liberal Education: External Influences and Internal Conflicts," *The World and I*, February 1988, pp. 567-580.
56. "Antonio Machado," en *European Writers. Twentieth Century* (New York: Scribners, 1989), pp. 743-765 (en inglés).
57. "Grandes corrientes espirituales en el siglo XVI," *Edad de Oro*, VII (1989), 5-20.
58. "Ser y escribir. Consistencia de Unamuno y paradojas de la realidad," en M. D. Gómez Molleda, ed., *Homenaje a Unamuno* (Salamanca: Universidad, 1989), pp. 331-344.
59. "Palabra esencial en el tiempo," *Insula* (March, 1989), pp. 11-12.
60. "Fr. Luis de León. Sistema y drama," en *Fray Luis de León. Aproximaciones a su vida y obra*. Ed. Ciriaco Morón and M. Revuelta Sañudo. Santander: Sociedad Menéndez Pelayo, 1989, pp. 311-335.
61. "Ortega and Modernity," in P. Dust, ed., *Ortega y Gasset and the Question of Modernity* (Minneapolis, MN.: Prisma Institute, 1989), pp. 75-94.
62. "Castilla-La Mancha. El problema de las identidades colectivas," en *Homenaje a M. Criado de Val*. Kassel, Ed. Reichenberger, 1989, pp. 245-258.
63. "*Las moradas*: residencia en la tierra. Lectura secular del texto místico," en María J. Mancho, ed., *La espiritualidad española del siglo XVI. Aspectos literarios y lingüísticos* (Salamanca: Universidad, 1990), pp. 11-24.
64. "Cervantes protagonista del *Quijote*," *Letras de Deusto*, (1990), 205-218.
65. "Semiótica del texto y semiótica de la representación," *Homenaje al Prof. Alberto Navarro* (Kassel: Edit. Reichenberger, 1990), pp. 437-454.
66. "Letteratura di riflessione," en F. Meregalli, ed., *Storia della civiltà letteraria spagnola* (Torino: Utet, 1990), II, 787-793; 865-879; 973-982. (In Italian).

67. "El pensamiento de Ferrater Mora," *Cuadernos de ALDEEU*, VI (1990), 24-40.
68. "Texto de amor vivo," *Insula*, n. 537 (Homage to St.John of the Cross), September, 1991, pp. 15-17.
69. "Imagen, poesía, teología," *Insula* (Issue commemorating the centennial of Fr. Luis de León), n. 539, November, 1991, pp. 13-14.
70. "El profesor Rivera de Ventosa, humanista cristiano," *Anthropos*, n. 122, Barcelona, 1991, pp. 86-89.
71. "La historia literaria, un índice de preguntas," *Lazarillo*, N 1 (Salamanca, 1992), 6-8.
72. "Pedro Salinas y su generación," en CMA y M. Revuelta, eds., *Pedro Salinas* (Santander, 1992), pp. 11-39.
73. "Literature and Religion," *The South Central Review*, 9 (1992), 44-55.
74. "El prólogo del *Quijote* de 1605," in G. Mastrangelo, ed., *Studi in Memoria di Giovanni Allegra* (Pisa, 1992), pp. 125-144.
75. "Ortega y Gasset. Ritratto di un profeta," en *Euros*, II (nn.6/7, Roma,1992), pp. 53-56.
76. "*La aldea perdida* de Palacio Valdés entre el pasado y el presente," in Brian Dendle and Stephen Miller, eds., *Estudios sobre Armando Palacio Valdés* (Ottawa Hispanic Studies, 14). Dovehouse Editions, Canada, 1993, pp. 98-110.
77. "Semiótica del texto místico," Giuseppe de Gennaro, ed., *Semiotica del testo mistico* (Proceedings of International Congress, L'Aquila, 1991), L'Aquila, Gallo Cedrone, 1995, pp. 76-94.
78. "Fielding lector del *Quijote*" (Paper in International Congress, 1993).
79. "Erasmo y el texto del *Quijote*," en Kurt y Roswitha Reichenberger, eds., *Cervantes. Estudios en la víspera de su centenario*. Kassel, Edition Reichenberger, 1994, pp. 173-195 .
80. "Menéndez Pelayo y el hispanismo (Desde el epistolario)," *Homenaje a Manuel Revuelta Sañudo, Boletín de la Biblioteca de Menéndez Pelayo*, Santander, 1994, pp. 227-261.
81. "Sobre los mapas conceptuales," Prologue to: Fermín M. González y Joseph D. Novak, *Aprendizaje significativo. Técnicas y aplicaciones* (Madrid: Cincel, 1994), pp. 17-22.
82. "Ver, oir. Sancho sentido." En Giuseppe Grilli, ed., *Actas del II Congreso Internacional de la Asociación de Cervantistas* (Napoles, 1994). Naples, Società Editrice Internazionale Gallo, 1995, pp. 335-346.

83. "Intelligence-power. *Seso* in Don Juan Manuel." En Ross Brann, ed., *The Languages of Power in Medieval Spain*, Leiden, 1995.
84. "Espesor de la letra. La hermenéutica de Fr. Luis de León (Symposium on Fr. Luis, Salamanca, 1991). V. García de la Concha y J. San José Lera, eds., *Fray Luis de León, historia, humanismo y letras*. Salamanca, Universidad, 1996, pp. 299-312.
85. "'Alma nacional.' El trasfondo sociológico de *En torno al casticismo*. In Theo Berchem, and H. Laitenberger, eds, *El joven Unamuno*, Valladolid, Junta de Castilla y León, 1997, pp. 11-29.
86. "La lectura ideal y el ideal de la lectura," in P. Cerrillo and Jaime G. Padrino, eds., *Hábitos lectores y animación a la lectura*, Cuenca, Universidad de Castilla La Mancha, 1996, 9-19.
87. "Hacia el sistema de Unamuno," *Cuadernos de la Cátedra Miguel de Unamuno*, 32 (1997), 169-187.
88. "En torno al casticismo y el ideario del primer Unamuno," in A. Vilanova and A. Sotelo Vázquez, eds., *La crisis española de fin de siglo y la generación del 98*, Barcelona, Universitat, 1999, pp. 99-119.
90. "Dulcinea," in G. Dopico Black and R.González Echevarría, eds., *En un lugar de La Mancha. Estudios cervantinos en honor de Manuel Durán*, Salamanca, eds. Almar, 1999, pp. 197-211.
91. "El mundo como abulia y representación," in J. M. Martín Morán y G. Mazzocchi, eds *Las conversaciones de la víspera. El noventayocho en la encrucijada voluntad/ abulia*, Viareggio, Mauro Baroni ed., 1999-2000, pp. 49-73.
92. "García Lorca, el brinco de la poesía. Lectura desde la hermenéutica de Heidegger," in Th. Berchem, and H. Laitenberger, eds., *Federico García Lorca. Actas del Coloquio Internacional, Würzburg, 1998*, Sevilla, Fundación El Monte, 2000, pp. 59-77.
93. "El Cristo de Velázquez de Unamuno," in M. Guille u. R. Kiesler, eds., *Romania una et diversa. Philologische Studien für Theodor Berchem*, Tübingen, Günter Narr Vlg., 2000, pp. 761-771.
94. "El curioso impertinente y el sentido del *Quijote*, in Fco. La Rubia Prado, ed., *Cervantes for the 21st. Century. Studies in Honor of Edward Dudley*, Newark, DE, Juan de la Cuesta, 2000, pp. 163-183.
95. "Unamuno y Ortega y Gasset: Las variedades de la razón," en *Cuadernos de la Cátedra Miguel de Unamuno*, Salamanca.

96. "La retórica del ensayo," en P. Cerezo Galán, ed., *El ensayo*, entre la filosofía y la literatura. Ed. Juan Fco. García Casanova. Granada: Eds. El Partal, 2002, pp. 129-156.
97. "Calderón y Shakespeare: la vida como sueño," in Actas of the Congress Calderón 2000, Universidad de Navarra, Pamplona.
98. "Sonni, mostri, identità," Enrica Cancelliere, ed., Università di Palermo.
99. "La fuente española de *Hamlet*," *Insula*, February 2001.

Aproximación a una teoría dramática cervantina

ENRICA CANCELLIERE

EL PRÓLOGO DE CERVANTES a sus *Ocho comedias y ocho entremeses* (1615) se considera como uno de los primeros esbozos históricos del teatro español del Siglo de Oro. Y en efecto, entre las primitivas prácticas escénicas del gran autor-actor Lope de Rueda, el desarrollo de la escenificación y la estructura dramática del teatro de Lope de Vega y todo el teatro de su tiempo, el esbozo dado en ese prólogo subraya las importantes innovaciones aportadas por el mismo Cervantes. Eran los experimentos que había realizado en aquellas veinte o treinta comedias estrenadas con éxito en una primera fase de su producción, de la cual desgraciadamente nos queda muy poco.[1]

A pesar de las lagunas, naturales en un prólogo que solo puede ser un rápido *excursus*, éste se aclara gracias a precisas acotaciones, y se enriquece y cobra complejidad en los ambiguos giros de un lenguaje amablemente irónico y cargado de intención. Nada en estas líneas del Cervantes maduro permite concluir que él se opusiera en términos generales a los adornos escenográficos, o que pretendiera superar las unidades aristotélicas, siempre que los adornos contribuyeran a la comprensión de la acción, y las unidades a la coherencia de un enredo

---

[1] Miguel de Cervantes, *Comedias y entremeses*, en *Obras Completas*, ed. A. Valbuena Prat (Madrid: Aguilar, 1967), 179-180. Reproducido en F. Sánchez Escribano y A. Porqueras Mayo, *Preceptiva dramática española del Renacimento al Barroco* (Madrid: Gredos, 1972).

que debía presentarse en un adecuado desarrollo y con una lógica apropiada. No rechaza los cambios y los progresos del arte nuevo de la comedia, aunque sea posible percibir entre líneas la nostalgia del tiempo en que "el adorno del teatro era una manta vieja tirada con dos cordeles,"[2] y el arte del actor—fuese Lope de Rueda, o Navarro, natural de Toledo—resplandecía en aquel aparato escénico desnudo. Al contrario, se mencionan y aceptan los cambios y avances como elementos necesarios de una modernidad *in fieri* y de una autonomía cada vez más clara de la poesía dramática, la poesía que, a diferencia de los otros géneros literarios, se realiza en acciones y se presenta ante los ojos. Lo que inequívocamente se deduce de estas esenciales páginas es: a) la convicción de Cervantes de que es imposible separar la *fábula* dramática de los adecuados expedientes de la representación escénica, y b) que la evolución de la primera determina la de los segundos y viceversa.

El concepto aristotélico de la *opsis* (visión) es central en el prólogo cervantino, e indica hasta qué punto Cervantes, el intelectual y hombre de letras, vislumbraba y anhelaba aquella específica dimensión moderna del profesional del teatro, que sucesos personales y públicas rivalidades le habían negado en buena medida. Sin embargo muchas veces en otros lugares Cervantes necesitó aclarar que por el respeto debido a los clásicos y a las tradicionales reglas académicas del arte, deducidas de los clásicos, debería desaconsejar las innovaciones incongruentes, arbitrarias, aptas sólo para promover un gusto vulgar de las masas más heteroegéneas.[3] Estas innovaciones pueden perjudicar el funcionamiento de la estructura y el proceso lógico de la comedia y de la representación, las cuales deben constituir siempre un conjunto orgánico que respete las reglas del arte, aunque no sean las de los pedantes y los preceptistas. El amable lenguaje del *Prólogo* no intenta explicar esta distinción sino que permite vislumbrarla a través del corte diacrónico del *excursus*, que desde luego corresponde a una latente progresión del análisis mismo.

Hasta aquí llega el *Prólogo*, al menos a primera vista; demasiado poco para poder deducir, junto al breve panorama histórico, también un

---

[2] Cervantes, Prólogo a *Ocho comedias y ocho entremeses*, en F. Sánchez Escribano y A. Porqueras Mayo, *Preceptiva dramática española*, 172.

[3] Cervantes, *El ingenioso hidalgo don Quijote de la Mancha*, I, 48. Ed. Luis A. Murillo (Madrid: Castalia, 1987), I, 572; *Los trabajos de Persiles y Sigismunda*, ed., R. Schevill y A. Bonilla (Madrid: Bernardo Rodríguez, 1914), II, 19.

planteamiento teórico del arte dramático, aunque debamos admitir que el acostumbrado recurso cervantino al "lector carisimo" utiliza aquí la retórica para dar lugar a una complicidad que genera un sentido no unívoco, casi un mensaje doblado en un juego de espejos, y en consecuencia legible por el derecho y por el revés. Precisamente la ambigüedad del breve texto, en su forma y en su escritura, impide en absoluto, a nuestro parecer, que pueda hablarse de "palinodia cervantina" con respecto al arte dramático. Así lo pensaba Ricardo del Arco, para quien Cervantes se rindió al lopeveguismo en el último decenio de su vida.[4]

En *El rufián dichoso*, una de las ocho comedias contenidas en la colección, se encuentran declaraciones teóricas en pro de la comedia nueva mucho más claras que las del *Prólogo*, aunque se puede conjeturar que la pieza se escribiera varios años antes. Como es sabido, al comienzo de la jornada segunda de *El rufián dichoso* aparecen dos figuras emblemáticas, la *Curiosidad* y la *Comedia*—algo que constituye ya una técnica de *sorpresa* y de metateatro dentro de la comedia misma. A las preguntas de la *Curiosidad*, la *Comedia* contesta que tanto la reducción a tres jornadas—frente a las cinco dictadas por los clásicos—como la ruptura de la unidad de lugar, pueden ayudar a un desenlace verosímil del asunto y a una mayor eficacia escénica con respecto al público, puesto que:

> los tiempos mudan las cosas
> y perfeccionan las artes…
> porque lo quiere así el uso
> que no se sujeta al arte.[5]

Para llegar, en fin, a la extraordinaria intuición de una escena en que el espectador con su imaginación (pensamiento) acompaña la acción en los distintos lugares en que se realiza:

---

[4] "Hay antinomia entre las razones y teorías estéticas del Canónigo y la palinodia que entona Cervantes al principio de la Jornada segunda de su comedia *El rufian dichoso*" (Ricardo del Arco y Garay, "Cervantes y la farándula," en *Boletin de la Real Academia Española*, XXXI [1951], p. 315).

[5] Cervantes, *El rufian dichoso*, vv. 1229-1240. Ed. J. Taléns, y N. Spadaccini, Madrid: Cátedra, 1986.

Muy poco importa al oyente
que yo en un punto me pase
desde Alemania a Guinea
sin del teatro mudarme;
el pensamiento es ligero.[6]

Para demostración de esto recuerda la verdadera historia del Cristóbal de Lugo, el cual fue estudiante disoluto en Sevilla, "rufián en manos y lenguas," sincero clérigo en Toledo, después fraile en México, donde encontró una santa muerte obrando grandes milagros, y que ahora vive otra vez en el protagonista de la misma comedia. He aquí un caso en que la verdad, diría Aristóteles, sobrepasa por lo extraño el simple principio de imitación, y postula, para ser representada en forma idónea, la construcción de una verosimilitud que no represente el mundo como es de ordinario, sino como debería ser.

Todo el itinerario histórico y espiritual de la comedia *El rufián dichoso*, que se funda en la tradición de la "comedia de santos," postula, pues, la ruptura de aquellas unidades que los pedantes trataban de imponer. Sin embargo, en esta ocasión esa ruptura, lejos de perjudicar, permite alcanzar el criterio de la verosimilitud entendido como eficacia coherente de la representación. Si tomamos la verosimilitud como criterio-guía, nos parece que en buena medida se soluciona la contradicción aparente entre los pasajes antes mencionados y lo que Cervantes escribe en otros lugares, especialmente en el célebre diálogo entre el canónigo y el cura, sobre los libros de caballería y el teatro.[7] Estamos de acuerdo con Riley, el cual, oponiéndose a quienes sitúan a Cervantes entre los aristotélicos dóciles, como Ynduráin,[8] afirma que no hay contradicción entre las posiciones teóricas sobre el teatro expresadas en 1605, y las expresadas en 1615—*El rufián dichoso*—sino solamente una evolución que tiene en cuenta el cambio de los tiempos y de las condicio-

---

[6] Cervantes, *El rufián dichoso*, I, vv. 1257-1261.

[7] El diálogo se desarrolla a lo largo de los capítulos 47 y 48 de la *Primera Parte* del *Quijote*, ed. Murillo, I, 557-575.

[8] Por ejemplo, Francisco Yndurain, "La ironía dramática en Cervantes," en *Teoría y realidad en el teatro español del siglo XVII. La influencia italiana* (Roma: I.C.C., 1981), pp. 37-54.

nes de la obra dramática en un cuadro de sustancial continuidad teórica.[9] Ya Froldi, con el cual concordamos, había afirmado "que quizá se ha exagerado en interpretar un capítulo de *Don Quijote* (I, 48) como un hecho exclusivamente polémico contra Lope de Vega y su comedia."[10] Wardropper llega hasta preguntarse cómo es posible que alguien haya identificado las posturas de un autor tan crítico y tan dialéctico como Cervantes con las expresadas por sus personajes.[11] Importante observación que desde luego es posible reforzar, pues Wardropper señala que todas las opiniones sobre el teatro expresadas en el capítulo 48 del *Quijote* provienen del canónigo, mientras los ataques a toda la producción contemporánea del *El arte nuevo* (1609) no pertenecen al canónigo, sino al cura, incluida la propuesta final de instituir "en la Corte una persona inteligente y discreta que examinase todas las comedias antes que se representasen,"[12] y examinase igualmente los libros de caballería. Así mismo, poco antes (cap. 47), había sido el cura quien, a partir de las observaciones críticas del sagaz canónigo, había condenado todo el género caballeresco y había dado cuenta del escrutinio de los libros y de la condena de unos cuantos a la hoguera. El canónigo, como se sabe, sonriéndose amablemente, había proseguido subrayando cuánto ofrecía el género caballeresco a los verdaderos ingenios en materia de invención y fantasía. Ahora bien, si es posible en alguna medida identificar al canónigo con el autor, no puede decirse lo mismo con respecto al cura: se trata, como otras veces, del juego de espejos cervantino, donde el autor pone en boca de un personaje opiniones polémicas excesivas y de revancha, enriquecidas irónicamente por medio de conclusiones

---

[9] E. C. Riley, "Teoría literaria," en *Suma cervantina*, ed. J. B. Avalle-Arce, y E. C. Riley (London : Tamesis, 1973), pp. 302-310. Véase también E. C. Riley, *Teoría de la novela en Cervantes*, Madrid, Taurus, 1966.

[10] Rinaldo Froldi, *Lope de Vega y la formacion de la comedia* (Salamanca: Anaya, 1966), p. 116, nota 69.

[11] Según el estudioso: "El Canónigo no es necesariamente el portavoz del gran novelista. La manera retóricamente ilógica y retorcida en que expresa sus ideas parece indicar que se burla de él su creador: el Canónigo es prisionero de su propia retórica, la cual le hace incurrir en un sinfín de falacias: ¿Cómo se le ha podido atribuir esa sarta de necedades a Cervantes, que siempre se mostró crítico muy fino tanto de los demás escritores como de sí mismo?" (Bruce W. Wardropper, "Comedias," en *Suma cervantina*, p. 156).

[12] *Quijote*, I, 48, ed. cit., I, 572.

paradójicas, y en boca de otros otras opiniones más meditadas intelectualmente, sin identificarse con ninguno de los dos, sino viviendo como autor e intelectual en el juego dialéctico mismo. Sin querer negar, pues, que se verifique en el pensamiento cervantino una plausible evolución acerca de la poesía dramática, no creemos aceptable la afirmación de que este pensamiento se desarrolla de manera episódica y fragmentaria en consonancia con las momentáneas influencias innovadoras o conservadoras de los más ilustres teóricos.

Para explicar las afirmaciones más opuestas que se encuentran a lo largo de la vasta obra cervantina, nos parecen suficientes las motivaciones polémicas del momento en que escribía junto al gusto por el juego literario. Este juego que a veces puede manifestarse también en la paradoja teórica, desplegada y dramatizada por el autor sin tomar una postura definitiva. En efecto, aun cuando las supuestas opiniones "conservadoras" de nuestro autor aparecen articuladas y relacionadas con un núcleo teórico, no se alejan de aquel eje modernamente aristotélico de la verosimilitud que alimenta también las opiniones "innovadoras" del último período. Lo que acabamos de decir es válido con respecto a las afirmaciones antes recordadas del canónigo, y a pasajes semejantes, como el monólogo final de *Pedro de Urdemalas*, cuando el protagonista denuncia las incongruencias que ocurren en las comedias de moda a causa de la ruptura de las unidades de tiempo y de lugar.[13]

No se niega aquí, desde luego, la posibilidad de romper los dos preceptos de la unidad de tiempo y de lugar, respetando escrupulosamente el precepto, fundamental para la *fabula*, de la unidad de acción; se discuten sólo los abusos y la arbitrariedad que suponen para la calidad artística de la comedia las incongruencias narrativas, procedimientos ajenos y contrarios a la moderna concepción del teatro. Esta concepción moderna recibió un impulso decisivo del aristotelismo renacentista con

---

[13] Pedro: Mañana, en el teatro, se hará una,/ donde por poco precio verán todos/ desde principio al fin toda la traza,/ y verán que no acaba en casamiento,/ cosa común y vista cien mil veces,/ ni que parió la dama esta jornada,/ y en otra tiene el niño ya sus barbas,/ y es valiente y feroz, y mata y hiende,/ y venga de sus padres cierta injuria,/ y al fin viene a ser rey de cierto reino/ que no hay cosmografia que le muestre (Cervantes, *Pedro de Urdemalas*, vv. 3166-3176. Ed. J. Talens, y N. Spadaccini (Madrid : Cátedra, 1986).

sus progresivas elaboraciones, importante impulso del cual es consciente un intelectual como nuestro autor.

Criterios análogos parecen constituir la base de las afirmaciones contenidas en el *Persiles*. Un ejemplo muy importante es el que se refiere a la congruencia entre escena, acción y personajes. Sobre esto se dice: "Pero lo que mas le fatigaba era pensar cómo podría encajar un lacayo consejero y gracioso en el mar y entre islas, fuego y nieves; y con todo esto, no se desesperó de hazer la comedia y de encajar el tal lacayo, a pesar de todas las reglas de la poesía y a despecho del arte cómico."[14]

¿De dónde llega a nuestro autor este privilegiado eje teórico, el eje que considera la verosimilitud como el dispositivo apto para ordenar la comedia y sus valores según una coherente organización del texto y de la representación, que hoy no dudaríamos en llamar "estructural"?

Se sabe que hacia la mitad del siglo XVI circuló en España la *Poética* de Aristóteles en la traduccion latina de Pazzi (1536) y después de 1570 se difundió también la versión con comentario de Castelvetro. A partir de estas poéticas se desarrolló la influencia del pensamiento aristotélico sobre el arte dramático, tal como ese pensamiento se codificó en las elaboraciones renacentistas. Por otra parte la *Ars poetica* horaciana había contado con secuaces en España y en Europa a lo largo de los últimos siglos de la Edad Media, y aun en 1591 se publica en Madrid una traducción al español y otra en Lisboa en 1592.

La fusión que se alcanzó de las dos tradiciones—la horaciana y la aristotélica—acentúa el concepto de lo útil y de lo didáctico horaciano con una nueva e intrínseca moralidad que la obra consigue por sí misma y por medio de su misma estructura, moralidad que le permite conseguir el efecto catártico en el alma del espectador. En última instancia, la fuerza de aquel efecto depende de un orden formal: la forma específica del texto, a la cual puede añadirse también la forma específica de la representación. El respeto a lo útil horaciano que una sociedad contrarreformista sigue exigiendo, lo manifiestan los tratadistas más innovadores a través de fines didácticos no externos sino intrínsecos a la obra misma. Ésta obtiene el fin moral estructurándose según internas reglas lógicas de verosimilitud, y ofreciendo, por consiguiente, al lector un mundo *no como es* sino *como debería ser*. De esto deriva, siempre a través del filtro

---

[14] Cervantes, *Los trabajos de Persiles y Sigismunda*, ed. cit., II, 19.

aristotélico, que también el fin moral de la representación y la dignidad del trabajo del actor consistan en ofrecer al espectador con mayor eficacia, por medio de los llamados "justos adornos," esta mirada catártica sobre el mundo *tal como debería ser*, es decir el mundo de lo verosímil que es propio del arte.

La *Philosophia antigua poetica* del Pinciano en efecto enlaza el principio horaciano del *enseñar deleitando* con la catarsis aristotélica.[15] Por otra parte esta reflexión no aparece aislada del nuevo contexto europeo de la teoría sobre el arte dramático. A partir del cambio de dirección que supone Castelvetro con respecto a las posturas académicas de Robortello o de las *Divisioni poetiche* de Trissino, hasta el moderno aristotelismo de Gravina a finales del siglo XVII, la evolución teórica sobre la verosimilitud resulta paralela a la evolución del debate en España.[16]

El historiador del teatro, Marvin Carlson, evidencia el papel fundamental del Pinciano en este contexto.[17] El Pinciano, poniendo en una forma dialógica, y de contraste y discusión dialéctica el respeto a las unidades, a la organización de la *fábula*, a la distinción de los géneros poéticos, y al carácter útil o deleitoso del arte, plantea en la *Epistula XIII* la cuestión del actor y de la actuación en términos que, segun Carlson, anticipan el planteamiento del tema del actor que atribuímos a los ilustrados del siglo XVIII. El Pinciano, tomando en consideración aquí la tesis de un interlocutor que sobrepasa la tradicional relación mimética con el "tipo," y proponiendo la identificación interior del actor con el

---

[15] A. López Pinciano, *Philosophia antigua poética*, ed. A. Carballo Picazo, Madrid: C.S.I.C., 1953.

[16] L. Castelvetro, *Poetica d'Aristotele vulgarizzata e sposta* (Basilea, 1576). Véase la edición de W. Romani, Bari: Laterza, I, 1978, II, 1979. F. Robortello, *In librum Aristotelis De Arte Poetica Explicationes* (Florentiae, 1548). En la edicion de B. Weinberg, *Trattati di poetica e di retorica del Cinquecento* (Bari: Laterza, 1970), pueden leerse de Robortello, *Explicationes de satyra, de epigrammate, de comedia, de elegia*, en vol. I, pp. 493-537. G. Trissino, *La quinta e la sesta divisione della Poetica*, Venetia, 1562, incluida en Weinberg, *Trattati di poetica e di retorica del Cinquecento* (Bari: Laterza, 1970), II, 5-90. G. Gravina, *Opere*, 3, ed. D. A. Sergio, Napoli, 1756-1758. Véanse en particular los dos libros sobre *Della ragion poetica* y el *De la tragedia*, en *Scriti critici e retorici*, ed. A. Quondam (Bari: Laterza, 1973), pp. 195-327; pp. 503-589.

[17] M. Carlson, *Teorie del teatro*, trad. it. L.Gandini (Bologna: Il Mulino, 1988), pp. 82-83.

personaje, llega a propugnar una técnica que hoy diriamos de *Varfremdungseffekt*, o sea de extrañamiento. Esta técnica permite al actor conseguir resultados más convincentes y verosímiles sin transferir totalmente su personalidad y sus facultades emotivas al personaje interpretado. El papel y la moralidad del actor, puesto que este se pone como medio eficaz para conseguir la verosimilitud, quedan valorizados, como afirma claramente el Pinciano, el cual rechaza resueltamente las condenas de moda en aquel tiempo. Y todo esto se verifica en el respeto, por parte del Pinciano, de las conclusiones aristotélicas entendidas como análisis de los modos más apropiados para producir arte dramático y presentarlo en escena. La consecuencia de todo esto fue que, tanto las teorías conservadoras como las reformadoras, pensaron poderse inspirar, de una manera o de otra, en la *Philosophia antigua poetica*, basándose en las distintas posiciones de su dialéctica. Así se produjo un animado debate, una controversia entre antiguos y modernos *ante litteram*, que involucró a ingenios como Francisco Cascales, al mismo Lope de Vega, a Tirso de Molina, y otros,[18] cuyo núcleo de discusión fue precisamente la interpretación de lo verosímil y los recursos más aptos para conseguirlo.Y este debate durará hasta 1626 cuando la *Poetica* del Estagirita fuera traducida al español por Alonso Ordóñez das Seijas y Tovar y diera lugar a un comentario maduro y libre, el de Gonzalez de Salas, *Nueva idea de la tragedia antigua*.[19] En esta obra lo fecundo del pensamiento aristotélico, como lo había elaborado por ejemplo Cascales en sus *Tablas poéticas*, se enlazaba de una forma armónica con las ideas reformadoras de *El arte nuevo* de Lope, o de *Cigarrales de Toledo* de Tirso. El criterio-guia de la verosimilitud, que González de Salas considera como punto central, de acuerdo con sus antecesores, lo lleva al mismo tiempo a situarse entre los partidarios de la identificación con respecto al tema del actor.

---

[18] F. Cascales, *Tablas poéticas* (Murcia, 1617). Vease F. Cascales, *Tablas poéticas*, ed. B. Brancaforte, Madrid: Espasa- Calpe, 1975. Lope de Vega, *El arte nuevo de hacer comedias en este tiempo* (1609). Ed. Juana de José Prades, *El "Arte nuevo de hacer comedias en este tiempo,"* Madrid: C.S.I.C., 1971. Tirso de Molina, *Cigarrales de Toledo* (1621). Ed. V. S. Armesto, Madrid: Biblioteca Renacimiento, 1913.

[19] J. A. González de Salas, *Nueva idea de la tragedia antigua* (Madrid, 1633). Algunos fragmentos interesantes se encuentran en F. Sánchez Escribano, y A. Porqueras Mayo, *Preceptiva dramática española*, pp. 253-263.

No puede comprenderse, pues, en su totalidad el pensamiento cervantino sobre el teatro, si no lo colocamos dentro de esta atmósfera y como punto nodal del tránsito de un aristotelismo inteligente y crítico a una interpretación moderna del teatro sobre la cuestión de la verosimilitud. En todas las opiniones mencionadas antes y en otras resulta evidente la deuda de Cervantes con las ideas del Pinciano y aún de Castelvetro, de Giraldi Cinzio,[20] y más en general con las interpretaciones maduras del aristotelismo, que tanto en la poesía como en el teatro se van abriendo hacia los nuevos códigos barrocos de lo verosímil. Resultan en fin cada vez mas evidentes las aperturas hacia un arte escénico nuevo que, desarrollando el concepto de la verosimilitud, es capaz de dar espacio en forma coherente a la *fabula* e importancia al actor y a su técnica. Porqueras Mayo, Riley, De Lollis y otros, atestiguan con cotejos detallados que nuestro autor conocía a Aristoteles, a Horacio, y en general, las poéticas antiguas, así como a los más importantes tratadistas italianos y españoles de su tiempo.[21]

Volvemos ahora a donde comenzamos, el prólogo a las *Ocho comedias*, para reflexionar sobre un pasaje que a primera vista podría considerarse sólo como un elogio del autor a sí mismo, de poca importancia teórica, pero constituye el momento básico de la complejidad cervantina con respecto a su pensamiento teatral: "...donde me atreví a reducir las comedias a tres jornadas, de cinco que tenían, o, por mejor decir, fui el primero que representase las imaginaciones y los pensamientos escondidos del alma, sacando figuras morales al teatro, con general y gustoso aplauso de los oyentes."[22] Afirmaciones estas en las cuales, a las necesidades de una construccion más libre de la *fábula* según la lógica

---

[20] G. B. Giraldi Cinzio, *Discorso intorno al comporre delle commedie e delle tragedie* (Vinegia, 1554). Una seleccion antológica puede leerse en Weinberg, *Trattati di poetica e di retorica*. En particular veanse *Lettera sulla tragedia*, I, pp. 469-486, y *Dedica all' "Orbecche,"* II, pp. 409-414.

[21] A. Porqueras Mayo, "Cervantes y la teoría poética," en *Actas del II Coloquio Internacional de la Asociacion de Cervantistas* [Alcalá de Henares, 6-9 noviembre 1989] (Barcelona: Anthropos, 1991), pp. 83-98. E. C. Riley, *Teoría de la novela en Cervantes*, y del mismo autor, "Teoría literaria," en *Suma cervantina*, en particular, pp. 293-322. C. De Lollis, *Cervantes reazionario*, Firenze: Sansoni, 1947, en particular el capítulo "Le teorie estetiche di Cervantes," pp. 73-114.

[22] Cervantes, "Prólogo" a las *Ocho comedias y ocho entremeses*, en F. Sánchez Escribano, y A. Porqueras Mayo, *Preceptiva dramática española*, p. 172.

interna de lo verosimil, se añade la experimentación de una técnica teatral, de antigua tradición alegórica, pero empleada modernamente para construir espacios de reflexión en el interior de la comedia y en las relaciones mismas entre los personajes, y finalmente en la puesta en escena donde se manifiesta el pensamiento del autor.

Hermenegildo y Riley ponen de relieve la novedad de esta postura, que redobla las mismas estrategias de la verosimilitud en el metateatro, en un juego de espejos que nos parece desde luego paralelo a lo que Cervantes iba experimentando en narrativa en la coetánea segunda parte del *Quijote*.[23] Precisamente aquí las estrategias manieristas del recurso a la figuratividad, al *tableau* productor del *Verfremdungseffekt*, que suspende la ficción abriendo un espacio a la reflexión, se articulan muchas veces en la evocación de un dispositivo de puesta en escena y de teatralidad que llega a impregnar todo el libro con el sentido de una fantasía visionaria y melancólica, a medio camino entre el recelo de lo imposible y la aguda sensacion de lo real.[24] En la producción dramática se persigue una análoga separación entre los polos de lo Real y de lo Imaginario, unidos en su incompatibilidad a través de la misma melancolía manierista que lleva a la suspensión imaginativa de la "figura" fuera de las medidas del tiempo y del espacio cotidianos. Desde esta postura teórica llega a los éxitos de "metateatro" que alcanzan la perfección formal en *El retablo de las maravillas* y encaminan, ideológicamente, hacia el tema

---

[23] A. Hermenegildo, *Los trágicos españoles del siglo XVI*, Madrid: Fundación Universitaria Española, 1961. Edición ampliada, *La tragedia en el Renacimiento español*, Barcelona: Planeta, 1973. E. C. Riley, "The 'pensamientos escondidos' and 'figuras morales' of Cervantes," en *Homenaje a W. L. Fichter* (Madrid: Castalia, 1971), pp. 623-631.

[24] Con respecto a una interpretacion de tipo iconológico del *Quijote* existe una interesante bibliografia. Entre los numerosos estudios recordamos C. Samonà, "Una risposta tardiva su Don Chisciotte e teatro," en *Symbolae Pisanae. Studi in onore di G. Mancini*. Ed. B. Periñán, y F. Guazzelli (Pisa: Giardini, 1989), pp. 563-573; M. C. Ruta, "Strategie teatrali nella diegesi chisciottesca," en *Annali della Facoltà di Lettere e Filosofia*, Università degli Studi di Palermo, *La memoria*, 5 (Palermo, 1989) pp. 109-123; "Aspectos iconológicos del *Quijote*," en *Nueva Revista de Filoloíia Hispánica*, 38 (1990), 875-886; "La descripción de ambientes en la II parte del *Quijote*," en *Cervantes. Estudios en la víspera de su centenario* (Kassel: Ed. Reichenberger, 1994), pp. 343-354. J. M. Martín Morán, «Los escenarios teatrales del *Quijote*,» en *Anales Cervantinos*, XXIV (1986), 27-46.

barroco del sueño y de la ilusión, únicos actores "en el gran teatro del mundo."

Cervantes no abjura de lo verosímil, sino que con la introducción de las "figuras morales" como íconos de los "pensamientos escondidos del alma," con el recurso a los sueños en que se realizan los deseos, con la representación "en la representación," donde los sueños se hacen escena—engañosa escena de los espejos—es como si aquella verosimilitud ofreciese también su doble, el doble de lo imposible como significado y razón del teatro.

Volviendo de la ideología a factores más específicos de técnica dramática, las prácticas de la verosimilitud por una parte, y por otra el recurso a la figuratividad icónico-alegórica (*Numancia, El trato de Argel, El rufián dichoso*, etc.) se fundamentan sobre un concepto del personaje que sobrepasa con mucho la herencia de la tradición escénica de los queridos maestros como Lope de Rueda.

La posición central del personaje en la técnica dramática cervantina pone su teatro, sobre todo los *Entremeses*, en un horizonte de modernidad que no difiere del teatro de los contemporáneos más importantes con los cuales nuestro autor concuerda o polemiza. Jean Canavaggio ha hablado a este proposito de la *dramatis persona* como eje de la escritura dramática de Cervantes, eje del cual derivan las consiguientes necesidades de desarrollo del espacio y del tiempo teatrales, y también las articulaciones de la acción, aun cuando espacio, tiempo y acción tienen que sobrepasar los preceptos y organizarse de una forma más libre en la estructura de la verosimilitud. Ejemplo máximo es el recorrido de Lugo en *El rufián dichoso* desde Sevilla hasta México, de joven a viejo, de sinvergüenza a santo.[25]

Si se aplica esta centralidad de la *dramatis persona* a la articulación del lenguaje dramático, puede notarse que revaloriza el papel del actor en el cual residen todas las técnicas, de la identificación al extrañamiento de las "figuras morales,"[26] en perfecta sintonía con las discusiones sobre el actor que encontramos en los mayores preceptistas de la época. La extraordinaria metáfora de Pedro de Urdemalas representa el ejemplo

---

[25] Vease J. Canavaggio, *Cervantes dramaturge. Un théatre à naitre* (Paris P.U.F., 1977), pp.191-202.

[26] E. C. Riley, "The 'pensamientos escondidos' and 'figuras morales' of Cervantes, pp. 623-632.

escénico de lo que acabamos de decir. Oculte o no el personaje la vida de verdaderos actores de aquella época, Pedro de Urdemalas se aleja de las bellaquerías de la vida gitana precisamente como el nuevo actor supera a los viejos farsantes.[27] Él mismo llega a ser actor encontrando en sus técnicas de metamorfosis aquella moralidad nueva que le permite declararse "grande" precisamente porque es, como hemos visto, intérprete de lo verosímil y de su doble ilusorio. Emblemáticos resultan, pues, los ultimos cuatro versos de la comedia, sobre cuyo texto exacto no están todavía de acuerdo los filólogos:

> De estas impertinencias y otras tales
> ofreció la comedia libre y suelta,
> pues llena de artificio, industria y galas,
> se cela del gran Pedro de Urdemalas.

Ya leamos *se cela*, o como quiere Casalduero, *cese la*,[28] no cambia la complejidad del sentido que se oculta (*se cela*) en el énfasis del histrión: énfasis moral que invoca un cambio de dirección con respecto a las incongruencias y a los vacíos adornos del gusto vulgar de aquel momento. Pero este cambio ha de realizarse, no recurriendo a viejos preceptos desgastados y abstractos, sino contraponiendo a la vulgaridad de un teatro de consumo el criterio inderogable del Arte.

Università di Palermo

---

[27] F. Palacio Martínez, "Teoría y práctica teatral cervantinas," en *Actas del II Coloquio Internacional de la Asociación de Cervantistas*, pp. 673-684.
[28] J. Casalduero, *Sentido y forma del teatro de Cervantes* (Madrid: Gredos, 1966), p. 183.

"¡O más dura que mármol a mis quexas!": Presencia intertextual de Garcilaso en *La Galatea* de Cervantes

EDWARD DUDLEY

QUIZÁ LA CUESTIÓN APUNTADA en el título nos presenta una manera de clarificar el impacto de Garcilaso sobre Cervantes como escritor de églogas pastoriles. Recordamos que Cervantes calificó *La Galatea* como una égloga en su comentario dedicado a los "Curiosos lectores." Esto sugiere que el intento de Cervantes tenía que ver con un deseo de elevar su obra, presentándola como parte de la tradición clásica. En efecto la palabra "égloga" en este contexto funciona casi como un "italianismo," como un gesto intertextual que entreteje el texto cervantino con las églogas de Virgilio y Sannazaro y la tradición pastoril en la Italia del Renacimiento y, al mismo tiempo, les recuerda a los lectores la estancia de Cervantes mismo en Roma, en Nápoles y en Sicilia, la patria literaria de Galatea y Polifemo.[1] Pero, sobre todo la palabra égloga a que

---

[1] En el *Tesoro* de Covarrubias (1611) la palabra "égloga" "es razonamiento entre pastores, dispuesto en algún poema, como las églogas de Virgilio." Por eso los redactores de ediciones modernas de *La Galatea* tienen varias explicaciones para el uso de égloga en vez de libro. Véase las ediciones de Avalle Arce (5) y de López Estrada y López García-Berdoy (22-25). La cuestión de la estancia de Cervantes en Italia es también imporante en este contexto porque allí se dió cuenta de la rivaldad cultural entre la España de Carlos V y Felipe II y la Italia

Cervantes se refiere tiene que ver con Garcilaso. En este sentido la última canción de Lenio "el desamorado" en *La Galatea,* en la cual Cervantes incorpora el famoso verso de Garcilaso, sirve de icono que entrelaza su propia poesía con la de Garcilaso. Es además un intento de *incorporar* el triunfo poético del maestro e inventor de la poesía nacional con su propia producción textual.[2] Este *coup d'etat* poético también alinea el libro de Cervantes con la innovación de *La Égloga 1* como texto docente, relacionándolo con obras como *El diálogo de amor* de León Hebreo y *Il libro del cortigiano* de Castiglione, textos que presentaron un nuevo concepto del amor platónico cristiano.[3] Todas estas consideraciones nos

---

renacentista. Cervantes mismo había sufrido el anti-hispanicismo de los italianos durante sus años en Italia, y en particular durante su estancia en Roma, donde la memoria del saqueo de Roma quedaba fresca. Por eso notamos una ambivalencia en la actitud de Cervantes en cuanto a Italia. Se preciaba de las ventajas culturales de su experiencia italiana, pero al mismo tiempo mantenía su orgullo de ser español. A pesar de esto, o quizá a causa de la ambivalencia, lo que escribió Américo Castro queda como la verdad: "La estancia en Italia fue el más trascendental hecho en la carrera espiritual de Cervantes" (citada en la edición de López Estrada 23).

[2] El tema del *translatio poetii y translatio imperii* desde Italia a España es el foco de estudios importantes de Anne J.Cruz (1988), Antonio Gargano (1988), Ignacio Navarrete (1994) y Daniel Heiple (1994). Navarrete comenta: "Just as in the sack of Rome Spanish troops had made off with the cultural artifacts of the premier Italian city, so by translating Castiglione's work [*Il cortegiano*] the poets appropriated the book's teaching, making it available to Spaniards and thereby transferring the locus of its reception and influence (41)." "Apropriarse" es la palabra clave en este contexto, y Cruz ya había utilizada la expresión "Poetics of Appropriation" en el título de un ensayo en 1988. Todos estos estudios analizan la presencia intertextual de Petrarca y otros modelos italianos en la poesía de Garcilaso. Gargano, como hispanista italiano, aprovecha su erudición impresionante sobre las letras renascentistas en Italia para apoyar sus sensibles lecturas. Al mismo tiempo demuestra la influencia de Kristeva en sus exégesis de contenido intertextual. Véanse las reseñas de Elias Rivers y Alicia de Colombí-Monguió. Un artículo reciente de Bryant Creel analiza las diferentes interpretaciones de Rivers y Gargano del Soneto XXII que ponen de manifiesto cómo el valor semiótico de la lengua informa su significación.

[3] Ambos Howard Wescott y Kathryn J. Gutzwiller insisten en la importancia de temas políticos y filosóficos en la poesía pastoril. Wescott hace hincapié en el valor del género como un texto docente en el caso de Garcilaso, particularmente en materias del amor platónico. En su estudio de Teócrito Gutzwiller encuentra

indican que podemos buscar otras connotaciones sugeridas por este proceso linguístico que llamamos la intertextualidad.

Julia Kristeva, por varias razones, ha rechazado el término "intertextualidad" y ha propuesto la palabra "transposición" para dar énfasis al movimiento de las palabras o frases de un sistema significativo a otro. Para Kristeva esta estrategia no es cuestión de una influencia literaria sino un fenómeno linguístico mucho más complejo y, para el poeta, más íntimo. Es, sobre todo, el síntoma de un conflicto entre dos sistemas significantes dentro del texto mismo del poeta. Esta interpretación está relacionada con dos "procesos" psicológicos en Freud: *Verdichtung* y *Verschiebung* (condensación y dislocación), o en términos linguísticos: metonomía y metáfora. Kristeva añade: "A estos procesos debemos agregar un tercer "proceso"—"*trasladar desde un sistema de signos a otro*" (énfasis suyo 59). El término "sistema" lo sugiere Saussure no Freud, y nos ofrece la posibilidad de un análisis linguístico de la "transposición" del verso de Garcilaso al poema de Cervantes. Esto no niega un motivo psicológico en Cervantes para tal acción, pero al mismo tiempo nos abre la posibilidad de varias interpretaciones del poema de Cervantes, basadas en el idiosincrático contexto estilístico y narrativo en el cual Lenio presenta su canción. Kristeva reconoce la importancia de estas estrategias críticas cuando habla de la polivalencia causada por la dislocación performativa.[4]

---

que este aspecto es un rasgo esencial en *Los Idilios*. Véase capítulo 2, "The Herdsman in Early Greek Poetry and Myth," en el cual discute la imagen del pastor en la vida intelectual y política de los griegos.

[4] En contraste de Saussure y otros linguistas Kristeva enfoca su análisis en la base corpórea de la subjetividad. Esta orientación crítica percibe los instintos como la fuente de la música o prosodia en el lenguaje del poeta. Mallarmé es su poeta paradigmático pero Kristeva observa que todo lenguaje tiene aspectos simbólicos y semióticos; es solamente una cuestión de equilibrio. En este análisis del poder de lo intuitivo en el vocabulario del poeta hay un fuerte elemento feminista. El niño aprende la entonación de la madre antes de crear sus propias palabras. Más tarde la lengua infantil se edifica sobre esta base semiótica. Otros hipanistas que han citado a Kristeva en relación con las ideas de intertextualidad en el *Quijote* son Daniel Testa (1981) y Jorge Aladro-Font y Ricardo Ramos Tremolada (1996). Estos encuentran que la presencia de Garcilaso es primariamente notable en la Segunda Parte. Citan, entre un gran número de otros ejemplos, el uso del primer verso de Salicio en el episodio de Altisidora (II. 70), también notado por Rivers (1970).

Considerando el meta-contexto de la canción de Lenio hay que notar que el poema mismo sufre una dislocación referencial en la cual un verso dirigido a Galatea en *La Égloga I*, en otro tipo de transposición, está dirigida a Gelasia en Cervantes. Esto, a pesar de la contingencia problemática de la presencia de Galatea misma en el *mise-en-scène* cervantino, provoca otras consideraciones interpretativas. Por ejemplo el contexto nacional de la *figura* de Galatea en las letras hispánicas de la época (véase Dudley "Goddess on the Edge... "), interviene aquí de una manera importante. Pero la dislocación es aun más complicada en este caso porque la interpolación ocurre dentro del contexto de las últimas páginas de *La Galatea I* en las que Cervantes está intentando articular la transición hasta la segunda parte, todavía no escrita. En efecto, el episodio amoroso de Gelasia/Lenio/Galercio contiene tres poemas: el soneto de Gelasia, las octavas de Lenio, y los versos cancioneriles y conceptistas de Galercio. La situación erótica de los tres es un reflejo especular de los amores triangulares de Galatea, Elicio y Erastro, y la resolución amatoria de ambos grupos se deja suspendida hasta la publicación de la prometida Segunda Parte. Por eso, sólo podemos imaginar lo que Cervantes pensó escribir, pero la situación sentimental se hubiera realizado de una manera dramática y teatral, junto con la historia de los cuatro gemelos que incluía a Galercio y a su hermano gemelo Artidoro, y con el triángulo principal de Galatea, Elicio y Erastro. En otras palabras, lo que quedó por resolución constituiría el foco principal del texto totalizado de una *Galatea I y II*. Pero, a pesar de esta laguna, sí podemos examinar este intercambio poético entre Gelasia y Lenio, y el efecto "semiótico" del estribillo tomado de la *Égloga I* de Garcilaso.

En este contexto nos serían útiles las ideas críticas de Kristeva con respecto a los impulsos semióticos, esto es resonancias pre-verbales—o pre-fonémicas—en el acto de hablar o escribir. Como psiquiatra especializada en el desarrollo de la lengua en el niño, sus intereses lingüísticos enfocan en el problema de la *producción* de significación y cómo el agente crea su lenguaje personal. Este proceso, que incluye cualquier tipo de lenguaje, consta de dos fuerzas distintas: "lo simbólico" y "lo semiótico." El primero es el aspecto "tético" o social de la lengua y el segundo es una expresión de la "chora" que produce los impulsos subconscientes del escritor. Este aspecto de los estudios de Kristeva puede ayudarnos a des-cubrir algo de la fuerza intuitiva o subconsciente que subraya *La Galatea* de Cervantes y por eso (in)forma su modo de crear un nuevo género literario. Éste no sería la novela moderna, como en el caso de *El Quijote*, sino un discurso híbrido entre la novela pastoril tradicional y una forma literaria que queda desconocida—digamos, una meta-novela pastoril. Para enfocar nuestro intento sería útil examinar estos dos términos críticos de Kristeva, el semiótico y el simbólico, en el contexto de la transposición del verso de Garcilaso.

El problema del estribillo llama la atención porque su aparencia o epifanía literaria ocurre precisamente en el momento en el cual la validez de tal tradición pastoril es amenazada y subvertida por las acciones de Lenio antes de presentar el poema. Es este aspecto, que tiene antecedentes temáticos en el texto de Garcilaso, el que revela motivos contradictorios por parte de Cervantes durante la transición narrativa hacia la segunda parte del texto. En los términos de Kristeva sería una cuestión de fuerzas semióticas que brotan, como una erupción, por las fuerzas "téticas" o simbólicas del texto. En el caso de *La Galatea*, los gestos dramáticos de Lenio contradicen sus palabras. Pero al mismo tiempo, las palabras de Lenio indican un momento de indecisión entre dos tipos de discursos narrativos. En este sentido el semiótico o sea la fuerza emotiva (pre-racional) está ya inscrita en el lenguaje del poema.

En suma, el "über-plan" de mi interpretación tendrá que considerar el propósito retórico del verso en el "sistema poético" de Garcilaso, y luego el sentido del verso en el "sistema" de Cervantes, con atención especial al efectismo conceptista de "lo semiótico" operativo en el contexto novelístico de *La Galatea I*. De esta manera descubriremos no solamente algo de la concepción poética para la obra total (I y II) que Cervantes pensó escribir, sino también algo de la oposición semiótica que está debajo de lo simbólico en la sección final de *La Galatea I*.

Para contrastar el verso incrustado en el poema de Cervantes tendremos que releerlo en el contexto de la *La Égloga I* de Garcilaso. La estrofa empieza con la invocación de Galatea por Salicio, quizás el verso más famoso del Renacimiento español:

> ¡Oh más dura que mármol a mis quexas
> y al encendido fuego en que me quemo
> más elada que nieve, Galatea! (57-59)

Sólo el primer verso está citado en Cervantes donde sirve de estribillo para las cuatro octavas del poema de Lenio. En un sentido, Garcilaso utiliza el verso como el principio de la égloga total. Sólo la dedicación a don Pedro de Toledo, virrey de Nápoles, y los versos que describen el *locus amoenus* en que Salicio dirige las palabras a Galatea como si estuviera presente, preceden la invocación de la amada. Notamos también que la asonancia "é/a" occure en cinco versos en la primera estrofa: queja, Galatea / dejas / sea / vea, creando un ritmo impuesto por el nombre "Galatea." Este efecto establece Galatea como el emblema o icono metonímico que nos dice que éste es un poema dedicado a los amores pastoriles de la época clásica. Recordamos que el nombre de Galatea aparece en todos los ejemplos canónigos del género: Teócrito, Virgilio, Ovidio, y en el Renacimiento, el renovador del género, Sannazaro. Recordamos también que Garcilaso pasó dos años en Nápoles donde participó en la Accademia Pontaniana, nombrada por el tutor de Sannazaro. Además el crítico Giulio Cesare Scalegerio calificó el latín de la égloga dedicada a los amores de Galatea y Lycon como el más perfecto desde la antigüedad, seguramente la cumbre de la alabanza humanista. Otro antecedente importante para Garcilaso fueron los versos de Castiglione dedicados a Elizabetta Gonzaga, disfrazada en los poemas bajo el nombre de Galatea. La nueva boga del nombre Galatea había empezado con Poliziano, y había sido canonizado por Isabella d'Este cuando se lo había dirigido a Perugino con instrucciones de pintar un fresco de Galatea en su *studiolo*.

Luego, Raffaello, un discípulo de Perugino, pintó su enigmático *Il Trionfo di Galatea* en el palazzo nuzziale construido en anticipación de las bodas de Agostino Chigi con Margarita Gonzaga. Cuando la joven Margarita (19 años) rechazó a Agostino a causa de su edad (48 años), la noticia precipitó un escándalo, y la bella Margarita llegó a ser identificada con la *Galatea* de Raffaello. En otras palabras el nombre adquirió una nueva resonancia de la sexualidad política de la época; la mujer puede decir que no. En efecto, podemos decir que la fama del episodio imponía un tono proto-feminista en el poema de Garcilaso, y notamos que Galatea fue el único nombre "pastoril" en la *Égloga I*, en contraste con Elissa, Salicio y Nemoroso, nombres de supuesta importancia personal en la vida de Garcilaso.

Cervantes sabía todo esto cuando eligió el nombre *La Galatea* para el título de su obra. Era una manera de elogiar su poeta predilecto y al mismo tiempo hacer referencia a sus años en Italia, incluso su estancia en Roma, donde seguramente vio el famoso fresco de Raffaello. Pero podemos encontrar otras razones que le llevaran a dar este nombre a su primera ficción. En los 40 años desde la visita de Garcilaso hasta la visita de Cervantes mucho había cambiado en el ambiente cultural de Roma que había añadido nuevas asociaciones al nombre de Galatea. La diosa tiene dos epifanías mitológicas asociadas con sus dos pretendientes: Polifemo y Pigmaleón, el feo y violento cíclope y el auto-erótico escultor. Y en el caso de Polifemo hay elementos obscenos y cómicos bien conocidos. Según Kathryn J. Gutzwiller (64,106) las primeras epifanías literarias de Galatea son como el objeto de deseo de Polifemo, incluso algunos episodios cómicos en Teócrito en los que su belleza contrasta con la fealdad brutal de Polifemo (110). Hay también un tono salvaje, o sea de "wild man," en su manera de galantear. Dado el carácter de abierto erotismo del mundo pastoril en Teócrito donde referencias a Príapo y erecciones aparecen en el primer Idilio, el gigantismo de su pene sería una amenaza espantosa para la delicada ninfa. Aun en la Roma del Renacimiento este aspecto del gigantismo viril de Polifemo se encuentra en el fresco de Annibale Carracci en el Palazzo Farnese.

Por contraste, la Galatea de Cervantes relaciona la ninfa con Pigmaleón, el escultor que intenta crear la perfecta mujer de mármol, en la canción de Galercio. Aquí hay referencia al concepto de diosa de belleza inherente en su nombre mitológico. De esta manera Cervantes introduce el tema del arte y la figura de Galatea como símbolo de la belleza artificial, como artificio o fabricación de los hombres e inspiración para poetas—un rol asignado a Galatea por Elicio. Esta idea manierista está también implícita en el fresco de Raffaello, donde el pintor intentó crear un retrato de la perfecta belleza platónica. Aquí Cervantes demuestra su relación con la boga manierista en la Roma de su época. El título entonces da énfasis al ambiente estético en la Roma del patrón de Cervantes, Ascanio Colonna, bien diferente de la Roma de Garcilaso. La preocupación manierista con el tema del arte como tema estético que se ve en la pintura de El Greco, Parmegiano y sus contemporáneos es ya un tema central en la obra cervantina, pero no en la égloga de Garcilaso (véase el comentario de Rivers sobre el artificio: "Cervantes y Garcilaso"). Los tres versos de Garcilaso presentan los elementos esenciales del mundo pastoril renacentista: 1) la ninfa esquiva que rechaza a su enamorado, 2) la contradicción bi-polar "fuego/nieve" en que sufre el poeta, 3) y en el caso de Galatea, un sentido general de la condición de blancura que sugiere la etimología de su nombre tomada de la palabra griega para leche. El énfasis en su blancura se encuentra aún en Teócrito. En "Idilio 11" un Polifemo cómico empezó su lamento: "¿Blanca Galatea, por qué rechazas el que te ama—más blanca que el queso…?" (citada en Gutzwiller 110: traducción mía). La blancura de la mujer tenía ya una importancia erótica en la antigüedad, pero, como veremos, tenía un valor racial aun más urgente en la época imperial después de los viajes de Colón y Vasco da Gama. Los europeos en general se vieron como "blancos" en un mundo de pueblos con otros colores de piel. Naturalmente esta auto-identificación incluía un sentido de superioridad cultural y genética (Hale 4-5). Esta actitud imperial era aun más poderosa en la España de Garcilaso y Carlos V que en una Italia ya dominada por España. Sabemos que en Roma misma los romanos ideaban a España como la nueva Roma, un concepto que incorporaba una mentalidad que veía el mundo esférico como su objeto de deseo. En este contexto Galatea era la diva del momento, símbolo supremo de poder, belleza y sexualidad (Dudley, "Goddess" 30, 42-3).

Pero el tono de los tres versos indica algo más que el temperamento de Galatea. Tienen un sentido de autoridad. Las metáforas descriptivas de la ninfa no son nuevas pero tienen una nueva resonancia natural que sugiere la lengua hablada (Castiglione 72-3). El ritmo de la frase sugiere un aire reflexivo y bien pensado, que renueva el lenguaje poético. Además notamos que Galatea tiene una presencia propietaria en cuanto al mundo pastoril. Vive en su ambiente natural. Le proclama al lector que el *locus amoenus* pastoril es suyo. Domina el lugar y el mundo sentimental del género. Gutzwiller comenta que en Sicilia Galatea era una figura culta y probablemente existían altares dedicados a su devoción . En cualquier caso, Galatea entra en el poema de Garcilaso como una diva, eso es, como una figura femenina ascendente. Tiene el derecho de decir que no a su suplicante. Pero al mismo tiempo el lamento de Salicio vacila entre una actitud que acepta a Galatea en su rol dominante y simultáneamente intenta dominarla, negarla su libertad y apoderarse de su identidad.

En cuanto a la actitud de Salicio hacia Galatea, la primera estrofa establece el papel de Galatea de una manera machista y posesiva. Ella es sumamente "un objeto de deseo." Existe sólo para las necesidades afectivas de Salicio. En efecto Galatea es una parte esencial del sentido ontológico de él. Vemos que Salicio no es Salicio si Galatea no le ama. Como es común con este tipo de amante, Salicio no puede vivir por sí mismo. Esta condición es el punto de arranque de su canción. Vamos a re-leer los primeros versos en el contexto total de la primera estrofa:

> ¡Oh más dura que mármol a mis quexas
> y al encendido fuego en que me quemo
> más elada que nieve, Galatea!
> Estoy muriendo, y aun la vida temo;
> témola con razón, pues tú me dejas,
> que no ay sin ti el bivir para qué sea.
>   Vergüença é que me vea
>   ninguno en tal estado,
>   de ti desamparado,
> y de mí mismo yo me corro agora,
> ¿D'un alma te desdenas ser señora
> donde siempre moraste, no pudiendo
>   della salir un ora?
> Salid sin duelo, lágrimas, corriendo. (57-70)

La estrofa contiene ecos de Teócrito y Virgilio, pero no identifica cuál de las epifanías de Galatea es un claro antecedente de esta Galatea, la de Polifemo o la de Pigmalión. Esta confusión de su identidad es en parte debida a una actitud contradictoria por parte de Salicio. Luego, el tono del lamento cambia abruptamente con la revelación "pues tú me dexas" en la línea 5. Leídos los primeros cuatro versos el lector cree que Galatea siempre ha rechazado las intenciones de Salicio, pero la situación sentimental de Salicio y Galatea es totalmente diferente. En una época Salicio se creía en posesión del amor de Galatea. En contraste con la Gelasia o la Marcela de Cervantes, la Galatea de Garcilaso tiene su propia historia sentimental.

Hay que recordar que el lector no sabe nada de la vida de Galatea excepto lo que nos dice Salicio. En contraste con Marcela, Galatea misma nunca tiene la oportunidad de narrar su propia versión de lo que ha pasado entre los dos. Por eso es preciso mirar bien la versión de Salicio donde, en efecto, encontramos que Salicio nos da dos distintas explicaciones de lo que ha ocurrido. La primera versión empieza con la metáfora poderosa de Galatea como habitante feliz del alma de Salicio (67-69). Más tarde añade "dexas llevar, desconocida, al viento/ el amor y la fe que ser guardada/ eternamente solo a mí deviera (88-90). Estas afirmaciones pertenecen a la historia del pensamiento platónico ya explorada en los sonetos. "Escrito 'stá en mi alma vuestro gesto" en Soneto V es quizás la más famosa expresión de esta tradición en la poesía de Garcilaso. A diferencia del verso de Salicio, en Soneto V el alma del amante pertenece a la amada, mientras que en el lamento de Salicio la amada pertenece a la ontología de él, un detalle sintomático de la actitud posesiva de Salicio cuando añade "solo a mí deviera."

Pero inmediatamente después, Salicio indica que ahora piensa que el amor de Galatea fue siempre un engaño. Reclama que ella nunca le había amado, a pesar de la insistencia del pastor en que su fe era guardada sólo para él. La misma contradicción reaparece en una serie de preguntas que indican que Galatea *había cambiado* su opinión de Salicio:

> ¿Cómo te vine en tanto menosprecio?
> ¿Cómo te fuy tan presto aborrecible? (183-185)

Ahora bien, el estado inestable de Salicio como amante rechazado puede explicar en parte estas contradicciones. Pero, o el amor platónico es verdaderamente inmortal o no lo es. Amantes sin esperanza como Galercio o Erastro quedan fieles a su fe, o se suicidan como Grisóstomo, pero en el contraste que vemos aquí hay indicios de una mudanza radical en Salicio mismo. En un sentido su decisión de olvidar a Galatea que encontramos en la conclusión revela que el amor de Salicio nunca fue inmortal. Su amor a Galatea sólo existía como una expresión de sus necesidades emotivas. Galatea le era una confirmación de su estado elevado como el pastor más guapo. Esto ya lo ha confesado en la estrofa anterior cuando revela su vanidad egoísta:

> No soy, pues, bien mirado,
> tan difforme ni feo,
> que aun agora me veo
> en esta agua que corre clara y pura,
> y cierto no trocara mi figura
> con esse que de mí s'está reyendo;
>   ¡trocara mi ventura! (175-181)

Esta confesión claramente indica que hubiera preferido trocar su amada antes que su "figura." Y, más importante todavía, esto abre la posibilidad de que lo que Galatea habría percibido de repente fue el egoísmo de su pretendiente. Quizá, aunque el nuevo amante de Galatea no era tan guapo como Salicio, podría ser que le ofreciera un verdadero amor platónico.

Otro ejemplo del egoísmo de Salicio se encuentra en la estrofa final de su lamento. Se trata del "regalo" del *locus amoenus*, el sitio predilecto de sus amores y el lugar donde Galatea se despidió de él; es el lugar donde Salicio ofrece su regalo (el *locus amoenus*) a Galatea. Este gesto ha sido interpretado como un acto de generosidad por parte de Salicio. Pero, a pesar de esto, queda otra interpretación. Hemos visto que Salicio considera a Galatea como una posesión, en efecto como parte de su identidad propia. Recordamos la primera estrofa de su canción: "Vergüença é que me vea/ ninguno …/ de ti desamparado…" Está avergonzado, como hemos visto, de quedar abandonado por la pastora dominante, la que apoyó el valor de su identidad. Ahora es esencial para su ego demostrar su munificencia y altruismo. Pero aquí también encontramos contradicciones. La penúltima estrofa se enfoca de nuevo en la dureza de Galatea. La canción de Salicio puede cambiar la dureza de las piedras, pero "tú sola contra mí t'endureciste…" Luego, empieza su despedida:

>   Mas ya que a socorrerme aquí no vienes,
>   non dexes el lugar que tanto amaste,
>   que bien podrás venir de mí segura.
>   Yo dexaré el lugar do me dexaste;
>   ven si por solo aquesto te detienes.
>   Ves aquí un prado lleno de verdura,
>   ves aquí un' espessura,
>   ves aquí un agua clara,
>   en otro tiempo cara,
>   a quien de ti con lágrimas me quexo;
>   quiçá aquí hallarás, pues yo m'alexo,
>   al que todo mi bien quitar me puede,
>   que pues el bien le dexo,
>   no es mucho que'l lugar también le quede. (211-224)

El tono dominante es de una cierta suavidad que ablanda el juego de palabras, particularmente el intercambio de signficaciones en "dexar" y "quedar": "no dexes el lugar" / "yo dexaré el lugar do me dexaste" / "el bien le dexo" / "que 'l lugar…le quede." Éste rima con puede, y repite el "ue" de las dos instancias de "pues." Domina también un ritmo lento y sonoro de un salmo ritual o el doble de un campana.

Es la única estrofa que le falta el estribillo: "Salid sin duelo, lágrimas, corriendo." El uso de estribillos se encuentra en Teócrito, Virgilio, Sannazaro y Pontano entre otros. Pero el antecedente más interesante es el de Virgilio en la Égloga VIII donde la última repetición del verso se convierte en negativo, mientras que en Garcilaso el verso desaparece en la última estrofa (véase el comentario de Rivers en su edición 271). Parece también que el sentido o propósito simbólico del verso no queda nada claro, sobre todo la frase "sin duelo." Se han ofrecido varias interpretaciones para evitar la paradoja más evidente. Todo esto sugiere que la importancia del verso reside en su diferencia sintática y rítmica de los versos renacentistas de Garcilaso. Repite, como en una letanía, una frase tradicional que aporta un sentido más resonante y ritual. Esta interpretación se asemeja a la sugerencia de Juan Loveluck de que "la repetición del estribillo imita el ritmo natural de los sollozos" (citada en la edición de Rivers). En este caso la falta de tener un sentido preciso permite que el verso se ajuste a las diferentes ideas de cada estancia. Resulta que el sentido del estribillo cambia con cada repetición. Es, en fin, como comenta Rivers "un evidente acierto estético, lleno de resonancias originales" (272). En otras palabras, el uso del estribillo es un ejemplo acertado de una expresión semiótica en términos del análisis de Kristeva. La raíz del uso del estribillo es pre-verbal porque expresa un sentimiento universal como un sollozo. Pero en el texto de Cervantes el éxito del verso de Garcilaso "¡O más dura que mármol a mis quexas…" utilizado como estribillo tiene otras resonancias.[5]

---

[5] El éxito poético de Garcilaso demuestra que el uso de estribillos es siempre semiótico y funciona como una manera de descubrir sentidos polivalentes en el verso. Pero en el caso de Cervantes la tarea es más difícil porque el verso de Garcilaso tiene una claridad y simplicidad clásica, y le faltan resonancias semióticas como las que se encuentran en el verso cancioneril utilizado por Garcilaso.

En *La Galatea* la canción de Lenio se encuentra como el poema central en el último intercambio poético de la novela. El triángulo amoroso de Gelasia, Lenio y Galercio es una variante de la relación de Galatea, Elicio y Erastro. En ambos casos la pastora rechaza las pretensiones de los dos pastores pero con la diferencia de que Gelasia (la mujer de hielo) rechaza no sólo a los dos mozos sino la posibilidad del amor también. En efecto, Gelasia considera el amor humano la causa de un sin fin de desastres. El amor según ella es un mal universal. Su actitud es mucho más negativa que la de Marcela. Lenio, antes de enamorarse de Gelasia, estaba de acuerdo con esta posición anti-sentimental. Ahora, sin embargo, canta como cualquier amante desesperado. Galercio, poco después de escribir su poema, había intentado suicidarse. Sólo estorbó su muerte la intervención de otros pastores, quienes encontraron en su pellico el poema, pero mojado e ilegible hasta que se secara. Aunque escrito antes del soneto de Gelasia o las octavas de Lenio, sólo se lee después de haber leído los otros dos poemas. Cervantes ha dispuesto este enredo novelesco cuidadosamente por razones hermenéuticas. Por eso leemos el soneto de Gelasia primero, las octavas de Lenio segundo y el poema de Galercio después. Esto quiere decir que el desafío de Gelasia se lee después del intento suicida aunque esta actitud es la causa del acto de Galercio. Blecua ha sugerido que el soneto de Gelasia es el mejor poema de la novela, y que el último terceto es uno de los mejores de la poesía española (179). Tal alabanza no es común en Blecua, pero hay que añadir que en parte el efectismo del soneto depende del contexto novelesco. El lector lee el poema consciente de su efecto en Galercio quien verdaderamente no puede vivir sin ella. Por eso el epíteto "la cruel Gelasia" es más convincente. Si es justo o no, es otra pregunta que no podemos contestar sin la segunda parte de la obra. En cualquier caso tenemos que leer el soneto de la cruel pastora antes de la respuesta de Lenio:

GELASIA
¿Quién dejará del verde prado umbroso
las frescas yerbas y las frescas fuentes?
¿Quién de seguir con pasos diligentes
la suelta liebre o jabalí cerdoso?
¿Quién, con el son amigo y sonoroso,
no detendrá las aves inocentes?
¿Quién, en las horas de la siesta ardientes,

> no buscará en las selvas el reposo,
>   por seguir los incendios, los temores,
> los celos, iras, rabias, muertes, penas
> del falso amor, que tanto aflige al mundo?
>   Del campo son y han sido mis amores;
> rosas son y jazmines mis cadenas;
> libre nací, y en libertad me fundo. (251-252)

Como se ha notado, Gelasia condena el amor humano como un mal universal, y por eso la cuestión queda pendiente si el motivo de Gelasia es cruel o sólo egoísta.

Además, la reacción de Lenio al soneto indica otras consecuencias implícitas en la relación entre los amantes. Y debemos recordar, al leer el estribillo, el lamento de Salicio. Además, la descripción de la reacción de Lenio antes de cantar indica un cambio de actitud hacia la pastora: "Y luego, incitado y movido de un furioso accidente, arrojó lejos de sí el cayado, y desnudándose el pellico, le entregó a las aguas del claro Tajo…" (253). Esto sugiere un cambio de mentalidad fundamental, como si pensara seguir el ejemplo de Salicio y abandonar la vida pastoril. El poema mismo no aclara sus motivos.

> LENIO
> ¿Quién te impele, crüel? ¿Quién te desvía?
> ¿Quién te retira del amado intento?
> ¿Quién en tus pies veloces alas cría,
> con que corres ligera más que el viento?
> ¿Por qué tienes en poco la fe mía,
> y desprecias el alto pensamiento?
> ¿Por qué huyes de mí? ¿Por qué me dejas?
> *¡Oh, más dura que mármol a mis quejas!*
>
> ¿Soy, por ventura, de tan bajo estado
> que no merezca ver tus ojos bellos?
> ¿Soy pobre? ¿Soy avaro? ¿Hasme hallado
> en falsedad desde que supe vellos?
> La condición primera no he mudado.
> ¿No pende del menor de tus cabellos
> mi alma? ¿Pues por qué de mí te alejas?

¡Oh, más dura que mármol a mis quejas!

Tome escarmiento tu altivez sobrada
de ver mi libre voluntad rendida,
mira mi antigua presumpción trocada
y en amoroso intento convertida.
Mira que contra amor no puede nada
la más esenta descuidada vida.
Detén el paso ya: ¿por qué le aquejas?
¡Oh, más dura que mármol a mis quejas!

Vime cual tú te ves, y ahora veo
que como fui jamás espero verme;
tal me tiene la fuerza del deseo;
tal quiero, que se estrema en no quererme.
Tú has ganado la palma, tú el trofeo
de que amor pueda en su prisión tenerme,
tú me rendiste: ¿y tú de mí te quejas?
¡Oh, más dura que mármol a mis quejas! (253-54)

El que el poema sea más eficaz leído en el contexto del intercambio con el soneto de Gelasia, demuestra que Cervantes sabe utilizar la prosa para enfocar mejor el sentido del poema. Esto es en parte cuestión del poder performativo de su canción, y en parte la creación de una hermenéutica de sospecha para leerla con ojos nuevos (Dudley, *Endless Text* 12).

Así podemos evaluar el equilibrio entre las fuerzas simbólicas y las semióticas del estribillo en los dos poemas. Hemos visto que el éxito de Garcilaso se debe al lenguaje del verso cancioneril. La falta de precisión sintáctica y simbólica del verso contribuye al mensaje semiótico de tristeza. El lector lee el verso por su ritmo y por su sentido pre-verbal, pre-fonémico. Por contraste, el verso de Garcilaso es en sí completamente claro en su sentido simbólico. Es un lugar común pastoril reconocido por cualquier lector literario. Y al mismo tiempo este lector literario reconocería el verso como una creación de Garcilaso aplicada a la esquivez de Galatea. En las dos primeras estrofas leemos un eco de las quejas de Polifemo, con ecos de Teócrito, Virgilio y Ovidio (entre otros). Vemos también que ésta es la secuencia sentimental ya utilizada por Garcilaso en el lamento de Salicio. El sentido del verso todavía pertenece al poema de Garcilaso. Como contraste, en las estrofastres y cuatro Cervantes se deshace del modelo de la Galatea de la Égloga y dirige su respuesta a Gelasia y el contexto de su relación con Lenio. Con esto el impacto del estribillo sufre un cambio de tono. Ya relacionado con su narrativa novelesca, el estribillo tiene un impacto nuevo. En vez de referir a un caso de amor general el verso intertextual obra recíprocamente con la historia de Lenio y Gelasia. Ahora el tema amoroso se entreteje con el problema del libre albedrío y la "cárcel de amor," y Gelasia es la culpable. Ella ha mantenido su independencia con un grito de desafío, "libre nací," una frase hecha que remonta a la novela/tratado de Juan Rodríguez del Padrón: *El siervo libre de amor* (c.1440). Tomando la metáfora de la prisión como una imagen metonímica que simboliza el conflicto entre el amor y el libre albedrío, Lenio contesta. "Tú has ganado la palma, tú el trofeo/ de que amor pueda en su prisión tenerme." Con esta respuesta el diálogo ya se refiere a la situación actual de sus amores y ha adquirido una fuerza vital ausente en las dos primeras octavas, sobre todo en los dos versos finales:

> Tú me rendiste: ¿y tú de mí te quejas?
> ¡Oh, más dura que mármol a mis quejas! (254)

El tono acerbo de la última pregunta, un eco de la última estancia de Salicio, da una resonancia cínica y amarga a la conclusión. En efecto, la despedida a la pastora parece una respuesta resuelta y sugiere una despedida conclusiva al mundo pastoril. En el texto de Cervantes el estribillo ha adquirido un sentido semiótico de finalidad que no encontramos en el verso simbólico de Garcilaso en *La Égloga I*. La transposición de un sistema de signos a otro ha cambiado la resonancia semiótica de las palabras de Garcilaso, y en esta manera Cervantes ha tomado posesión del verso famoso. Mientras que Garcilaso lo utiliza para abrir el lamento de Salicio, Cervantes lo usa para cerrar la canción de Lenio. Ahora el estribillo tiene un tono verdaderamente cervantino. Ha adquirido un carácter que pertenece a la historia de la novela realista, y no a la historia de la novela pastoril.

STATE UNIVERSITY OF NEW YORK AT BUFFALO

Bibliografía

Aladro-Font, Jorge y Ricardo Ramos Tremolada. "Ausencia y Presencia de Garcilaso en el *Quijote*." *Cervantes* 2 (1996): 89-106.

Blecua, José Manuel. "Garcilaso y Cervantes." *Sobre poesía de la edad de oro*. Madrid: Gredos, 1970. 151-160.

———. "La poesía lírica de Cervantes." *Sobre poesía de la edad de oro*. Madrid: Gredos, 1970. 160-195.

Castiglione, Baldesar. *The Book of the Courtier*. Trans. George Bell. Baltimore: Penguin, 1967.

Cervantes, Miguel de. *La Galatea*. Ed. Juan Bautista Avalle-Arce.Vol. I y II. Madrid: Espasa-Calpe, 1961.

———. *La Galatea*. Eds. Francisco López Estrada y M. Teresa López García-Berdoy. Madrid: Cátedra, 1995.

Colombí-Monguió, Alicia de. "Review Article." *KRQ* 38 (1991): 95-106.

Covarrubias, Sebastián de. *Tesoro de la Lengua Castellana o Española*. Ed. Martín de Riquer. Barcelona, 1943.

Creel, Bryant. "Garcilaso's Sonnet XXII: A Re-examination in the Light of Phenomenological Ethics of Values." *Calíope* III (1997) 1: 51-70.

Cruz, Anne J. *Imitación y transformación: El petrarquismo en la poesía de Boscán y Garcilaso de la Vega*. Philadelphia: Purdue U Monographs, 1988.

———. "Spanish Petrarchism and the Poetics of Appropriation: Boscán and Garcilaso de la Vega." *Renaissance Rereadings: Intertext and Context*. Ed. Maryanne Cline Horowitz, Anne J. Cruz, and Wendy A. Furman. Urbana: U of Illinois P, 1988. 80-95.

Dudley, Edward. "Goddess on the Edge: The Galatea Agenda in Raphael, Garcilaso and Cervantes." *Calíope*. 1 (1995): 27-45.

———. The Endless Text: *Don Quijote* and the Hermeneutics of Romance. Albany: U of New York P, 1997.

Garcilaso de la Vega. *Obras completas con comentario*. Ed. Elias L. Rivers. Columbus: Ohio U Press, 1974.

Gargano, Antonio. *Fonti, miti, topoi:cinque studi su Garcilaso*. Napoli: Liguori, 1988.

Gutzwiller, Kathryn J. *Theocritus' Pastoral Analogies*. Madison: The U of Wisconsin P, 1991.

Hale, John. *The Civilization of Europe in the Renaissance*. New York: Athenium, 1994.

Heiple, Daniel L. *Garcilaso de la Vega and the Italian Renaissance*. University Park: Pennsylvania State UP, 1994.

Kristeva, Julia. *Revolution in Poetic Language*. Trans. Margaret Waller. New York: Columbia UP, 1984.

Navarrete, Ignacio. *Orphans of Petrarch: Poetry and Theory in the Spanish Renaissance*. Berkeley: U of California P, 1994.

Rivers, Elias L. "Cervantes y Garcilaso." *Cervantes. Su obra y su mundo. Actas del I Congreso Internacional Sobre Cervantes* [1978]. Ed. Manuel Criado de Val. Madrid: EDI-6, S.A., 1981.

———. "*Garcilaso de la Vega and the Italian Renaissance:* Texts and Contexts/ Review Article." *Calíope*. II (1996) 1: 100-108.

Testa, Daniel. "*Don Quijote* y la Intertextualidad." *Cervantes. Su obra y su mundo. Actas del I Primer Congreso Internacional Sobre Cervantes* [1978]. Ed. Manuel Criado de Val. Madrid: EDI-6. S.A., 1981.

Wescott, Howard B. "Nemoroso's Odyssey: Garcilaso's Eclogues Revisited." *Hispania* 78 (1995): 474-82.

Saavedra: Testimonio, clamor y experiencia limítrofe en Cervantes[1]

María Antonia Garcés

> "Estar cautivo es vivir con toda la plenitud la experiencia de que no debes contar jamás con el próximo instante."
> Ciriaco Morón Arroyo, *Nuevas meditaciones del Quijote.*

En su libro *Otobiographies* (1984), dedicado al estudio del *Ecce Homo* de Nietzsche, Jacques Derrida pregunta qué es lo que un autor arriesga cuando pone su nombre en un trabajo escrito. Jugarse el nombre (con todo lo que éste conlleva), poner en escena firmas, crear una inmensa rúbrica biográfica con todo lo que uno ha escrito es, como afirma Derrida, "un hecho de vida y de muerte." El nombre, que debe distinguirse siempre de quien lo ostenta, refiere invariablemente a la muerte (*Otobiographies* 7). Derrida regresa a los vínculos entre el nombre propio y la muerte en varios textos, especialmente en su emocionado adiós al ensayista y crítico literario Roland Barthes, donde el filósofo francés sugiere que el nombre propio solo y en sí mismo "dice muerte, todas las muertes en una. Dice muerte incluso cuando el que lo ostenta está aún viviendo […]. La muerte se inscribe precisamente en el nombre" ("The Deaths of Roland Barthes" 34). En su ameno y esclarecedor diálogo

---

[1] Este trabajo es una versión del abreviada de la primera parte capítulo 4 de mi libro *Cervantes in Algiers: A Captive's Tale* (2002).

intertextual con Derrida, Geoffrey Bennington explica esta articulación entre el nombre propio y la muerte: "Mi propio nombre me sobrevive. Después de mi muerte, será posible nombrarme y hablar de mí. Como todo signo, incluyendo el "yo," el nombre propio incluye la necesaria posibilidad de funcionar en mi ausencia, de desprenderse de su portador [...]. Debemos llevar esta ausencia a un tipo de absoluto que llamamos muerte" (148). Por tanto, como sugiere Bennington en su interpretación de la obra de Derrida, el nombre, la firma, es ya "el nombre de la persona muerta, la memoria anticipada de una partida" (148). Estas reflexiones sobre el significado del nombre propio me llevan a estudiar el significado del apellido *Saavedra* en la vida y obra de Cervantes, así como sus vínculos con la muerte y la supervivencia, es decir, con la muerte vivida de antemano por el esclavo Miguel de Cervantes durante su cautiverio en Argel.

El apellido Saavedra aparece en la frontera entre la "vida" y la "obra" de Cervantes, esa móvil y poderosa frontera que se halla entre los textos del autor alcalaíno, por un lado, y la vida del escritor identificado con el nombre de Miguel de Cervantes *Saavedra*, por el otro. Siguiendo a Derrida, quiero proponer que ese límite divisible atraviesa dos "cuerpos," el cuerpo y el corpus (la obra), de acuerdo con leyes que apenas comenzamos a vislumbrar (*The Ear of the Other*, 40-41). Entre estos dos cuerpos, el cuerpo y la obra, surge el nombre *Saavedra* como testimonio de una experiencia limítrofe y como símbolo de la fundación de mundos nuevos que hablan de un otro yo. Debido a que el nombre está necesariamente conectado con la muerte, como hemos visto, me propongo explorar en estas páginas los avatares que distinguen a la serie de personajes bautizados con el nombre *Saavedra* en los textos de Cervantes, análisis que también tomará en cuenta la adopción del apellido *Saavedra* por parte del autor. El reto es enorme porque, como sabemos, Cervantes avanza camuflado detrás de máscaras, nombres y seudónimos con los que intenta oscurecer sus marcas en el texto. El hecho de que las creaciones cervantinas estén tan profundamente entrelazadas con la vida del autor me lleva a acercarme a estos temas de la misma manera, en un zigzag que se moverá de la vida a la creación y viceversa, a través de la compleja trama de vida y ficción en la obra literaria de Cervantes.

I. Vida y creación

Saavedra no era el apellido de Cervantes, ni tampoco un patronímico que llevaran sus antepasados directos. El autor asumió este apellido algunos años después de su retorno de Berbería, adonde estuvo cautivo por cinco años, entre 1575 y 1580.[2] Como sugiere Jean Canavaggio, la experiencia argelina no solo le abrió horizontes nuevos a Cervantes: "Le ayudó, con el contacto de la adversidad, a revelarse a los demás tanto como a sí mismo. Por ese motivo, fue el crisol en que tras Lepanto, se forjó su destino personal" (*Cervantes* 108). Entre los avatares de este destino están los diferentes usos del apellido *Saavedra*, utilizado varias veces por Cervantes en su ficción, y finalmente asumido por el autor como apellido. Un pariente lejano, Gonzalo Cervantes Saavedra, seguramente influyó sobre Cervantes para su elección de un segundo nombre. Poeta y escritor, Gonzalo tuvo que abandonar su Córdoba natal en 1568 después de un sangriento duelo, una historia parecida a la del joven Cervantes, quien quizá escapó de Madrid por motivos similares en 1569 (Astrana Marín, I: 23-25). Gonzalo se había embarcado en las galeras de don Juan de Austria y, por tanto, posiblemente peleó también en Lepanto. Miguel debió haberlo conocido, ya que incluyó el nombre de Gonzalo Cervantes Saavedra entre los poetas cordobeses elogiados en el "Canto de Calíope" de *La Galatea* (1585). Arruinado después de una vida soldadesca disipada, Gonzalo zarpó para las Indias en 1594, pero pereció en un naufragio cerca del puerto de La Habana (Astrana Marín, I: 26-27).[3] Ya sea o no que Gonzalo le haya servido de modelo, Cervantes sin duda revela su fascinación con el nombre de Saavedra, que marca su vida y su creación literaria.

El apellido Saavedra aparece por primera vez en *El trato de Argel*, drama compuesto por Cervantes entre 1581 y 1584, después de su

---

[2] Es posible que Cervantes ya haya usado el nombre de Cervantes *Saavedra* en Argel, en un memorial redactado por el Dr. Antonio de Sosa y dirigido al Papa Gregorio XIII y a Felipe II por varios cautivos en 1580. El documento fue publicado por Cristóbal Pérez Pastor en *Documentos cervantinos hasta ahora inéditos*, II: 379-80, n. 1; fue incluido en la crónica de la Orden de la Merced de Fray Bernardo de Vargas, *Cronica Sacri et militare Ordinis B. Mariae de Mercede, redemptionis captivorvm [...]*, Palermo, 1622, 107-109.

[3] Rodríguez Marín plantea que Miguel de Cervantes pudo haber ido a la escuela primaria en Córdoba con Gonzalo Cervantes Saavedra ("Los Cervantes cordobeses").

regreso de Berbería. Saavedra, el soldado cautivo que funciona como portavoz de Cervantes, emerge aquí en medio de un gran número de personajes históricos y de ficción. Saavedra representa al modelo épico del cautivo cristiano que afirma su fe y patriotismo aún frente a la muerte, lo que sugiere una imagen idealizada del yo creada durante el cautiverio al servicio de la supervivencia. Como ha planteado Ciriaco Morón Arroyo, "Cervantes tuvo la experiencia más dura y más enriquecedora que puede tener el hombre: el cautiverio. Estar cautivo es vivir intensamente la experiencia de que no debes contar jamás con el próximo instante" (139). Este encuentro con la muerte marca radicalmente *El trato de Argel*, obra que no sólo inaugura la insistente repetición de testimonios literarios cervantinos sobre la experiencia argelina, sino que se presenta, a la vez, como un fruto del trauma del cautiverio (Garcés, "Cuando llegué cautivo," 96-99). Saavedra, un alter-ego de Cervantes, es quien recita uno de los más hermosos versos de indudable sabor autobiográfico en este drama:

> Cuando llegué cautivo y vi esta tierra
> tan nombrada en el mundo, que en su seno
> tantos piratas cubre, acoge y cierra,
> no pude al llanto detener el freno
> que a pesar mío, sin saber lo que era
> me vi el marchito rostro de agua lleno (*Trato* I. 396-403).

Cervantes le otorga otra vez el nombre *Saavedra* al héroe de *El gallardo español* (c. 1597-1606), comedia que dramatiza el ataque al presidio español de Orán, en 1563, por las tropas de Hasán Pachá, el hijo de Barbarroja. Vale recordar que unos meses después de su liberación, en mayo-junio de 1581, Cervantes viajó a Orán en una misión realizada para los servicios secretos de Felipe II. Allí se entrevistó con el Gobernador de Orán, Don Martín de Córdoba, a quien el ex-combatiente de Lepanto debió haberle contado su largo cautiverio, así como sus dos intentos de escapar hacia Orán, el primero en 1576, y el segundo en 1578. En su tercer intento de fuga, planeado en 1578, Cervantes le había enviado una carta al gobernador de Orán y otros dignatarios de esta plaza, en la que les solicitaba ayuda para escapar del baño de Hasán Pachá junto con varios caballeros cautivos. El moro amigo que llevaba la carta fue apresado a las puertas de Orán, devuelto a Argel a manos de

Hasán Pachá y finalmente empalado. Por su parte, el cautivo Cervantes estuvo casi a punto de perder la vida en este episodio (Canavaggio 98-99; Cazenave, "Cervantès à Oran," 215-242). Don Martín de Córdoba conocía bien el baño del beylerbey de Argel, pues en otro tiempo había sido prisionero de los argelinos.[4] A su vez, don Martín debe haberle relatado a Cervantes la historia de la heroica resistencia española en Orán durante el asedio turco-berberisco de 1563, evocado por el futuro autor en su drama *El gallardo español*, cuya acción tiene por tela de fondo la intrépida defensa de la ciudad contra los turcos. De hecho, don Martín de Córdoba había sido el héroe de esta épica resistencia contra los ejércitos otomanos.

Mas allá de la experiencia común del cautiverio ocurrida con veinte años de distancia aproximadamente, el soldado de Lepanto y el héroe del sitio de Orán parecen haber tenido otros puntos de contacto. El gobernador era un hombre de frontera, esa opresiva frontera constituida por el presidio español de Orán que se erguía como una isla olvidada en medio de los territorios enemigos del norte de África. Desde comienzos del siglo XVI, Orán se había constituido en la nueva frontera en la cruzada española contra el Islam. Una relación sobre un desafío entre moros y cristianos, publicada en Sevilla en 1554, efectivamente aclara que los caballeros cristianos tienen que pelear continuamente "en Orán porque es frontera" (citado por Redondo 59). En su *Tesoro de la lengua castellana o española*, Covarrubias define el término "frontera" como "la raya y término que parte dos reinos, por estar el uno frontero del otro." De la misma manera, el adjetivo "fronterizo" se usaba en el siglo XVI para calificar a los individuos que servían en las fronteras, especialmente a los soldados que guardaban estos territorios. La oposición y contigüidad evocadas por estas definiciones hallaban un eco en la vida de los presidios norte-africanos, donde los soldados españoles establecían relaciones con sus vecinos, bereberes o moros, y a la vez peleaban contra estos enemigos. Como su padre y hermanos, don Martín de Córdoba era un "soldado fronterizo." Esto lo asocia con el protagonista de *El gallardo español* de Cervantes.

---

[4] Capturado en la derrota de Mostaganem (1558), en la que su padre, el conde de Alcaudete y gobernador de Orán, perdió la vida, Don Martín de Córdoba intentó organizar una rebelión entre los esclavos cristianos de Argel en 1559. Fue delatado y miles de cautivos fueron ejecutados. Su rescate costó la enorme suma de 23,000 escudos de oro (Sosa, 96-97).

Don Fernando de Saavedra, el héroe de *El gallardo español*, es un hombre de frontera que fluctúa entre el enclave español de Orán y el *aduar* en el que habita la bella mora Arlaxa. Como típico hombre de frontera, don Fernando responde al reto lanzado por un moro y cruza al campo enemigo, donde fraterniza con el adversario e incluso se viste de moro. Sin embargo, durante el ataque turco-berberisco a Orán, el héroe se vuelve contra los moros y defiende heroicamente el presidio cristiano amenazado. Su situación ambigua es subrayada por la pregunta incisivamente repetida en Orán: "¿Que sea moro, don Fernando?", pregunta que se responde: "Así lo van pregonando / los niños por la ciudad" (*Gallardo*, vv. 1280-1283).[5] La relevancia de estos hechos desde una perspectiva histórica es evidente. Desertar y cambiar de bando, "volviéndose moro," era muy común en los presidios norte-africanos, donde los soldados españoles sufrían terribles privaciones (García Arenal y de Bunes 238-55). Basado en el histórico don Fernando de Cárcamo, quien defendió heroicamente la fortaleza de Marsa el-Kebir durante el sitio de Orán de 1563, Don Fernando de Saavedra también recuerda al valiente cautivo de los romances de "Río-verde" que concluyen la primera parte de las *Guerras civiles de Granada* de Ginés Pérez de Hita (ed. Shasta Bryant, 308-11). El "Romance de Sayavedra" alude a la histórica figura de Juan de Sayavedra, capturado por los moros de Granada en 1448, durante una expedición cerca de Marbella (*Romancero viejo*, 75; Pérez de Hita, 308-11). Es significativo que este héroe haya sido igualmente un hombre de frontera que se movía en los márgenes permeables a la cultura del otro. Como plantea María Soledad Carrasco Urgoiti, la tregua era la condición más frecuente de la frontera hispánica medieval, donde se llevaban a cabo tratos, intercambios comerciales, visitas oficiales de dignatarios e incursiones clandestinas. En ellas, se intentaba a menudo pasar desapercibido usando el vestido, los gestos, y la lengua misma del estado vecino (*El gallardo*, 572).

Surge ahora una consideración importante en relación con las resonancias que Cervantes logra suscitar a través de los nombres de sus personajes. La familia que encarnaba la cultura de la frontera durante varios siglos en la España medieval no era la de los Mendoza, ni la de los Fajardo, ni la de los Narváez. Era la de los *Saavedra* (Carrasco Urgoiti, "*El*

---

[5] Véanse Cazenave, "*El gallardo español* (1)" y "*El gallardo español* (2)"; Zimic y Gerli; Carrasco Urgoiti estudia *El gallardo español* como héroe fronterizo.

gallardo," 575). Originalmente de Galicia, los Saavedra se establecieron en Sevilla alrededor de 1351 y en el siglo XV se habían convertido ya en uno de los linajes más influyentes de la ciudad, conocidos tanto por su defensa de la frontera con el reino de Granada como por sus correrías a través de estos territorios limítrofes. Marcados por una intensa atracción hacia la frontera, los Saavedra hicieron su fortuna viviendo literalmente en el filo de este lindero. Ser un Saavedra, como lo intuyó quizá Cervantes, era ser parte de un destino simultáneamente trágico y glorioso, un destino muchas veces sellado por la muerte. De hecho, Juan de Sayavedra, el héroe del romance medieval, era un miembro de los famosos Saavedra (o Sayavedra) de Sevilla. Como sugerí anteriormente, fue derrotado y capturado por los moros en una expedición en 1448, en la que casi todos sus hombres fueron masacrados. Llevado a Granada como cautivo, se le fijó como rescate la enorme suma de 12.000 doblas (Sánchez Saus, 163-82). Anotemos de pasada que las similitudes con la captura y el cautiverio de Cervantes son asombrosas.

Los romances aparecidos en la frontera con Granada durante el siglo XV retomaron algunos de los incidentes históricos más relevantes, interpretando o comentando la vida pública contemporánea. De hecho, las refriegas fronterizas y la constante posibilidad de cautiverio a manos del enemigo le otorgaba una calidad aventurera a la existencia de soldados y líderes en los territorios limítrofes. Este ambiente se puso de manifiesto en los romances fronterizos basados en los antiguos romances tradicionales e influidos por un nuevo sentido de lo dramático que se interesaba por el destino individual, sujeto a súbitos cambios de fortuna (Carrasco, *The Moorish Novel*, 43-46). Es así como la captura de Juan de Sayavedra en la frontera con Granada dio pie a la creación de varios romances cuyo tenor afectivo subraya el impacto del incidente en la comunidad afectada por estos hechos.[6] Como ocurriría posteriormente en la Berbería del siglo XVI, el Saavedra del *Romancero* es tentado a apostatar y a pasarse al lado enemigo. En el "Romance de Sayavedra," el rey de Granada intenta convencer al cautivo con ofertas tentadoras:

---

[6] Luis Seco de Lucena ha propuesto que el hecho histórico de los romances de "Río Verde" se remonta a 1448, pero que estos romances fueron compuestos años más tarde, después de la muerte de Don Alonso de Aguilar a manos de los moriscos insurgentes en 1601; véase *Investigaciones sobre el romancero: Estudio de tres romances fronterizos*.

"Calles, calles, Sayavedra, / cese tu melancolía; / tórnate moro si quieres / y verás qué te daría: / darte he villas y castillos / y joyas de gran valía" (vv. 26-28). En la tradición difundida por estos romances, el heroísmo de Sayavedra consiste en mantener su fe cristiana a pesar de estas promesas. El *Romancero* lo consagrará a la fama, haciéndolo morir en una emboscada.

II. Un segundo nombre

Varios años después de su regreso de Argel, a partir de 1586 y 1587, Cervantes comenzó a añadir el apellido Saavedra a su nombre en documentos relacionados con su matrimonio con Catalina Palacios Salazar y, luego, en cartas enviadas dentro de sus funciones de comisario de la armada. Todo indica que Saavedra fue un nombre libremente escogido por Cervantes después de su liberación, y que esta elección apunta a una compleja red de significantes, en particular, a problemas de identidad derivados del trauma del cautiverio. Así, el 9 de agosto de 1586, en Esquivias, Miguel de Cervantes *Saavedra* firmó un documento reconociendo haber recibido la dote asignada a su esposa, Catalina de Palacios Salazar, en el que promete administrar adecuadamente estos bienes. En una segunda escritura firmada el mismo día, su suegra Catalina de Palacios nombró a Miguel de Cervantes *Saavedra* "administrador absoluto de toda su hacienda" (Sliwa, 138-43; Pérez Pastor, II: 98 y ss). Ocho meses después en Toledo, el 28 de abril de 1587, Miguel de Cervantes *Saavedra* le concedió un poder general a su mujer Catalina Palacios Salazar con plena autoridad para hacer negocios en su nombre y representarlo legalmente (Sliwa, 143-46).[7] Al no haber logrado una posición en Castilla, Cervantes se aprestaba a viajar a Andalucía, donde trabajaría por diez años aproximadamente como nuevo comisario general de abastos para las galeras de Felipe II. En casi todas las cartas y documentos firmados en Sevilla y en otras villas andaluzas después de 1587, su nombre aparece como Miguel de Cervantes *Saavedra*.

La adición de un segundo nombre—un apellido que no correspondía a la familia inmediata—debió ser seguramente significativa en un hombre que estaba por cumplir los cuarenta años y que acaba de casarse

---

[7] Sobre Saavedra, véase Zmantar, "Miguel de Cervantes y sus fantasmas de Argel" y, por la misma autora, "Saavedra et les captifs du *Trato de Argel* de Miguel de Cervantes Saavedra."

con una mujer casi veinte años menor—el matrimonio de Cervantes se celebró el 12 de diciembre de 1584. La importancia de esta acción debe ser señalada, aún cuando la adopción de un apellido distinto al del propio padre no constituía un hecho demasiado estrambótico en la España moderna. Los criminales cambiaban a menudo de nombre y de apellido, de la misma manera que los conversos procesados por la Inquisición—cuyos nombres se fijaban a los sambenitos colgados de los muros de las iglesias—se veían obligados a adoptar nuevos nombres. La costumbre general que permitía a un individuo asumir un apellido diferente al de su padre es puesta de relieve por numerosas novelas y comedias del Siglo de Oro. En la misma línea que Cervantes, su contemporáneo y amigo, el escritor y dramaturgo Vélez de Guevara (1579-1644), cambió su nombre de bautizo, Luis Vélez de Santander, por el de Luis Vélez de Guevara, nombre por el cual es hoy conocido.[8]

Por consiguiente, es un error sugerir, como lo han hecho varios estudiosos, que Cervantes debía haber usado el apellido de su madre, Cortinas, después de su patronímico.[9] La transmisión de patronímicos en la nobleza o baja nobleza castellana seguiría cursos complicados e incluso imprevisibles hasta más allá del siglo XVII. En general, el apellido paterno se reservaba para el primogénito y los primeros hijos, mientras que el resto de la prole recibía otros apellidos del linaje, como los de la madre y parientes cercanos. Magdalena, la propia hermana de Cervantes, asumió los apellidos Pimentel de Sotomayor en vez del patronímico Cervantes que le fue otorgado en el bautizo. A su vez, la madre de Cervantes, Leonor de Cortinas, adoptó el apellido de su propia madre, quien, por su parte, tomó el de su padre. Para ilustrar estas complejidades, consideremos el caso del noble Nicolás de Ovando, amante de Andrea de Cervantes, hermana de Miguel. El primogénito Nicolás recibió el ilustre patronímico de su madre, María de Ovando, en vez del de su padre Luis Carrillo. El apellido de la madre era más prestigioso. El

---

[8] Cervantes alude con afecto a Vélez de Guevara, a quien llama "quitapesares": "Topé a Luis Vélez, lustre y alegría / y discreción del trato cortesano, / y abracéle, en la calle, a medio día" (*Viaje del Parnaso*, v. 394-96); Cervantes, *Poesías completas*, I: 175.

[9] Es un error sugerir que Cervantes debía haber usado el apellido Cortinas después de su patronímico, como lo hacen Canavaggio (175); Combet (553); y Zmantar, "Miguel de Cervantes y sus fantasmas de Argel," 186.

resto de la prole recibió diferentes apellidos: algunos se llamaron Carrillo, otros Ovando, y el tercer hijo se llamó Bernal Francés de Zúñiga, en honor del abuelo paterno, un famoso capitán de los Reyes Católicos (Astrana Marín, II: 44-45).

III. Saavedra: Grito de guerra

Estas complejidades me llevan a establecer algunos lineamientos sobre la constitución de los nombres y patronímicos en la España moderna, discusión con la que pretendo iluminar el problema de la firma de Cervantes. A fines del siglo IX en España y otros países europeos, el nombre propio ya no era suficiente para distinguir a los individuos, unos de otros. Los patronímicos aparecieron durante este período, bajo la forma de un adjetivo terminado en *ius*, o de un genitivo del nombre del padre, costumbre posiblemente derivada de la tradición judía o musulmana: Fernánd*ez*, hijo de Fernando, Sánch*ez*, hijo de Sancho, Rodrígu*ez*, hijo de Rodrigo, etc. En el siglo XIII estas denominaciones eran cada vez más comunes, por lo que se comenzó a añadir al patronímico un apodo o sobrenombre, como un nombre adicional que evocaba una calidad moral o física, un defecto, un origen geográfico, o un oficio. En las familias aristocráticas, este apodo era generalmente reemplazado por el *apellido* que se originaba en el nombre del *solar* o casa ancestral que pertenecía al jefe de la familia (de los Ríos, 44-49).

La pequeña nobleza en la España medieval y moderna ostentaba su nombre de bautizo, seguido por el patronímico y por el nombre del solar o casa ancestral—*el apellido*—una denominación similar a la *tria nomina nobiliarum* de los romanos. Estos tres apelativos son claramente distinguibles en el aristocrático nombre de Pedro Téllez de Girón, duque de Osuna: Pedro es su nombre individual, Téllez su patronímico, y Girón su *apellido* o sobrenombre, un verdadero apodo que funcionaba como el *cognomen* romano, es decir, como un sobrenombre individual. El término *apellido* que todavía designa a cada nombre de familia en España y América Latina tiene, por tanto, un origen aristocrático y, como veremos, guerrero. En efecto, para Covarrubias, *apellido* viene del latín *appello*—hablar, apostrofar, invocar. El *apellido* era el grito de guerra o de mutuo reconocimiento de los cristianos durante el periodo de la *Reconquista*. Este grito servía para convocar a los guerreros, para darse mutuo valor durante el combate, para reconocer a los compañeros de armas, para pedir ayuda y para cantar victoria. El *apellido* podía ser el nombre de un santo (¡Santiago!) o el de un señor. A la vez, cada señor o amo se distinguía gracias al apellido que refería a su solar ancestral y linaje, apellido que tanto él mismo como su clan invocaban a menudo. Estas estructuras de parentesco construidas en torno al apellido son evocadas por el personaje Mauricio en la novela cervantina el *Persiles*, al referirse a su propio nombre: "Tuvo principio mi linaje, tan antiguo, bien como aquel que es de los Mauricios, que en decir este apellido le encarezco todo lo que puedo" (*Persiles*, I, 12, 111).

Cervantes también alude al verbo *apellidar* en el sentido de dar un grito de guerra, específicamente en la dramática escena de *El amante liberal* que describe el asalto de una galera turca por varios cautivos que se alzan en armas contra sus opresores y les cortan el cogote, "*apellidando* Libertad, libertad" (*El amante*, I: 181). No deja de ser significativo que en este escenario de cautiverio, el grito "¡Libertad!" se convierte en el grito de guerra o *apellido* de los cautivos. La última acepción del término es la que subraya Covarrubias en su *Tesoro*: "*Apellidar*, aclamar tomando la voz del rey, como: 'Aquí el rey, o Viva el rey'; y entre las parcialidades, declarándose a voces por una de ellas [...]. Y así los del apellido se juntan y llegan a su parcialidad. Y de aquí los nombres de las casas principales se llamaban apellidos, porque los demás se allegaban a ellos, y unos eran Oñez y otros Gamboa." Como lo revela esta definición, el *apellido* refería a las huestes convocadas por el grito de un mismo sobrenombre.

Más allá de un linaje aristocrático que aludía a un lugar geográfico, el *apellido* a menudo rememoraba una hazaña heroica o reconocida. En otras palabras, el *apellido* también funcionaba como un sobrenombre o apodo literal. Este fue el caso del sobrenombre *Machuca*, otorgado al legendario Diego Pérez de Vargas por haber "machacado" a varios moros con un pesado tronco que arrancó de una encina, historia relatada por Don Quijote en el episodio de los molinos de viento (*DQ* I, 8). Desde entonces, como Don Quijote le cuenta a Sancho, Vargas y sus descendientes llevaron el nombre Vargas y *Machuca*.[10] Una leyenda similar surgió en torno al apellido "de la Vega" ostentado por el poeta Garcilaso

---

[10] Diego Pérez de Vargas fue un personaje histórico que vivió en la época de Fernando III el Santo (1199-1252). La anécdota aparece en Diego Rodríguez de Almela, *Valerio de las historias escolásticas y de España*, y en un romance de Lorenzo de Sepúlveda; véase Cervantes, *Don Quijote de la Mancha*, ed. Luis Andrés Murillo, I: 131, n. 12.

de la Vega y sus ancestros. Este apellido posiblemente se originó en una proeza realizada por un tal Gonzalo Ruiz de la Vega, famoso por haber matado a un moro que desafió a los cristianos al colgar de la cola de su caballo una cinta con la inscripción "Ave María." La historia legendaria se reincorporó al ciclo de romances emanados de la conquista de Granada por los Reyes Católicos y recogidos por Ginés Pérez de Hita en sus *Guerras Civiles de Granada*. El *Romancero* revivió tanto el mítico triunfo sobre el moro desafiante como la historia del apellido que quizá proceda de esta hazaña: "Garcilaso de la Vega / desde allí se ha intitulado, / porque en la Vega hiziera / campo con aquel pagano" (*Guerras civiles*, ed. Blanchard-Demouge, 283).[11]

Para Cervantes, el apellido Saavedra no refiere a un solar ancestral en una gran propiedad o extensión de terreno, sino más bien a la experiencia catastrófica del cautiverio argelino, experiencia que también incluyó proezas heroicas, como las realizadas por el legendario Saavedra del *Romancero*. Por consiguiente, el apellido Saavedra no solo proclamaría la pertenencia de Cervantes al clan de los Saavedra a través de un nombre legendario que evoca la valentía y audacia de los soldados fronterizos, sino que también esboza un linaje simbólico que asocia al excautivo con el héroe de las guerras con Granada. El celebrado Saavedra del *Romancero* fue un soldado aprehendido en franca lid, como Cervantes; más significativo aún, fue un cautivo que resistió las amenazas y las tentaciones del Islam, incluso frente a la muerte. Al adoptar el nombre Saavedra como apellido, Cervantes esbozaba un gesto de reconocimiento a un destino compartido. Saavedra encarna, entonces, una experiencia limítrofe: tanto la experiencia del cautivo que sobrevivió el encuentro con la muerte, como la experiencia de vivir en el filo de dos mundos, a caballo entre las fronteras geográficas y culturales que separaban a cristianos y musulmanes. Como hemos visto, estas fronteras eran a menudo cruzadas por incontables individuos de las islas y costas mediterráneas que encontraban en tierras musulmanas nuevos horizontes y una vida más lucrativa, como corsarios, artesanos, artistas, o secretarios de los gobernantes del Magreb.

---

[11] La leyenda, sin embargo, puede significar sólo como indicación de la reverencia que suscitaba esta familia en el reino de Castilla. Véase Giovate, *Garcilaso de la Vega*.

Al adoptar el apellido Saavedra, Cervantes estaría entonces asumiendo la secuencia de tres nombres reservada para la pequeña nobleza castellana: Miguel de Cervantes Saavedra. En esta nueva apelación, Miguel es su nombre de bautizo, Cervantes su patronímico, y Saavedra su *apellido*—su linaje. Por estas razones, propongo que Saavedra es un apellido en el sentido medieval explicado por Covarrubias: funciona como un clamor o grito de guerra que identifica a Cervantes con la hueste unida por el sobrenombre Saavedra. Si este apellido aclama los hechos heroicos de Lepanto y de Argel, tanto a título individual como colectivo, también lamenta simultáneamente la experiencia traumática del cautiverio argelino.

IV. MUERTE Y RENACIMIENTO

Hay algo más. El apellido *Saavedra* parece reivindicar nuevas paternidades, como las que asume Cervantes en su Prólogo a las *Novelas ejemplares*: "Estas [novelas] son mías propias [...]; mi ingenio las engendró y las parió mi pluma, y van creciendo en los brazos de la estampa" (*Novelas*, I: 52*)*. *Saavedra* es también el nombre que Cervantes le otorgó a Isabel, la hija natural que tuvo con la actriz Ana Franca. En los documentos recogidos por Pérez Pastor, la niña es llamada Isabel de Saavedra. Ella debió esperar hasta 1608, año de su segundo matrimonio, para que los dos apellidos de su padre le fueran finalmente conferidos, como lo confirma la carta de pago de su dote, donde aparece como "Isabel de Cervantes y Saavedra, [...] hija legítima de Miguel de Cervantes Saavedra" (Pérez Pastor, I: 131-37, 147-55, y ss). De paso, notemos que la composición y puesta en escena del *El trato de Argel* (c. 1581-1583) coincidió aproximadamente con el nacimiento de Isabel de Saavedra—alrededor de 1584. El lustro ocurrido entre 1581 y 1586 fue, pues, crucial para Cervantes. Marcó su regreso a España después de su misión a Orán; su reinserción en la sociedad española después de una ausencia de doce años, cinco de los cuales transcurrieron en los baños de Argel; la composición y puesta en escena de *El trato de Argel* y *La Numancia*, además de otras comedias; y la publicación de su primera novela *La Galatea* (1585). Tres eventos cruciales cruzaron la intensa actividad literaria de este período: el nacimiento de su hija natural Isabel, que sin dudas mantuvo en secreto; su matrimonio con Catalina de Salazar, en 1584; y la muerte de su padre, Rodrigo de Cervantes, en 1585.

La muerte del padre, como afirmó Freud, es "el acontecimiento más importante, la pérdida más desgarradora en la vida de un hombre" (Prólogo a la *Interpretación de los sueños*, IV: xxvi). La muerte del padre sumergió a Freud en un intenso período de duelo que lo llevó a realizar un auto-análisis y a escribir un libro sobre los sueños. En un artículo esclarecedor sobre la muerte y la crisis del mediodía, Elliot Jaques ha demostrado que, alrededor de los cuarenta años, se produce una crisis enorme causada por la realización de que no hay suficiente tiempo de vida, crisis acentuada por la muerte de los padres, que usualmente ocurre en esta época (Jaques, 502-514). En ciertos individuos dotados, esta crisis resulta en una liberación de posibilidades que permite que aquel o aquella que era meramente creativo o creativa se convierta finalmente en un creador o creadora, y que la persona que ya era un genio cambie de inspiración y aun de géneros de producción. Para crear, como aduce Didier Anzieu, es siempre necesario matar a alguien, de una manera imaginaria o simbólica. El proceso se facilita si alguien acaba de morir, porque podemos matar a esa persona sin culpa.

No sabemos si el proceso de duelo de Cervantes puso en marcha un trabajo de intensa elaboración psíquica que tuvo efectos liberadores para su creación. No obstante, el apellido Saavedra apareció en esta agitada etapa de su vida. Podemos asumir, en consecuencia, que más allá de la compleja red simbólica que el patronímico Saavedra invoca, su adopción por parte de Cervantes estuvo vinculada tanto a la muerte del padre, como al nacimiento de nuevas ilusiones. Recapitulemos: La adición del apellido Saavedra surgió durante un fértil periodo de producción literaria—como lo indican las veinte o treinta comedias puestas en escena por Cervantes en las fases iniciales de su carrera, y la publicación de *La Galatea* (1585). Más específicamente, el apellido Saavedra emergió en el contexto de dos empresas inaugurales: es el nombre del héroe en la primera obra dramática de Cervantes, y también el nombre otorgado a su primera y única hija, Isabel. Los primeros documentos que llevan los dos apellidos—Cervantes y *Saavedra*—aparecieron en 1586, aproximadamente un año después de la muerte del padre y en el contexto de su matrimonio. El nuevo apellido, asociado con la creación, parece haberse erigido como una defensa contra la muerte, una afirmación de la vida enlazada con la inmortalidad.

Varios años más tarde, en *La historia del cautivo*, Cervantes asume el nombre de Saavedra, ya no como una identidad camuflada que reivindicaba el heroísmo de los cautivos cristianos, sino como una segunda identidad que habla de su experiencia traumática en Argel. Saavedra, en este relato, es el nombre del esclavo cristiano cuya valerosa actuación frente a Hasán Pachá suscita la admiración del protagonista Ruy Pérez de Viedma, un alter-ego de Cervantes. Considerada como una mezcla de autobiografía y de ficción, *La historia del cautivo* está doblemente signada, primero por una fecha que nos permite situar la narración del capitán cautivo en 1589: "Este hará veinte y dos años que salí de la casa de mi padre," anuncia el cautivo Ruy Pérez de Viedma al comenzar su narración (*DQ* I, 39).[12] Fechar es firmar, y fechar desde alguna parte es también identificar el lugar de la firma—aquí situada en la geografía de La Mancha. En segundo lugar, la firma de Cervantes reaparece en la escenificación de su propio cautiverio: "Un soldado español, llamado tal de *Saavedra*" (*DQ* I, 40; énfasis mío). Encarnado en esta firma, el cuerpo de Cervantes surge como una aparición fantasmal en la puesta en escena de su propio cautiverio.

De ahí que el apellido Saavedra señale tanto el umbral entre la vida y la muerte como los avatares de la creación. Saavedra, desde luego, también invoca la frontera entre el mundo cristiano y el mundo musulmán, entre el universo limítrofe de los renegados y el espacio ambiguo de los que retornaban a España "manchados" por el largo cautiverio en Berbería. *La historia del cautivo* confirma esta posición limítrofe del personaje llamado "un tal de Saavedra." La intrusión de Saavedra corta en dos el relato del capitán cautivo Ruy Pérez de Viedma y enseguida introduce la maravillosa historia de la mora Zoraida y de su escape conjunto de Berbería. Esta intrusión abre una brecha en el texto, delineando una frontera entre la vida de los cautivos cristianos de Argel y la de los renegados de esta urbe corsaria. La imagen de Zoraida surge inmediatamente después de la aparición de Saavedra en la ficción de Cervantes, como si la misma mano que marcara un hiato en el texto al firmarlo con el nombre de Saavedra se convirtiera en la enigmática mano femenina que aparece y desaparece detrás de las celosías que miran al baño del bey de Argel (Garcés, "Cervantes's Veiled Woman," 821-830). Saavedra, por consiguiente, no solo pertenece al mundo fronterizo de

---

[12] Sobre la *Historia del cautivo*, véanse , entre otros, Allen; Garcés, "Cervantes's Veiled Woman" y "Zoraida's Veil"; Gerli, "Writing Myth And History"; y Riley.

Argel, sino que representa el núcleo de la creación en la obra cervantina. La reconstrucción de las memorias traumáticas del cautiverio sin duda funcionó en Cervantes como fuente de creación. Como he sugerido en otro lugar, la puesta en escena de la experiencia traumática en la producción literaria cervantina generalmente lleva a una explosión de fantasía, un escape a otra realidad que alude oblicuamente al evento traumático en sí, mientras que opera, a la vez, como testimonio artístico del trauma.[13]

Sin lugar a dudas, este testimonio artístico del cautiverio se da desde la frontera entre dos mundos. No es fortuito entonces que, tanto en los romances donde se canta al legendario Saavedra, como en *El gallardo español* de Cervantes, Saavedra designe a un hombre de frontera. Como hemos visto, el protagonista de la comedia cervantina, don Fernando de Saavedra, oscila entre varios nombres e identidades, hasta el punto que, hablando con un personaje que le cree moro por su vestido, alude a Saavedra como su "otro yo" (*Gallardo*, v. 2581). Paradójicamente, el Saavedra de *El trato de Argel* revela la misma oscilación entre las fronteras cristianas y musulmanas. También aquí Saavedra tiene dos caras: es el soldado cristiano que mantiene su fe hasta el final, pero, a la vez, es el doble invertido del cautivo Aurelio, quien casi sucumbe ante los avances del Islam. La escisión del héroe no es accidental. El trauma extremo frecuentemente crea un segundo yo. El trauma radicalmente altera el sentido propio del yo hasta el punto que un otro yo es a menudo creado, casi como un doble de la persona traumatizada.

El 21 de mayo de 1590, Cervantes le dirigió un memorial al Presidente del Consejo de Indias, solicitándole un puesto en las Indias. Esta petición parece haber sido redactada en el mismo período de *La historia del cautivo*, porque tiene asombrosas coincidencias con este relato. En el memorial, Miguel de Cervantes *Saavedra* afirma que ha servido a "Vuestra Majestad muchos años en las jornadas de mar y tierra que se han ofrescido *de veinte y dos años a esta parte*" (Astrana Marín, IV: 455-456; Sliwa, 225-226; énfasis mío). Su declaración reitera la frase del capitán cautivo: "*hace veinte y dos años* que salí de la casa de mi padre" (DQ I, 39; énfasis mío). El documento oficial pasa a enumerar los servicios de Cervantes a la corona, incluyendo su cautiverio en Argel, bajo el nombre

---

[13] Para el desarrollo de este tema, véase Garcés, *Cervantes in Algiers: A Captive's Tale*.

de Miguel de Cervantes *Saavedra*. Los paralelos con *La historia del cautivo* son extraordinarios. El memorial parece ser un bosquejo o pre-texto del relato que desarrolla el cautivo, también firmado con el nombre *Saavedra*.

Para concluir, regreso a Derrida, con quien di inicio a estas páginas. *Saavedra* alude a esa frontera entre vida y creación descrita por Derrida en otro contexto. En la frontera entre el cuerpo y el corpus de Cervantes, el nombre *Saavedra* es simultáneamente una firma, una línea divisoria, una herida sangrante y una geografía. *Saavedra* encarna la experiencia limítrofe desde la cual la vida es recitada, las heridas de Lepanto pero, sobre todo, el cautiverio de Argel. Este nombre simboliza la vivencia anticipada de la muerte, revivida a diario durante el cautiverio y, a la vez, una respuesta a la misma, que se erige a partir de la creación. Como plantea Derrida, "la muerte se inscribe precisamente en el nombre" ("The Death of Roland Barthes," 34). Más allá del patronímico Cervantes que evoca tanto a la persona muerta como a su obra, la muerte se inscribe en el nuevo apellido escogido por el autor: *Saavedra*.

Si Saavedra traza la huella del trauma en Cervantes, también representa la marca de la otredad en la nueva identidad que se construye paulatinamente a través del tejido de vida y obra. Por tanto, este nombre simboliza la frontera o límite fluctuante entre la biografía y la producción literaria, una frontera donde lo biológico y lo biográfico se entrecruzan. Saavedra apunta así a la frontera entre el cuerpo y la ficción, al dinámico confín que habla del cruce entre vida, muerte y creación. Con relación a la firma de los dos apellidos—Cervantes *Saavedra*—que comienza a darse en 1586 y 1587, propongo que, a lo largo de estos años, el escritor se había venido recuperando de los efectos y secuelas del trauma, juntando el nombre Saavedra a su propio apellido Cervantes y soldando así los *yos* escindidos que aparecen como entidades separadas en su ficción. Es bajo el nombre de Miguel de Cervantes *Saavedra* que, quince años más tarde, el autor de *El Quijote* pasaría a la historia, con la obra maestra que lo consagraría ante la posteridad.

CORNELL UNIVERSITY

Bibliografía

Allen, John J. "Autobiografía y ficción: el relato del Capitán Cautivo (*Don Quijote* I, 39-41)." *Anales Cervantinos* 15 (1976): 149-155.

Anzieu, Didier. *El autoanálisis de Freud: Descubrimiento del psicoanálisis* Trad. Ulises Guiñazú. México: Siglo XXI, 1980.

Astrana Marín, Luis. *Vida ejemplar y heroica de Miguel de Cervantes Saavedra*. 7 vols. Madrid: Instituto Editorial Reus, 1949-52.

Avalle-Arce, Juan Bautista. "La captura de Cervantes." *Boletín de la Real Academia Española* (1968): 237-280.

Bennington Geoffrey y Jacques Derrida, *Jacques Derrida*. Trad. Geoffrey Bennington, Chicago: The University of Chicago Press, 1999.

Canavaggio, Jean. *Cervantes: En busca del perfil perdido*. Trad. Mauro Armiño. 2ª edición. Madrid: Espasa-Calpe, 1992.

Cazenave, Jean. "Cervantès à Oran, 1581." *Société de géographie et d'archéologie d' Oran* 43 (1923) : 215-242.

———. "*El gallardo español* de Cervantes (1)." *Langues Néo-Latines* 126 (1953): 5-17.

———. "*El gallardo español* de Cervantes (2)." *Langues Néo-Latines* 127 (1953): 3-14.

Cervantes, Miguel de. *El amante liberal. Novelas ejemplares*. Ed. Harry Sieber. 2 vols. Madrid: Cátedra, 1998. I: 135-188.

———. *Don Quijote de la Mancha*. Ed. Luis Andrés Murillo. 2 vols., Madrid: Castalia, 1978.

———. *La Galatea*. Ed. Francisco Estrada y María Teresa López García-Berdoy, Madrid: Cátedra, 1996.

———. *Novelas ejemplares*. Ed. Harry Sieber. 2 vols. Madrid: Cátedra, 1988.

———. *Los trabajos de Persiles y Sigismunda*. Ed. Juan Bautista Avalle-Arce, Madrid: Castalia, 1970.

———. *Viaje del Parnaso. Poesías completas*. Ed. Vicente Gaos. Madrid: Castalia, 1970.

Carrasco, Maria Soledad. *The Moorish Novel: "El Abencerraje" and "Pérez de Hita."* Boston: Twayne Publishers, 1976.

Carrasco Urgoiti, María Soledad. "*El gallardo español* como héroe fronterizo." *Actas del Tercer Congreso Internacional de Cervantistas, Gala Galdana, Menorca, 20-25 de octubre de 1997*. Palma: Universitat de Islas Baleares, 1998. 571-581.

Combet, Louis. *Cervantès et las incertitudes du désir*. Lyon: Presses Universitaires de Lyon, 1980.

Covarrubias Horozco, Sebastián de. *Tesoro de la lengua castellana o española*. Ed. Felipe C.R. Maldonado. Madrid: Castalia, 1994.

Covarrubias, Sebastián. *Tesoro de la lengua castellana o española.* Madrid: L. Sánchez, 1611.

Derrida, Jacques. "The Deaths of Roland Barthes." *The Work of Mourning* Ed. Pascale-Anne Brault and Michael Naas. Chicago: The University of Chicago Press, 2001.

———. *Otobiographies: L'enseignement de Nietzsche et la politique du nom propre.* Paris: Galiléee, 1984.

———. *The Ear of the Other. Otobiography, Transference, Translation.* Ed. Christie Mc Donald. Trad. Peggy Kamuf. Lincoln: University of Nebraska Press, 1988.

Eisenberg, Daniel. "¿Por qué volvió Cervantes de Argel?" *Ingeniosa invención: Essays on Golden Age Literature Presented to Geoffrey Stagg on his Eighty-Fifth Birthday.* Ed. Ellen Anderson y Amy Williamsen. Newark, DE: Juan de la Cuesta, 1998. 241-253.

Freud, Sigmud. Prólogo a la 2ª edición de la *Interpretación de los sueños.* Sigmund Freud. *Obras completas.* Ed. James Strachey. Trad. José L. Etcheverry. 24 vols. Buenos Aires: Amorrortu, 1976. IV.

Garcés, Maria Antonia. *Cervantes in Algiers: A Captive's Tale.* Nashville, Tennessee: Vanderbilt University Press, 2002.

———. "Cervantes's Veiled Woman." The New Norton Critical Edition of Cervantes, *Don Quijote.* Trad. Burton Raffel. Ed. Diana de Armas Wilson. New York: Norton, 1998. 821-30.

———. "'Cuando llegué cautivo': Trauma and testimony in *El trato de Argel*." *Cervantes for the 21st Century /Cervantes para el siglo XXI, Studies in Honor of Edward Dudley.* Ed. Francisco LaRubia-Prado. Newark, DE: Juan de la Cuesta, 2001. 79-105.

———. "Zoraida's Veil: the 'Other' Scene of *The Captive's Tale*." *Revista de Estudios Hispánicos* 23 (1989): 65-98.

García Arenal, Mercedes y Miguel Ángel de Bunes. *Los españoles en el norte de África siglos XV-XVIII.* Madrid: MAPFRE, 1992.

Gerli, E. Michael. "Aristotle in Africa. History, Fiction and Truth in *El gallardo español.*" *Cervantes* 15 (1995): 43-57.

———. "Writing Myth and History. Discourses of Race, Marginality, and Resistance in the *Captive's Tale* (*Don Quijote* I, 37-42)." *Refiguring Authority: Reading, Writing, and Rewriting in Cervantes.* Lexington, Kentucky: The University Press of Kentucky, 1995. 40-60.

Giovate, Bernard. *Garcilaso de la Vega.* Boston: Twayne Publishers, 1975.

Jacques, Elliott. "Death and the Mid-Life Crisis." *International Journal of Psycho-Analysis* 46 (1965): 502-514.
McCrory, Donald P. Introducción a su traducción de la *Historia del cautivo*. Cervantes, *The Captive's Tale (Historia del cautivo), Don Quixote, Part I, Chapters 39*-41. Warminster, England: Aris & Philips, 1994. 1-58.
Menéndez Pidal, Ramón. *Estudios sobre el Romancero español (Obras completas, XI)*, Madrid: Espasa-Calpe, 1970.
Morón Arroyo, Ciriaco. *Nuevas meditaciones del Quijote*. Madrid: Gredos, 1976.
Oliver Asín, Jaime. "La hija de Agi Morato." *Boletín de la Real Academia Española* 27 (1947-48): 245-339.
Pérez de Hita, Ginés. *Guerras Civiles de Granada*. Ed. Shasta Bryant. Newark, DE: Juan de la Cuesta, 1982.
Pérez de Hita, *Historia de los zegríes y abencerrajes (Primera parte de las Guerras civiles de Granada)*. Ed. Paula-Blanchard-Demouge. Madrid: Imprenta de E. Bailly-Baillière, 1913. Nueva edición crítica Pedro Correa. Granada: Universidad de Granada, 1999.
Pérez Pastor, Cristóbal. *Documentos cervantinos hasta ahora inéditos*. 2 vols. Madrid: Establecimiento Tipográfico de Fortanet, 1897-1902. II: 379-80.
Redondo, Augustin. "Moros y moriscos en la literatura española de los años 1550-1580." *Judeoconversos y moriscos en la literatura del Siglo de Oro. Actas del "Grand Séminaire" de Neuchâtel, Neuchâtel, 26 a 27 de mayo de 1994*. Ed. Irene Andres-Suárez. Paris: Diffusion Les Belles Lettres, 1995. 51-83.
Ríos, Angel de los. *Ensayo histórico, etimológico y filológico sobre los apellidos castellanos desde el siglo X hasta nuestra Edad*. Madrid: Imprenta de M. Tello, 1871.
Riley, Edward C. "Episodio, novela, y aventura en *Don Quijote*." *Anales Cervantinos* 5 (1955-1956): 209-230.
Rodríguez Marín, Francisco. "Los Cervantes cordobeses que no son parientes del autor del 'Quijote,' lo son en grado lejano." *Estudios Cervantinos*. Madrid: Atlas, 1947. 158-164.
Sánchez, Alberto. "Revisión del cautiverio cervantino en Argel." *Cervantes* XVII (1997): 7-24.
Sánchez Saus, Rafael."Los Saavedra y la frontera con el reino de Granada en el siglo XV." *Estudios sobre Málaga y el Reino de Granada en el V Centenario de la Conquista*. Málaga: Servicio de Publicaciones, Diputación Provincial de Málaga, 1987. 163-182.

Seco de Lucena, Luis. *Discurso de apertura.* Universidad de Granada: curso 1958-59. *Investigaciones sobre el romancero: Estudio de tres romances fronterizos.* Granada: Universidad de Granada, 1958.

Sliwa, K. *Documentos de Miguel de Cervantes Saavedra.* Pamplona: EUNSA, Ediciones Universidad de Navarra, 1999.

Sola, Emilio y José F. de la Peña. *Cervantes y la Berbería: Cervantes, mundo turcoberberisco y servicios secretos en la época de Felipe II.* México: Fondo de Cultura Económica, 1995.

Sosa, Antonio de. *Diálogo de los mártires de Argel.* Ed. Emilio Sola y José M. Parreño. Madrid: Hiperión, 1990.

Zimic, Stanislav. "*El gallardo español.*" *El teatro de Cervantes.* Madrid: Castalia, 1992. 87-117.

Zmantar, Françoise. "Miguel de Cervantes y sus fantasmas de Argel." *Quimera.* 2 de diciembre 1980. 31-37.

———. "Saavedra et les captifs du *Trato de Argel* de Miguel de Cervantes Saavedra." *L'Autobiographie dans le monde hispanique. Actes de Coloque Internacional de la Baume-lès-Aix, 11-13 mai 1979.* Aix-en-Provence: Université de Provence, 1980. 185-203.

Vargas, Fray Bernardo de. *Cronica Sacri et militare Ordinis B. Mariae de Mercede, redemptionis captivorvm.* Palermo, 1622. 107-109.

Los dos finales de *La vida es sueño*: una lectura cervantina

ROBERTO GONZÁLEZ ECHEVARRÍA

CALDERÓN ES EL AUTOR ESPAÑOL más frecuentemente estereotipado como encarnación de la contrarreforma. Sus dramas de honor, y sobre todo sus autos sacramentales, lo han hecho aparecer como el vocero de una España dogmática, cerrada a las trascendentales revoluciones en el pensamiento, el arte y la ciencia que estaban ocurriendo en el resto de Europa. Hasta el notable grupo de críticos británicos—Wilson, Parker, Wardropper, Dunn, Sloman—que desafiaron esa imagen, convirtieron a los protagonistas de Calderón en epónimos de moral victoriana—hombres prudentes, angustiados por sus reputaciones, pero también impelidos por la doctrina cristiana a la buena conducta, a no pecar. Aquéllos que no pueden contenerse son víctimas de la implacable justicia poética, contrapartida estética del juicio divino.[1] Calderón sigue siendo el dramaturgo conformista de antes. Aunque movidos por las mismas inquietudes, los críticos ingleses no lograron hacer por Calderón lo que su modelo, T.S. Eliot, había hecho por Dante: que un poeta católico fuera vigente para la poesía moderna. No me atrevería a discrepar de la aproximación británica a Calderón, de la cual aprendí a leer la literatura del Siglo de Oro, y que por cierto sacó al dramaturgo de la sombra del prejuicio religioso y celebró su arte dramático. Prefiero dar un paso más

---

[1] Alexander A. Parker, "Aproximación al teatro español del Siglo de Oro," *Calderón y la crítica: historia y antología*, ed. Manuel Durán y Roberto González Echevarría (Madrid: Gredos, 1976).

atrás y poner en duda las premisas en que se basaba la asociación del teatro de Calderón con el dogma.

¿Cómo podría ser tan retrógrado un estricto contemporáneo de Velázquez, ese parangón del experimentalismo en pintura? El Calderón de la historia literaria tiene su origen en nuestra debilidad por las oposiciones binarias: si hubo un Cervantes, no sólo atento a las innovaciones de su época, sino que parece haberse anticipado a las de la nuestra, entonces tiene que haber habido un Calderón, su opuesto, que defendió tenazmente el pasado. Como subgénero narrativo, la historia literaria se organiza con base en semejantes estructuras, como las ficciones novelescas: Don Quijote y Sancho, Sherlock Holmes y el Dr. Watson, Huck y Jim, Cervantes y Calderón. Pero Calderón fue heredero de Cervantes, no su antídoto, a tal punto que se sabe escribió una comedia basada en el *Quijote*. Ésta se ha perdido pero no el rastro de Cervantes en las obras maestras de Calderón, que manifiestan un carácter experimental similar al que se encuentra en el *Quijote*.

Me propongo demostrar cómo *La vida es sueño*, reflejando la nueva cosmología ya corriente para 1635, no está dotada de un argumento rectilíneo, aristotélico, estructurado por la necesidad y terminantemente cerrado al final. Quisiera proponer, en cambio, que la obra tiene dos finales y vislumbres de otros que pudieran ocurrir más allá del último telón. En trabajos anteriores he propuesto que el final de *La vida es sueño* es ambiguo porque los jóvenes protagonistas—Segismundo y Rosaura—siguen ataviados con disfraces mixtos que proclaman su doble, irresuelta naturaleza: él es simultáneamente fiera y rey, y ella hombre y mujer. Son todavía "monstruos."[2] Pero ahora he llegado a creer que la obra había tenido un final antes del final, y que el que concluye el drama

---

[2] Ver mi "El monstruo es una especie y otra: *La vida es sueño*, III, 2, 727," *Co-Textes (Université Paul Valéry, Montpellier)* 3 (1982): 27-58. Este trabajo se remonta a mi tesis doctoral (Yale, 1970), y ha sido recogido en mi libro *Celestina's Brood: Continuities of the Baroque in Spanish and Latin American Literature* (Durham: Duke University Press, 1993) del que hay versión española: *La prole de Celestina: continuidades del barroco en las literaturas española e hispanoamericana* (Madrid: Editorial Colibrí, 1999). Sobre la poesía barroca de Calderón en *La vida es sueño* también he escrito en "Threats in the Theater of Calderón: *La vida es sueño*, I, 303-308," en *The Lesson of Paul de Man*, ed. Peter Brooks, Shoshana Felman y J. Hillis Miller, spec. issue of *Yale French Studies* 69 (1985): 180-191, que he recogido igualmente en *Celestina's Brood* y *La prole de Celestina*.

es aún más precario y provisional de lo que entonces pensaba. De más está decir que tan extraña estructura dramática se aparta de la tradición renacentista, se opone a los preceptistas aristotélicos, y hubiera provocado la cólera del pedante canónigo de Toledo que pontifica sobre poética en el capítulo 48 del *Quijote* de 1605.

El barroco reflejaba el choque entre la concepción de un universo finito y ordenado con límites precisos, que funcionaba armoniosamente según las normas de la doctrina neotomista fundamentada por Tolomeo, y la nueva cosmología y epistemología que se desarrollan a principios del siglo XVII. El desafío a la cosmología tradicional había comenzado, lo sabemos, en el siglo XVI con Copérnico, así como la observación empírica de la naturaleza y los fenómenos celestiales que hizo posible el descubrimiento y conquista del Nuevo Mundo. Galileo, Képler, Descartes, Pascal y eventualmente Newton, dislocaron irreversiblemente una visión del mundo basada en Aristóteles, Tolomeo y Plinio—estática y finita—y revolucionaron el acto mismo de observar, de ver. La noción más radical que surgió del trabajo conjunto de todos estos pensadores y científicos fue la de un universo infinito que, irónicamente, se hacía cada vez menos aprehensible y abarcable por el conocimiento humano precisamente a medida que surgían adelantos tecnológicos tan significativos como el telescopio. Se sabía más, pero se sabía también que lo que se sabía era menos en proporción al objeto de conocimiento.[3] En la poética barroca la contrapartida de ese universo infinito es la constante

---

[3] Helmut A. Hatzfeld escribe lo siguiente sobre la relación entre la nueva cosmología y la conciencia del infinito en el arte barroco: "Depth versus Renaissance surface, is nothing but the projection of the sense of the infinite into space. Such a fundamental feeling is not ideological but an unconscious, interior, cultural necessity, the urge of boundlessness, a reality since Johann Kepler's *De revolitionibus orbium celestium.*" "Baroque Style: Ideology and the Arts," *Bucknell Review*, 7.2 (1975): 75. Hatzfeld dice también lo siguiente, ahora sobre Calderón: "Awe and splendor, on a religious level, merge in a striking space-forming element of the time, the cult of the Eucharist. It is around this great sacrament of the Church that Calderón in his Autos centers all the biblical and mythological subjects: and in one of them, the *Año Santo en Madrid* (1651), he describes a nocturnal procession moving from church to church as a sea of lights, a fiery serpent, a hieroglyph of time, which symbolically encompasses the Universal Church in a church as large as the whole world, triumphant in the Eucharist" (76).

presencia de la muerte—"death's dateless night" para recordar a Shakespeare—que parece un vestigio medieval, pero que representa en cambio la reacción personal y estética ante el vértigo de un cosmos sin fronteras. La vida eterna es ese otro, más íntimo, infinito. Esto es lo que está detrás de los juegos autoriales y multiplicidad de textos en el *Quijote*. No es el cartesiano "pienso luego existo," sino "existo porque pienso que existo pero no estoy del todo seguro." La estructura de *La vida es sueño* tiene como base esta ansiedad, que es muy próxima a la de Cervantes.

La lectura de la aún no superada monografía "Concepto de la naturaleza deducido de las obras de don Pedro Calderón de la Barca," publicada por Felipe Picatoste en 1881, nos revela cómo el sistema conceptual y metafórico de Calderón parece ser, en la superficie, un reflejo perfectamente fiel y coherente de la antigua ciencia.[4] Las ideas fundamentales son claras y conocidas: "Calderón creía profundamente que sobre la naturaleza estaba la ciencia, y sobre la ciencia el amor y el poder; éste engendrando la vida, y aquél armonizando sus leyes. Y con tan lógica fuerza expone siempre esta creencia que es imposible negarle una sola afirmación, sin negarle todo su sistema. Las leyes naturales son a un tiempo hijas del poder que las crea, del amor que las relaciona, de la ciencia que las hace útiles, y de la naturaleza que les da abrigo en su seno" (246-47). En este esquema se hallaban los once cielos, desde el de la luna hasta el empíreo, incluyendo el de las estrellas fijas y el Primer Motor. Los cuatro elementos, combinados de diversas maneras, componían el mundo de seres animados e inanimados; el flujo y reflujo entre éstos motivaba los cambios, variaciones y engendramientos, siempre sujetos a las mismas leyes.[5] El agua podía solidificarse para producir perlas o piedras, por ejemplo. Se trata de un discurso poético en extremo congruente y esplendorosamente bello. En Calderón, que fue un fabuloso poeta cósmico, como Milton, se dio la última grandiosa alianza entre ciencia y poesía, tal vez la mayor desde Dante. En efecto, su ciencia se remontaba a la Edad Media y, como estaba apoyada en la observación directa de la naturaleza, sin la asistencia de instrumentos, era fundamentalmente acorde a la percepción de la realidad que tenía la gente común. El tipo de "jerga" científica presente en su teatro, que hoy

---

[4] *Calderón y la crítica*, I, 166-248. Las citas en el texto remiten a esta edición.
[5] Edward M. Wilson, "Los cuatro elementos en *La vida es sueño*" *Calderón y la crítica*, I, 277-99.

nos suena anticuada y erudita, era en efecto familiar y clara para el público de su tiempo. Es por eso mismo que la usa, no simplemente por vocación gongorista, como encantadoramente explica una o dos veces Picatoste con celo exculpatorio. Calderón escribe precisamente en la época en que se separaron terminante y al parecer permanentemente la ciencia y la poesía, cuando la primera se convierte en una cuestión de fe para poetas y profanos. ¿Quién, sino sólo los científicos, entiende la estructura de los átomos o el funcionamiento del ADN?

Como resultado de lo anterior no fue difícil ver a Calderón como un poeta reaccionario, que se aferró a creencias obsoletas y metáforas gastadas para representar el universo, y por lo tanto el vocero de una España amurallada en sí misma y aislada del resto de Europa. Pero Picatoste también nos recuerda que se explicaba a Copérnico en Salamanca a fines del siglo XVI, que la obra de Galileo había sido cálidamente acogida en la Península, y que el propio sabio pensó en varias ocasiones irse a vivir a España, donde se sentía bien acogido y apreciado. Picatoste afirma que, a pesar de las descripciones patentemente tolemaicas del universo en su teatro, "tenemos la seguridad que Calderón conocía el sistema copernicano; y es lo más probable que se expresara en estos términos para seguir la costumbre, sometiéndose al imperio de los sentidos como se hace hoy todavía" (205). Picatoste estaba convencido de que "Respecto a la ciencia contemporánea [Calderón] conocía seguramente, mejor que otra alguna, la italiana, a que alude con mucha frecuencia en sus comedias" (179). Es decir, que Calderón mismo podía poner en tela de juicio su "sistema" sin que éste se viniera abajo; que éste incluye, por cierto, desajustes y desarmonías producto del choque de la vieja ciencia con la nueva. No era el único. La más somera lectura de, por ejemplo, la *Historia natural y moral de las Indias*, que publicara en 1598 el jesuita José de Acosta, revela cómo, a sólo dos años del nacimiento de Calderón, la vieja ciencia pujaba, luchaba y se desmoronaba al intentar dar cuenta de fenómenos recientemente descubiertos en el Nuevo Mundo, que se resistían a ser clasificados según los esquemas de Plinio y Aristóteles. El discurso poético y teatral de Calderón reflejaba esa lucha más que el discurso de sistemas ya caducos dócilmente aceptados. La prueba está en el choque en sus obras entre ideas comunmente sostenidas y nuevas concepciones basadas en la observación empírica, en que estas últimas generalmente prevalecen, si bien no siempre (por ejemplo, según se verá, la desacreditada astrología de Basilio en *La vida es sueño*). En otras palabras, las complejidades y retorcimientos del drama y la poesía calderoniano son producto de esta no resuelta lucha entre verdades antiguas y nuevas, y de la cada vez mayor distancia entre el discurso del conocimiento científico y el del arte.

En 1925, poco más de cuarenta años después del trabajo de Picatoste, Américo Castro demostró en *El pensamiento de Cervantes* cómo los españoles del siglo XVI habían sido capaces de concebir un universo independiente de su creador, sujeto a sus propias leyes, y cómo el autor del *Quijote* y otros se habían guiado, en la práctica, por un sistema de doble verdad: la de la iglesia, basada en la concepción neoescolástica del cosmos, y la de los descubrimientos y nuevas doctrinas filosóficas provenientes sobre todo de Italia.[6] Si bien es cierto que Calderón no pudo fraguar una ironía tan elegante como la cervantina para expresar la incongruencia de estas dos interpretaciones de la realidad, su teatro y su poesía sin duda manifiestan desquicios y confusiones resultantes de su choque.

Un ejemplo pertinente es la cuestión sobre la naturaleza de los cometas, que provocó aparatosas polémicas en el siglo XVII, entre ellas la muy memorable en que participó el más barroco de los escritores coloniales, don Carlos de Sigüenza y Góngora.[7] Si los cielos eran en efecto esferas sólidas, cada una con sus astros correspondientes, ¿cómo podían cruzar los cometas de una a otra, lo cual los nuevos instrumentos de observación hacían patente que ocurría? En Calderón un cometa puede aparecer "desasido/de su fábrica estrellada" (*El puente de Mantible*, citado por Picatoste, p. 223), lo cual parece reflejar la nueva ciencia. Los aristotélicos pensaban que los cometas eran emanaciones gaseosas que seguían rumbos caprichosos, erráticos, y se disolvían en el aire, pero los versos de Calderón pueden, en palabras de Picatoste, "dar motivo a creer que conocía la verdadera naturaleza de estos astros, sometidos al cálculo y a las leyes planetarias por la astronomía moderna" (223). Esta cuestión se convirtió en encendida (valga la palabra) polémica alrededor de 1630,

---

[6] Américo Castro, *El pensamiento de Cervantes*, Anejos de la Revista de Filología Española, Vol. Anejo VI (Madrid: Imprenta de la Librería y Casa Editorial Hernando, 1925).

[7] Ver Kathleen Ross, *The Baroque Narrative of Carlos de Sigüenza y Góngora: A New World Paradise* (Cambridge: Cambridge University Press, 1993).

cuando Calderón escribió *La vida es sueño*. Ya para finales de su vida (y siglo) se había establecido definitivamente que los cometas no eran meteoros, pero, como dice Picatoste, "quitar la solidez a los cielos para que los atravesaran en todas direcciones astros que se creían de curso irregular y caprichoso; someter a la ordenada armonía del universo aquellos signos fatales; y destruir todo el orden de los cielos, dado por Tolomeo, era echar por el suelo la filosofía y la ciencia consagradas en el altar de los siglos" (223-24). De ahí las tensiones y angustias de Calderón, para quien estos conflictos fueron la base inestable de su mundo poético, como veremos en el análisis de *La vida es sueño* que sigue.

La *Poética* de Aristóteles refleja la concepción de un universo ordenado orgánicamente por causas y efectos, coherente consigo mismo y su sistema. La tragedia ha de seguir un sólo argumento que conduce inexorablemente a la conclusión. No creo que Calderón ni ninguno de los demás dramaturgos españoles del Siglo de Oro se guiaran explícitamente por la *Poética* de Aristóteles, pero es indiscutible que conocían sus principios, como los comentarios de un Pinciano hacen evidente. Lope, lo sabemos, se burló de éstos en su *Arte nuevo de hacer comedias en este tiempo*, a la vez que se vanagloria del éxito indiscutible de su práctica revisionista. Pensar que el arte puede hacerse a base de fórmulas y recetas era un mal hábito en el Renacimiento, como lo sigue siendo hoy. Pienso que el argumento de las comedias españolas tenía más que ver con la idea del devenir histórico que tenían los dramaturgos y las nuevas ideas sobre el universo propugnadas por la naciente ciencia moderna. Ésta contenía el germen de concepciones nuevas del tiempo y el espacio, derivadas de la astronomía y de un acuciante sentido del devenir histórico provocado por sucesos tan trascendentales como el descubrimiento de América, y la precipitada decadencia del imperio español. Los dramaturgos españoles eran, para usar el término propuesto por Frank Kermode en su maravilloso *The Sense of an Ending*, hombres-cogidos-en-el-medio ("men-in-the-middest"), que se desvelaban intentando armonizar, desde el endeble andamiaje del presente, principios y finales que ya no eran verdades recibidas.[8] La *Poética* reflejaba el mundo finito de la cosmología tolemaica y aristotélica, mientras que los argumentos calderonianos proyectan un universo inconmensurable, por lo tanto no

---

[8] Frank Kermode, *The Sense of an Ending: Studies in the Theory of Fiction* (Oxford: Oxford University Press, 1966).

sujeto a las mecánicas reglas de causa y efecto prevalecientes hasta principios del siglo XVII. Sin embargo, como trasfondo contra el cual examinar el argumento de *La vida es sueño*, vale la pena recordar la clásica definición de Aristóteles:

> La tragedia es imitación de una acción completa y entera, de cierta magnitud; pues una cosa puede ser entera y no tener magnitud. Es entero lo que tiene principio, medio y fin. Principio es lo que no sigue necesariamente a otra cosa, sino que otra cosa le sigue por naturaleza en el ser o en el devenir. Fin, por el contrario, es lo que por naturaleza sigue a otra cosa, o necesariamente o las más de las veces, y no es seguido por ninguna otra. Medio, lo que no sólo sigue a una cosa, sino que es seguido por otra.

Es, pues, necesario que las fábulas bien construidas no comiencen por cualquier punto ni terminen en otro cualquiera, sino que se atengan a las normas dichas.[9] Si se reflexiona sólo un instante sobre lo anterior, en seguida se hace evidente que el argumento de *La vida es sueño* no se ciñe a este modelo, sino que en efecto viola sus principios fundamentales.

El argumento de *La vida es sueño* se inserta en una historia más amplia: la sucesión real en la mítica Polonia de la obra. Es, por así decir, una fábula mayor, de la que el argumento de la comedia es como un episodio. Se trata de una historia de decadencia y renovación, que conviene recordar brevemente aquí. El rey Eustorgio III tuvo tres hijos: Basilio, Clorilene y Recisunda. Siendo el varón, Basilio es el sucesor de Eustorgio, mientras que Clorilene y Recisunda se casan con individuos cuyos nombres no se dan. Basilio, por su parte, se casa con una mujer que lleva el mismo nombre que su hermana Clorilene, para complicar las cosas y de paso producir como un chispazo de incesto.[10] Recisunda se traslada a Moscovia, donde da a luz a Astolfo, al paso que Clorilene (su hermana, no su nuera) da a luz a Estrella, en Polonia. Basilio y su Clorilene engendran a Segismundo, durante cuyo parto ella muere. Cuando la acción de la obra empieza—su argumento—el problema de

---

[9] *Poética de Aristóteles*. Edicion trilingüe por Valentín García Yebra (Madrid: Editorial Gredos, 1974), 152-153.

[10] Ver de Edwin Honig, "Flickers of Incest on the Face of Honor: Calderón's *Phantom Lady*," *Tulane Drama Review*, 6 (1962): 69-105.

la sucesión se ha suscitado de nuevo porque Basilio está ya viejo y caduco. La sucesión regia es metáfora del transcurrir temporal; su urgencia en *La vida es sueño* es una manifestación de la ansiedad barroca por la aceleración de ésta, exacerbada por los nuevos descubrimientos y teorías, y hasta tal vez por la situación política específica de España en ese momento.

Como la existencia de Segismundo no es conocida, el pretendiente principal al trono es Astolfo, quien además ambiciona solidificar aún más sus derechos casándose con su prima Estrella. Hasta donde yo sé nada se ha escrito acerca de la confusa duplicación de Clorilenes, que algunos supondrán fue un descuido similar a los de Cervantes en el *Quijote* de 1605. Tal vez haya sido así. Pero en todo caso, toda la genealogía en la obra, con el probable matrimonio de primos—Astolfo o Segismundo con Estrella—tiene un carácter endogámico e incestuoso que no es fácil de ignorar. Hay hasta una sugestiva afinidad fonética entre los nombres Recismunda y Segismundo, como si el príncipe fuera la versión masculina de una tía, así como el hijo de una mujer con el mismo nombre de su otra tía. De paso, y para seguir con el tópico de los nombres repetidos, debe notarse que los padres de Astolfo y Estrella comparten el mismo anonimato—son ausencias correlativas. La historia de esta ficticia Polonia rebosa repeticiones a todo nivel, como si seres y sucesos no pudieran existir en singular, sino que su existencia dependiese de reiteraciones, reflejos y duplicaciones. El progreso, el movimiento, la acción, el cambio ocurren no como concatenación de causas y efectos, sino como un tejido de formas afines que sugieren el infinito al abolir todos los perímetros y límites concebibles.

Mientras que la mayoría de los lectores o espectadores de *La vida es sueño* recuerdan la conversión de Segismundo como el acontecimiento culminante de la acción, la fábula de la obra, en términos aristotélicos, debía ceñirse al conflicto sobre la sucesión monárquica en Polonia. ¿Quién va a ser el sucesor de Basilio? Existe también la trama secundaria, aparentemente superflua o parasítica, sobre la restitución del honor de Rosaura que preocupó a la crítica por muchos años.[11] Hoy sabemos que

---

[11] Fue Edward M. Wilson quien puso fin a las disputas sobre el argumento doble en su memorable ensayo "La vida es sueño," *Revista de la Universidad de Buenos Aires*, tercera época, año 4, no. 1 (1946), pp. 61-78. Puede consultarse en *Calderón y la Crítica*, I, 300-28.

las acciones de Rosaura son reflejo de las de Segismundo, que ella es en cierto modo su doble.[12] Rosaura es el agente potencial de la exogamia en la descendencia de Eustorgio III. Ella es el único personaje, con nombre, que no tiene vínculo de sangre con él, dado que los padres de Astolfo y Estrella no lo tienen y no desempeñan ningún papel en la trama, aunque sí en la historia al engendrar por separado a los primos. Al casarse con Astolfo, Rosaura no le permite casarse con su prima Estrella, pero al mismo tiempo hace posible que Segismundo, que también es primo de ésta, se case con ella. Y al ser objeto de los deseos del príncipe, Rosaura también provoca un incesto simbólico porque los dos son, como resultado de sus problemáticas y paralelas ascendencias y crecimiento, como una pareja de mellizos dioscúricos.[13] Más aún, Rosaura es hija de Clotaldo, figura paterna del príncipe y mentor suyo. Parece no haber salida de la creciente madeja de repeticiones, duplicaciones y reflejos. El argumento secundario sobre el destino de Rosaura es como un modelo a escala menor del argumento principal sobre la sucesión de Basilio, lo cual convierte al rey y a su consejero en otra pareja: ambos son padres que se desentienden de sus hijos. La repetición de los argumentos es reflejo de las repeticiones en el argumento principal.

El argumento de *La vida es sueño* tiene dos principios. Sólo un accidente, por definición, "no sigue necesariamente a otra cosa," para volver a citar a Aristóteles, y la obra empieza con la caída de Rosaura del "Hipogrifo violento" (I, 1). Este accidente, que la lleva a descubrir a Segismundo, en su torre, habría necesariamente tenido enormes consecuencias: la revelación de la existencia del príncipe, con todas las repercusiones políticas que desencadenaría, afectando de forma decisiva la sucesión real en Polonia. Pero en ese mismo día del accidente de Rosaura, Basilio había decidido poner a Segismundo a prueba trayéndolo drogado a palacio, revelando así su existencia y preparando su toma de posesión definitiva—o la de Astolfo si el príncipe no daba la talla. La convergencia de estos dos principios se hace evidente cuando Clotaldo, después de pensarlo mucho, decide revelarle al rey la aparición del

---

[12] He escrito sobre esto, y la condición de "monstruos" de ambos personajes en "'El monstruo de una especie y otra,'" op. cit.

[13] Todas las citas remiten a la estupenda edición de Ciriaco Morón Arroyo de *La vida es sueño* (Madrid: Cátedra, 1977).

"bello joven" (I, 870)—es decir, Rosaura—que descubrió a Segismundo, y Basilio le responde:

> No te aflijas, Clotaldo.
> Si otro día hubiera sido,
> confieso que lo sintiera;
> pero ya el secreto he dicho,
> y no importa que él lo sepa,
> Supuesto que yo lo digo. (I,874-879)

La determinación de Basilio parece contar con la asistencia del destino, si preferimos ver de esa manera el viaje de Rosaura a Polonia y su accidente al llegar allí. O, la no explicada causa de su llegada podría ser parte de un inescrutable plan de la providencia divina, que la conduce a llegar en ese momento preciso para hacer inevitable lo que Basilio piensa que él se ha propuesto llevar a cabo por cuenta propia. No hay en *La vida es sueño* prueba concluyente en favor de ninguna de las dos interpretaciones, cualquiera de las cuales privaría a la caída de Rosaura de su carácter accidental. Esta es una de las muchas indeterminaciones de la obra. El principio de la acción de la comedia es doble: un accidente, tal vez debido a la providencia, y la voluntad de Basilio de hacer lo que debe. Sus motivos, por cierto, también son dobles: realizar la sucesión de la mejor manera posible, y compensarle a Segismundo por haberlo mantenido confinado en la torre sin poder gozar de los privilegios de su exaltado linaje.

Ambos, el accidente y las órdenes de Basilio, ponen en marcha una serie de acontecimientos eslabonados que culmina con la conversión de Segismundo al final del segundo acto, después de haber sido devuelto a la torre narcotizado otra vez. El clímax de la secuencia ocurre cuando el príncipe, al despertarse en palacio y recibir tratamiento de rey, cumple todos los agüeros que habían conducido a Basilio a encerrarlo en la torre: su comportamiento es tiránico, mata a un criado a quien arroja por un balcón, trata de forzar a Rosaura, y amenaza con violencia al rey y a Clotaldo, sus dos padres. Esta parte de *La vida es sueño* sigue el formato tradicional del cuento folklórico del hombre a quien nombran rey por un día, y tiene toda el aura de un sueño de satisfacción de deseos reprimidos. Pero el efecto de la conducta del príncipe es muy real: Segismundo no pasa la prueba a que ha sido sometido y por lo tanto Astolfo habrá de casarse con Estrella y ascender al trono.

Este es el primer final de *La vida es sueño*, que ocurre al concluir el segundo acto. El problema de la sucesión real ha sido resuelto y los presagios se han cumplido, exonerando así a Basilio de sus acciones. Segismundo, por su parte, ha aprendido por experiencias muy concretas que debe hacer el bien en cualquier situación, aún si no puede saber cabalmente si está o no soñando. Ha puesto a prueba la realidad de lo real y el resultado que ésta arroja sobre la realidad y el sueño es muy moderno: es imposible distinguir entre los dos, lo único que verdaderamente cuenta es la voluntad de hacer el bien. Hay un sentido muy claro de cierre, remate o clausura al terminar el segundo acto, acentuado por el tono conclusivo de la décima que declama Segismundo, los versos más famosos de toda la obra:

> Yo sueño que estoy aquí
> destas prisiones cargado,
> y soñé que en otro estado
> más lisonjero me vi.
> ¿Qué es la vida? Un frenesí.
> ¿Qué es la vida? Una ilusión,
> una sombra, una ficción,
> y el mayor bien es pequeño;
> que toda la vida es sueño,
> y los sueños, sueños son. (II, 2,178-2,187)

"Y los sueños, sueños son," la anadiplosis, la aliteración, la rima aguda y la resonancia nasal del último "son" le dan a esta décima final un tono de final a lo Brahms.[14] Son como un último acorde con acompañamiento

---

[14] Nebrija define así la anadiplosis: "Anadiplosis es cuando en la mesma palabra que acaba el verso precedente comiença el seguiente, la cual figura nuestros poetas llaman dexa prende, como Alonso de Velasco: *Pues este vuestro amador/Amador vuestro se da,/Dase con penas damor,/Amor que pone dolor,/Dolor que nunca se va*. Llama se anadiplosis, que quiere dezir redobladura." Antonio de Nebrija, *Gramática de la lengua castellana*, ed. Antonio Quilis (Madrid: Editorial Centro de Estudios Ramón Areces, 1989), 231.

A Lope de Vega le gustaban la anadiplosis y otras figuras. Dice así en el *Arte nuevo*:

de tambores y platillos que vibran y retumban para marcar la conclusión. Los dos últimos versos tienen un carácter aforístico que invitan al espectador a estar de acuerdo: los sueños son los sueños, como todos sabemos. La décima, tan familiar para el público de entonces, con su apretada estructura y rima, se suma a este efecto de aprobación colectiva. El efecto es tal que no sería inconcebible que algún espectador se pusiera de pie y se dirigiera a la salida del teatro. Volviendo a la definición de final en la *Poética*, el argumento ha llegado a un punto que "es lo que por naturaleza sigue a otra cosa, o necesariamente o las más de las veces, y no es seguido por ninguna otra."

El argumento secundario no se ha resuelto, por supuesto: el honor de Rosaura no ha sido restaurado y el inevitable matrimonio de Astolfo con Estrella asegura que él jamás podrá hacer la reparación necesaria. Pero el argumento secundario no es el principal, y Rosaura no está involucrada en el problema de la sucesión real en Polonia. El aprieto en que se ve implicada es moral y social, no político, y podría dejarse sin solución sin que ello afectase el conflicto principal, de la misma manera que la situación de su madre, la bien llamada Violante, había quedado sin resolver.[15] Las desventuras de Rosaura sí están concatenadas, una procede de la otra "herederas de sí mismas" (v. 1832), pero no herederas de los sucesos relativos a la sucesión de Basilio. Rosaura no pertenece al linaje de Eustorgio III, y está a punto de quedar excluida del mismo porque es improbable que Clotaldo, por cuenta propia, pudiera forzar a Astolfo, ahora futuro rey, a que se case con su hija ilegítima. Esto es, por cierto, lo que iba a ocurrir, porque al final del segundo acto no había

---

        Las figuras retóricas importan,
        Como repetición, o Anadiplosis,
        Y, en el principio de los mismos versos,
        Aquellas relaciones de la Anáfora,
        Las yronías y adaubitaciones,
        Apóstrofes también y esclamaciones.(314-18)

Cito por Lope de Vega, *El arte nuevo de hacer comedias en este tiempo,* ed. Juana de José Prades (Madrid: Consejo Superior de Investigaciones Científicas, 1971), pp. 297-98.

[15] Violante, como los dos innombrados padres de Astolfo y Estrella son como residuos de la acción, cabos sueltos del argumento perdidos en una dimensión temporal que no es la de éste.

planes de regresar a Segismundo a palacio, ni nada que hiciese necesario, a causa de los eventos que se han sucedido desde la caída de Rosaura y la orden inicial de Basilio, de volver a instalar al príncipe en el trono. Es lo que a la postre pasa, desde luego, pero no por ninguna ley de necesidad o como resultado inevitable de una serie de causas y efectos.

Desde luego, todo el mundo sabe que el carácter de final que tiene la conclusión del segundo acto es falso—es un simulacro de final. Las comedias tienen tres actos y Segismundo, el protagonista, no puede quedar tan fácilmente derrotado y descartado. El final del segundo acto es una conclusión fingida, una especie de broma barroca; su carácter tan evidentemente falso forma parte de la ilusión barroca de la obra y es, como tal, significativo por esa misma cualidad. En el teatro barroco los finales son, por su propia naturaleza, artificiosos—ilusorias interrupciones temporales cuyos efectos pueden suspenderse o invertirse. El espectador que se puso de pie regresará después del consabido entremés para reclamar su puesto, tal vez entre los notables, o si estaba de pie volverá a perderse entre los mosqueteros. Él conoce bien las reglas del mundo de ilusiones que rigen el teatro.

El tercer acto empieza inesperada y cómicamente con Clarín en la torre, pronunciando un monólogo que es parodia evidente del de Segismundo en el primer acto. Karl Marx dijo en *El dieciocho de Brumario de Luis Bonaparte*, como todo el mundo sabe, que los acontecimientos históricos ocurren primero como tragedia y después como farsa, y esto es exactamente lo que pasa en *La vida es sueño*. Los soldados que marchan sobre la torre, dispuestos a regresar al legítimo príncipe al trono, toman a Clarín por Segismundo. Podría argüirse que el tercer acto es, en breve, repetición de toda la fábula precedente—de los dos primeros actos—hasta llegar a un segundo final. Es decir, que el tercer acto es a los dos primeros lo que la segunda parte del *Quijote* es a la primera. Pero, ¿cómo es este segundo principio posible? La clave es el elemento paródico: se trata de una repetición deformada del primero. *La vida es sueño* contiene su propia parodia, como un reflejo interno de sí misma. El segundo principio, en términos de la historia y sucesión de Polonia, lo hace posible una revolución. Que se trate de un levantamiento popular para deponer a Basilio e impedir que lleve a cabo su plan de instalar en el trono a un extranjero (Astolfo, no hay que olvidarlo, es de Moscovia) destaca que se trata de una ruptura histórica, no de una continuidad—es un accidente social y político homólogo a los que dieron comienzo a la obra. También es un desgarrón en el argumento. Ninguno de los protagonistas está implicado en desatar la revuelta—es como un hachazo al nudo gordiano de la sucesión. El levantamiento no es una acción "heredera de sí misma," sino como Rosaura, viene del exterior de la legitimidad y la genealogía. Es un principio nuevo, flamante. Un principio, como se ha visto, no procede de otro acontecimiento por necesidad causal, y una revolución es justamente un accidente histórico porque constituye una ruptura inesperada y decisiva en su suceder.

El reiterativo tercer acto—*La vida es sueño* en miniatura—repite acontecimientos claves de los dos primeros actos y les da a los personajes una segunda oportunidad para ensayar otra vez sus fantasías y deseos. Algunas de las repeticiones son inversiones. Basilio, por ejemplo, es ahora el que sufre una conversión parecida a la de su hijo en el segundo acto. Se da cuenta de sus errores y le pide perdón a Segismundo. Segismundo, por su parte, pone a prueba su recién adquirida sabiduría, como su padre había puesto a prueba la suya con el experimento de palacio en el segundo acto. Pero la proyección de Segismundo hacia el futuro—su determinación de hacer el bien esté o no soñando—conduce a una resolución positiva, el opuesto correlativo de las profecías de Basilio basadas en la astrología. La revolución produce multiplicidad: a Basilio no lo matan sino que lo deponen. Al final del tercer acto hay dos reyes en Polonia, y un pretendiente, Astolfo, ansioso de ocupar el poder si Segismundo falla una segunda vez.[16] Nadie ha sido asesinado—con la excepción de Clarín, que ahora no cuenta—lo cual habría sido un final shakesperiano terminante con respecto a la genealogía. Todos son capaces y están en condiciones de continuar la acción en el futuro, hasta engendrando nuevos herederos de Eustorgio III, porque, con la excepción de Basilio y Clotaldo, son jóvenes y vigorosos. Segismundo

---

[16] El que haya, en efecto, dos reyes vivos al final de *La vida es sueño* ha generado un debate sobre quién reina al final de la obra, con Edward M. Wilson, A.A. Parker y otros proponiendo que Segismundo restaura a Basilio como rey. Pero Donald McGrady arguye, con irrebatibles pruebas textuales, que es Segismundo quien reina al final. Ver "Who Rules at the End of *La vida es sueño*," *Forum for Modern Language Studies,* 24 (1988): 53-57. La presencia simultánea de dos reyes parecería corroborar la tesis de Severo Sarduy sobre la elipsis, con dos centros, como la fugura típica del barroco en *Barroco* (Buenos Aires: Sudamericana, 1974).

está muy consciente de ello y hace lo necesario para solidificar su frágil y provisional mandato. Al casarse con Estrella, Segismundo consolida su derecho al trono y conserva el carácter endogámico del linaje de Eustorgio III, lo cual le confiere a la historia un carácter más repetitivo que sucesivo; al casar a Astolfo con Rosaura restaura el honor de ésta y debilita la pretensión de su primo al trono, a la vez que eleva a Clotaldo a una posición parecida a la que sin duda ocupará, como consejero, el depuesto Basilio.

Este segundo final de *La vida es sueño* no es tan definitivo como el primero. No lo remata una resonante décima que proclama el presunto mensaje de la obra, y hay múltiples reyes y pretendientes al trono, por no hablar de que Segismundo y Rosaura están ataviados con trajes ambivalentes: él de hombre y fiera, y ella de mujer y hombre. Es un final que parece proclamar su propia provisionalidad—su fragilidad—lo cual está en consonancia con el tema barroco del "desengaño"; cualquier nuevo accidente podría ocasionar la caída de Segismundo y su precariamente apuntalada monarquía. Más significativo aún, la multiplicidad del final sugiere la repetición interminable y la amenaza del insondable infinito.[17]

Es ese infinito lo que sugiere que Calderón había sido afectado por la nueva cosmología, que no estaba constreñido por el concepto finito del universo tolemaico y el mundo de la física y cosmologías neo-escolásticas. Es en este universo barroco donde el argumento de *La vida es sueño* encuentra su contexto, reflejando lo propuesto por Picatoste en su seminal monografía de hace más de cien años. Es cierto que Calderón continúa usando los lugares comunes de las esferas y los planetas fijos,

---

[17] Timothy Ambrose rescata *La vida es sueño* de la interpretación tipológica de A.A. Parker y otros, que opone el laberinto, como representante de la pasión desenfrenada, al intelecto o razón, que le permite a Segismundo y otros personajes escapar del mismo, proponiendo que, por el contrario, es el laberinto, producto de mentes humanas, el que representa el intelecto. La construcción del laberinto, basada en paradojas, refleja el infinito del ser, que asocia con Schopenhauer, Borges y el tantrismo. Mi interpretación atiende más bien a la constitución del argumento de la comedia en relación a la nueva cosmología, pero lo que propone Ambrose en su excelente artículo vendría a corroborarla. Ver "Calderón y Borges: Discovering Infinity in the Labyrinth of Reason," *A Star-crossed Golden Age: Myth and the Spanish Comedia*, ed. Frederick A. de Armas (Lewisburgh: Bucknell University Press, 1998), 197-210.

pero la temporalidad implícita en el argumento de la obra sugiere un concepto del universo que está reñido con toda esa terminología. La tensión entre un lenguaje poético impropio para las ideas que contiene y los nuevos descubrimientos de la ciencia moderna está en el centro mismo de *La vida es sueño*, y ese centro es como una galería de espejos, el ámbito de la repetición infinita y de la ansiedad de la historia presente como mero episodio de ésta.

Esta tensión se resuelve con la suerte que corre el principal cosmólogo y astrólogo de *La vida es sueño*, el rey Basilio. Basilio se jacta de su conocimiento de las "matemáticas sutiles" (I, 614), y hace alarde de ser conocido por el "sobrenombre de docto" (I, 606), y de ser aclamado "el gran Basilio" (I, 611). Su sabiduría y capacidad profética están sólidamente ancladas en la vieja cosmología:

> Esos círculos de nieve,
> esos doseles de vidrio,
> que el sol ilumina a rayos,
> que parte la luna a giros,
> esos orbes de diamantes
> esos globos cristalinos,
> que las estrellas adornan
> y que campean los signos,
> son el estudio mayor
> de mis años, son los libros
> donde en papel de diamante,
> en cuadernos de zafiros
> escribe con líneas de oro,
> en caracteres distintos
> el cielo nuestros sucesos
> ya adversos o ya benignos. (I, 624-39)

Esos son los signos que Basilio lee "tan veloz" (I, 640), y los libros que anota, "de sus márgenes comento" (I, 646). Son los antiguos libros astrológicos basados en la cosmología tolemaica y aristotélica, según podemos comprobar en la cita anterior con todos esos sólidos, translúcidos orbes sobre los cuales los cuerpos celestes trazan sus trayectorias, y también en la descripción que Basilio hace del eclipse solar que acompaña el nacimiento de Segismundo:

> que el sol, en su sangre tinto,
> entraba sañudamente
> con la luna en desafío;
> y siendo valla la tierra,
> los dos faroles divinos
> a luz entera luchaban,
> ya que no a brazo partido. (I, 681-87

El eclipse revela una concepción geocéntrica del universo, con la tierra inmóvil en su centro y el sol y la luna dando vueltas a su alrededor. La tierra podría interponerse entre el sol y la luna en un universo copernicano, como en efecto hace, pero la clave de los versos anteriores es la palabra "valla." En la lengua de los torneos caballerescos, la "valla" es la cerca que separa a los combatientes. Covarrubias escribe: "La tela o pértiga afirmada en tierra con algunos pies, cuya altura viene a dar los pechos del hombre; ésta divide los torneantes en el torneo de a pie, peleando el uno de la una parte y el otro de la otra."[18] Si la tierra es la "valla," entonces está fija, inmóvil, y suponemos en el centro. Pero lo importante es notar que en *La vida es sueño* esta cosmología, que es la de Basilio, se revela errónea y resulta derrotada. Lo que mejor muestra su error es la conversión de Segismundo al bien, que cancela el previo cumplimiento por su mala conducta de los agüeros basados en las profecías de Basilio, y luego es vencida al ser depuesto Basilio en el segundo final de la obra. Cuando *La vida es sueño* se repite en el tercer acto, su primer final, que corroboraba la validez de la antigua cosmología, queda revisado y corregido. Sus poderes de predicción son falsos no sólo debido al libre albedrío del hombre, sino también porque su concepción mecánica del universo no representa cabalmente la dinámica del transcurrir temporal, que no es lineal sino repetitiva, con iteraciones infinitas en planos múltiples.[19] Hay dos reyes, Segismundo y Rosaura se

---

[18] Sebastián de Covarrubias, *Tesoro de la lengua castellana o española*, ed. Martín de Riquer (Barcelona: S.A. Horta, I.E., 1943), 991.

[19] En una serie de artículos, y en su hermoso libro *The Return of Astrea: An Astral-Imperial Myth in Calderón* (Lexington, Kentucky: The University of Kentucky, 1986), Frederick A. de Armas detalla el trasfondo alquímico y astrológico de *La vida es sueño*. De Armas prueba, sin lugar a dudas, que Calderón tuvo muy presente ambos, y que se establece en su obra la consabida relación

duplican, y los acontecimientos se repiten no por necesidad causal sino por mutuos reflejos, o accidentalmente, como esos cometas que atraviesan la bóveda celeste. Estos signos son ininteligibles para la lectura apresurada que Basilio practicaba en los viejos libros—su método de interpretación, la astrología, con su máquina alegórica de generar sentido falla al enfrentarse ahora a un universo dinámico. Segismundo tuvo que hallar, por voluntad propia, una solución en vez de buscarla en la lectura, como su padre: "Es verdad, pues reprimamos/esta fiera condición" (II, 2, 148). Lejos ya de las verdades de las nuevas ciencias de la naturaleza y del hombre, el lenguaje se manifiesta en *La vida es sueño* como un sueño espeso, profundo, del que no acabamos de despertarnos, pero dentro del cual buscamos verdades contingentes, provisionales, sujetas a diversas interpretaciones, siempre conscientes de que hay otro discurso en que lo real y lo verdadero yacen fuera del alcance de meros mortales y poetas. Es el discurso de la nueva ciencia del infinito que los nuevos Basilios—los científicos—saben descifrar, pero no cifrar en poesía, y que nosotros no sabemos leer.

Lo anterior pone de manifiesto la crisis del conocimiento en que Calderón escribió su obra maestra, que sigue siendo la de Cervantes, pero no pretende hacer de *La vida es sueño* una obra subversiva o heterodoxa. *La vida es sueño* es, sin lugar a la más mínima duda, una obra profundamente cristiana que corrige el mito de Edipo al hacer que

---

entre el mundo astral (lo elevado), y el mundo terrestre (lo bajo). Todo esto se organiza como una especie de drama entre bastidores—trastienda, "trastexto"—, revelado en alusiones de los protagonistas, cuyo argumento sería que la llegada de Astrea (Rosaura toma ese nombre en palacio) le permite a Segismundo acceder al bien, y pasar del plomo al oro, para usar la terminología alquímica. Sólo que este régimen de equivalencias—esto por aquello—es posible únicamente en el universo cerrado, tolemaico-aristotélico que se revela como caduco en *La vida es sueño*. Es el discurso de Basilio. Una vez que la nueva cosmología interviene, y con ésta el concepto y sensación del infinito, las correspondencias ceden porque todo ingresa en un estado fluído carente de límites precisos. Someter la obra a una lectura estática de esta naturaleza es violar el principio de indeterminación que ella misma propugna. Lo indecible, que interviene una vez que no podemos distinguir entre vida y sueño, no permite, sin apelar a un proceso muy mecánico, reducir la obra a este tipo de exégesis alegórica. Ver también, del mismo autor, "The King's Son and the Golden Dew: Alchemy in Calderón's *La vida es sueño,*" *Hispanic Review*, 60 (1992): 302-19.

Segismundo no mate a su padre y lo perdone. Los dos finales y la salida al problema de la sucesión y de la temporalidad todavía se atienen a un patrón de caída y redención, de crisis superada por la voluntad de hacer el bien, del sacrificio individual en favor del bien colectivo. Segismundo reprime su deseo por Rosaura y se casa con Estrella, con lo cual no se asegura la gloria eterna, pero pospone provisionalmente el caos y la revolución. No hay garantía de que su hijo, el próximo Segismundo, recibirá mejor enseñanza de su padre que la que el suyo de Basilio. Pero, por lo menos, cuando llegue el momento en que Segismundo deba ceder el trono a su heredero, no estará lastrado por interpretaciones incorrectas del hado basadas en teorías obsoletas; pero tampoco esto certifica que no cometerá nuevos errores de su propia cosecha. Éstos, sin embargo, podrán ser absorbidos y neutralizados por el patrón de caída y redención que rige la historia de esta ficticia Polonia. Habrá un número infinito de finales, pero también de principios y segundos principios, como los ya presentes en los sucesos que jalonan el argumento de *La vida es sueño*. Calderón dramatiza—y con cuánta intensidad—el dilema sobre el conocimiento que compartía y sufría con sus contemporáneos, sobre todo Cervantes, pero no ofrece una solución clara y definitiva al mismo. Su incapacidad o negativa a hacerlo es lo más moderno de su obra y lo más cervantino.

YALE UNIVERSITY

Obras citadas

Ambrose, Timothy. "Calderón y Borges: Discovering Infinity in the Labyrinth of Reason." *A Star-crossed Golden Age: Myth and the Spanish Comedia*. Ed. Frederick A. de Armas. Lewisburgh: Bucknell UP, 1998. 197-210.

Aristóteles. *Poética*. Edición trilingüe por Valentín García Yebra. Madrid: Gredos, 1974.

Calderón de la Barca, Pedro. *La vida es sueño*. Ed. De Ciriaco Morón Arroyo. Madrid: Cátedra, 1977

Castro, Américo. *El pensamiento de Cervantes*. Anejos de la Revista de Filología Española. Vol. Anejo VI. Madrid: Imprenta de la Librería y Casa Editorial Hernando, 1925.

Covarrubias, Sebastián de. *Tesoro de la lengua castellana o española*. Ed. Martín de Riquer. Barcelona: S.A. Horta, I.E., 1943.

de Armas, Frederick A. *The Return of Astrea: An Astral-Imperial Myth in Calderón*. Lexington, Kentucky: The University of Kentucky Press, 1986.

―――. "The King's Son and the Golden Dew: Alchemy in Calderón's *La vida es sueño*." *Hispanic Review* 60 (1992): 302-19.

Durán, Manuel y Roberto González Echevarría, *Calderón y la crítica: historia y antología*.. 2 vols. Madrid: Gredos, 1976.

González Echevarría, Roberto. "El monstruo es una especie y otra: *La vida es sueño*, III, 2, 727." *Co-Textes (Université Paul Valéry, Montpellier)* 3 (1982): 27-58.

―――. "Threats in the Theater of Calderón: *La vida es sueño*, I, 303-308." *The Lesson of Paul de Man*. Ed. Peter Brooks, Shoshana Felman y J. Hillis Miller. Spec. issue of *Yale French Studies* 69 (1985): 180-191.

―――. *Celestina's Brood: Continuities of the Baroque in Spanish and Latin American Literature*. Durham: Duke UP, 1993.

―――. *La prole de Celestina: Continuidades del barroco en las literaturas española e hispanoamericana*. Madrid: Editorial Colibrí, 1999.

Hatzfeld, Helmut. "Baroque Style: Ideology and the Arts." *Bucknell Review* 7.2 (1975).

Honig, Edwin. "Flickers of Incest on the Face of Honor: Calderón's *Phantom Lady*." *Tulane Drama Review* 6 (1962): 69-105.

Kermode, Frank. *The Sense of an Ending: Studies in the Theory of Fiction*. Oxford: Oxford UP, 1966.

Lope de Vega. *El arte nuevo de hacer comedias en este tiempo*. Ed. Juana de José Prades. Madrid: Consejo Superior de Investigaciones Científicas, 1971.

McGrady, Donald. "Who Rules at the End of *La vida es sueño*." *Forum for Modern Language Studies*. 24 (1988): 53-57.

Nebrija, Antonio de. *Gramática de la lengua castellana*. Ed. Antonio Quilis. Madrid: Editorial Centro de Estudios Ramón Areces, 1989.

Parker, Alexander A. "Aproximación al teatro español del Siglo de Oro." *Calderón y la crítica*, I: 329-57.

Ross, Kathleen. *The Baroque Narrative of Carlos de Sigüenza y Góngora: A New World Paradise*. Cambridge: Cambridge University Press, 1993.

Sarduy, Severo. *Barroco*. Buenos Aires: Sudamericana, 1974.

Wilson, Edward M. "La vida es sueño." *Revista de la Universidad de Buenos Aires*, tercera época, año 4, no. 1 (1946), pp. 61-78. Puede consultarse en: *Calderón y la Crítica*, I, 300-28.

―――. "Los cuatro elementos en *La vida es sueño*." *Calderón y la Crítica*. I: 277-99.

La renovación crítica y el *Quijote:* Notas sobre el cervantismo italiano

María Caterina Ruta

Hace algunos años, en Alcalá de Henares, durante uno de los Coloquios Cervantinos que se celebraron allí, manifesté las consideraciones que me había suscitado la lectura del catálogo de los estudios sobre Cervantes publicados por críticos italianos o activos en Italia, a partir de las primeras traducciones de las obras del gran escritor (Donatella Pini Moro y Giacomo Moro 1992).* La bibliografía da cuenta de un interés siempre presente en la crítica italiana, que aumenta de manera singular en la posguerra, cuando empezaron a publicar sus primeros ensayos los estudiosos que en los años sucesivos dominarían la escena académica y cultural de Italia. No cabe duda de que el desarrollo extraordinario del cervantismo en las últimas décadas del siglo XX se debe por un lado a la gran riqueza y complejidad de la obra de nuestro autor, y por otro a la renovación que durante todo el siglo vivió la crítica literaria, la cual encontró precisamente en *Don Quijote* inagotables estímulos para la investigación de una teoría de la novela.

Tras la revalorización romántica, que, negando cualquier propósito de parodia a la novela, le atribuye a don Quijote la dimensión del héroe idealista que lucha a ultranza defendiendo los valores morales modernamente reconocidos (Close 1978), a principios del siglo XX se impuso la interpretación de Miguel de Unamuno, que, manteniendo una concepción del texto simbólico-alegórica, transfiere al personaje cervantino la visión "agónica" de la vida, la continua tensión entre racionalidad y sentimiento que caracteriza su pensamiento. Interpretación que influenciaría durante algunos decenios la de muchos lectores españoles y extranjeros, alejándolos de una más libre y al mismo tiempo más analítica comprensión del texto.

A pesar de intepretaciones tan significativas, desde principios del siglo XX comenzó la revisión hermenéutica de *Don Quijote* que llevaron a cabo lectores con instrumentos críticos específicos, los cuales comprendieron y resaltaron la centralidad de la obra cervantina en la historia de la novela moderna y empezaron a descubrir y destacar las innovaciones, tanto en lo referido a la expresión como al contenido. Un reconocimiento en este sentido merece José Ortega y Gasset que, acercándose a la obra desde el universo de su pensamiento, reconoció el papel central de la misma en la literatura moderna, una literatura que abandona la visión mítico-poética del hombre y del mundo, para adentrarse en el análisis del presente, de la actualidad, de las propias circunstancias. La novela deja de nutrirse de aventuras caballerescas y de personajes ideales, pasa, en cambio, a describir la actualidad, crea personajes psicológicamente veraces, lanza hacia lo real una mirada oblicua y no directa, porque se orienta a la caída del mito.[1]

Siguiendo el hilo temporal, mucho se debe al texto, hoy por hoy un clásico, *El pensamiento de Cervantes* de Américo Castro, publicado en 1925 y luego en 1972. Castro se dio cuenta de que las interpretaciones de las obras del escritor español eran muy parciales, someras y que ignoraban su peso real[2]. Cervantes le pareció mucho más interesado en los problemas de su tiempo de lo que hasta entonces se pensaba, atribuyéndole un genérico y bonachón "sentido común," que llevaría al escritor a no participar en el debate literario y socio-político de su tiempo. En esta primera etapa de su pensamiento sobre la obra cervantina, Castro tuvo el mérito de comenzar a descubrir y señalar las referencias directas y oblicuas a las corrientes de pensamiento de su época, sobre todo al erasmismo, a constatar su conocimiento de las teorías literarias, a valorizar las correspondencias e incluso las contradicciones que

---

* Deseo dar las gracias a Alfonso Frías por su ayuda en un momento de dificultad.

[1] Véase además C. Morón Arroyo, *Nuevas meditaciones del "Quijote"* (1976).

[2] "se trata de una renovación total de la crítica sobre el tema, una destrucción sistemática y utilísima del cervantismo tradicional y de charanga, el primer estudio coherente de Cervantes." Julio Rodríguez Puértolas, "Cervantes visto por Américo Castro" (1989, 50).

constelan la obra entera y que la hacen coherente y homogénea bajo el signo de la ambigüedad.[3] Nació así este libro que ha abierto nuevos senderos de lectura, particularmente desde la perspectiva del macrotexto, concepto bastante nuevo, teorizado sistemáticamente por los expertos de literatura de hace pocos decenios.[4] Perspectiva que, sin negar la singularidad de *Don Quijote* en la producción literaria española y universal, paulatinamente va descubriendo y resaltando las virtudes de las demás obras cervantinas.

La posición del mismo Castro, reconocido paladín de un Cervantes erasmianamente laico y racional, entra en discusión en las páginas del libro con las opiniones de Cesare De Lollis formuladas en aquel mismo periodo en el volumen *Cervantes reazionario* (1924). El estudioso español, precisamente porque apreciaba la contribución que el crítico italiano daba a un conocimiento más profundo de la producción del escritor, le reprochaba a De Lollis, ya especialmente atento a los aspectos retórico-formales, leer los textos a partir de un Cervantes contrarreformista y reaccionario, llegando, por lo tanto, a resultados desviados desde el punto de vista ideológico.[5]

En los mismo años veinte, en un ambiente completamente diferente, el de los formalistas rusos, Viktor Sklovskij quiso investigar la construcción de *Don Quijote* (1925) con la intención de encontrar la coherencia del tejido textual de una obra a la que se había acusado de estar rellena de episodios—las historias interpoladas—y disgresiones—los famosos discursos del caballero—partes excesivamente extrañas respecto a la

---

[3] Sobre la crítica cervantina de Américo Castro existe una bibliografía sólida, de la que recuerdo: Aniano Peña, *Américo Castro y su visión de España y de Cervantes*. (Madrid: Gredos, 1976), y "Sobre el el cervantismo de Américo Castro," *Actas del II Coloquio Internacional de la Asociación de Cervantistas* (Barcelona: Anthropos, 1991), 285-292; Albert A Sicroff, "De El pensamiento de Cervantes a Cervantes y los casticismos españoles," *Homenaje a Américo Castro* (Madrid: Universidad Complutense de Madrid, 1987), 189-198; Anthony Close, "La crítica del *Quijote* desde 1925 hasta ahora," Anthony Close et al. Prólogo de Claudio Guillén. *Cervantes*. Alcalá de Henares: Centro de Estudios Cervantinos, 1995. 311-333.

[4] Maria Corti, *Principi della comunicazione letteraria* (Milano: Bompiani, 1976).

[5] Hay que apreciar el empeño del crítico italiano que desde *La Galatea* llega al *Persiles* pasando por las *Novelas ejemplares* y el *Quijote*.

historia principal de la novela.[6] Utilizando su principio de la estructura a "engarce," el estudioso ruso buscó las conexiones entre las unas y los otros y, aún descubriendo una coherencia muy superficial, su ensayo hizo avanzar bajo la perspectiva moderna los estudios cervantinos. Desgraciadamente hubo que esperar hasta la traducción al francés de Tzvetan Todorov para conocer este y los demás importantes ensayos comprendidos en el volumen que Todorov compiló, y hasta 1966 para disponer de la traducción en italiano de los ensayos de Sklovskij mismo.[7]

Se había puesto en marcha el cambio más radical del análisis literario, preparado en buena parte por la crítica estilística,[8] que asigna al texto una posición de primer plano, lo que se verificará no sólo en las orientaciones de orden formalista o estructuralista, sino también en las de otro tipo. Las cuestiones que a partir de entonces se plantearán los estudiosos intentan encontrar el o los principios compositivos que permitan resolver como una unidad la estructura "quimérica" de la novela, buscando elementos de morfología narrativa o temáticos que desvelen las corrientes que circulan bajo el nivel superficial del texto.

Antes de que se afirmara el estructuralismo, una idea de forma aún solo esbozada, pero ya funcional, anima el trabajo de Joaquín Casalduero, que decidió analizar todas las obras cervantinas fijándose el objetivo de descubrir su "sentido y forma." El volumen *Sentido y forma del* Quijote, data de 1949, pero tuvo su mayor difusión con la segunda edición de 1966. También Casalduero defiende la hipótesis de un Cervantes contrarreformista convencido, y en esta conclusión confluyen los resultados de su análisis, que es bastante interesante. La selección de los elementos que caracterizan las dos partes de la novela se reveló operativamente útil, así como el subrayar la teatralidad que empapa todo el texto y que se acentúa en la parte de 1615, paralelamente al incremento de los rasgos barrocos.

En 1957 apareció un librito del danés Kund Togeby titulado *La composition du roman "Don Quijote,"* en el que el autor intenta encontrar

---

[6] El mismo Cervantes declara haber recibido estas críticas en el capítulo 3 de la Segunda Parte y al comienzo del capítulo 44 de la misma y, como sabemos, expone una motivación, que se sitúa en el plano de las estructuras superficiales.

[7] Cfr. Viktor Sklovskij, "Come è fatto il *Don Chisciotte*" (1966), 99-141.

[8] Recordemos los nombres de L. Spitzer, K. Vossler y E. Auerbach. En el área hispánica fue fundamental el papel de R. Menéndez Pidal y D. Alonso.

la modalidad que hace de la articulada historia de don Quijote una obra unitaria, donde cada elemento tiene una función propia. Subraya los numerosos pasos de la novela en que se tratan cuestiones literarias buscando una forma nueva, que Togeby representa como un recorrido circular. El libro es interesante y está lleno de reflexiones y sugerencias que sirvieron a algunos estudiosos posteriores. En mi opinión su lectura aún no se ha profundizado como debiera, si bien la traducción de su volumen correspondió al deseo de ponerse al día que animaba a los estudiosos españoles durante los años de consolidación de la democracia en su país.

A comienzos de los sesenta en Inglaterra se publicó otro texto fundamental de la hermenéutica cervantina, el volumen de Edward C. Riley *Cervantes' Theory of the Novel* (1962), traducido al español en 1966. Tras el primer ensayo de Jean Canavaggio (1958) sobre el mismo tema, el libro se centra en el análisis de la relación de la obra de Cervantes con el debate sobre las poéticas y los géneros literarios, que se había abierto primero en Italia y luego en España durante los años de la formación cultural del escritor. La minuciosa lectura de los textos cervantinos por parte de Riley, desvelando numerosos pasos, sobre todo del *Quijote*, de los que emerge el carácter metaliterario de la escritura de Cervantes, desarrolla la observación de Américo Castro acerca de la actitud teórica de Cervantes, claramente inspirada en las poéticas italianas, ampliando la cantidad y cualidad de las referencias. Sale a la luz el perfil de un escritor adelantado al neoaristotelismo de moda, no consiguiendo conciliar plenamente el conocimiento teórico y la práctica de la escritura. De las ideas derivadas de los géneros preexistentes, y de la superación de las dificultades teóricas nacía el libro que planteaba el estatuto de la novela moderna.[9]

No faltaron observaciones acerca de los espacios que el crítico inglés dejó libres para otras reflexiones, de modo que el campo de estudio que señaló, resultó especialmente fértil, sobre todo en los años ochenta,

---

[9] Entre otras referencias: John J. Allen, "*Don Quixote* and the Origins of the Novel"; Michael McGaha ed. *Cervantes and the Renaissance* (Newark: Juan de la Cuesta, 1980), 125-140; Stephen Gilman, *The Novel According to Cervantes* (Berkeley: California UP, 1989).

período en el cual se publicaron numerosos e interesantes ensayos sobre aspectos de teoría literaria en relación al *Quijote*.[10]

1966 es también el año en que se publicó el número de "Communications" dedicado al análisis del cuento, de la *Sémantique structurelle* de Greimas, de *Les mots et les choses* de Foucault, quien dedica a nuestro héroe pocas, pero fulgurantes páginas,[11] y de tantas otras contribuciones teóricas interesantes que plantean los problemas del análisis del texto literario y artístico según múltiples y renovados enfoques metodológicos. Todos sabemos que circulaban por aquel entonces los libros de Lukács, Girard, Robert, Goldman, Battaglia, Barthes, Eco, Propp, Genette, Bajtín, Lévi-Strauss, solo para recordar algunos de los textos de los que se sirvió la crítica literaria. En el plano lingüístico, pero no de importancia menor para los estudios literarios, se imponían las obras de Saussure, Benveniste, Hjelmslev e Jakobson. En algunos de estos tratados se hallan importantes reflexiones sobre la novela española que se desarrollarían posteriormente en el ámbito francés e italiano y a continuación por parte de estudiosos españoles y norteamericanos. Realmente, en el último cuarto de siglo la atención hacia Cervantes, y en particular al *Quijote*, suscitó una serie de iniciativas, ya referidas en otras ocasiones,[12] que permitieron de manera determinante la conjugación de la renovación crítica con la exégesis cervantina.

Mientras tanto en Europa la lectura de las obras de Mijail Bajtín, tanto sobre textos de Dostoevskj, como las que escribió sobre el extraordinario fenómeno de Rabelais, abrieron un debate animado y fértil que, además de estimular una continuación del discurso teórico en Julia Kristeva, estimulan una nueva lectura de otros textos tradicionales a la luz de las categorías establecidas por el estudioso ruso. Insistiendo sobre

---

[10] E. C. Riley reunió las respuestas a las observaciones que le habían hecho y que había diseminado en sus trabajos posteriores a 1966, en el volumen *Introducción al "Quijote"* (1990), edición aumentada del original en inglés (1986). A propósito del debate teórico que siguió al libro de Riley, hay que recordar por lo menos la obra de Alban K. Forcione, *Cervantes, Aristotle and the Persiles* (Princeton: Princeton UP, 1970).

[11] Con respecto a estas páginas hay que leer la anotaciones, como siempre muy sugestivas, de Carmelo Samonà, "Foucault e la follia di don Chisciotte" (1987).

[12] Véase en particular la Introducción a José Montero Reguera, *El* Quijote *y la crítica contemporánea*. (1997), 11-15.

el concepto de "perspectivismo," utilizado por Spitzer, en *La chimera e l"utopia: per una lettura del "Quijote"* (1972), Mario Socrate fue de los primeros en sacar partido de las sugerencias de Bajtín, centrándose por su parte en el concepto de palabra "dialógica" y sobre la contribución a la literatura culta de la tradición literaria popular, que oscila entre obediencia a la norma y empuje subversivo. La risa, lo cómico, lo grotesco, la parodia, irrumpen en la obra narrativa, rompen la unidad de la literatura seria y la monología del utopismo reformador. El crítico concluye:

> Nella forma chimerica, nella forma composita e incongrua del *Quijote*, avventuratasi nei labirinti delle apparenze, in quella forma che cerca se stessa, si incide il segno della fine d"ogni ricomponibile armonia sognata in Parnaso o in Arcadia, il rifiuto d"ogni idealizzazione atemporale: vi si trovano così, puntuali, le condizioni stesse per la nascita del romanzo moderno. (53)[13]

En este ambiente de entusiamo crítico,[14] alimentado por una intensa actividad de traducción de textos teóricos y una serie de iniciativas académicas,[15] explotó en Italia el interés por las obras cervantinas.[16] En 1974 se publicaron los trabajos de Giuseppina Ledda, otra vez de Mario Socrate y de Cesare Segre. Se trata de lecturas del *Quijote* que, sin soslayar su posición en el contexto histórico e ideológico, especialmente el trabajo de Socrate, dedican esencialmente mayor atención a los

---

[13] En sugestiones bajtinianas se basa también el ensayo que presenté junto a Enrica Cancelliere en el Congreso "I codici della trasgressività in area ispanica" (1980).

[14] No olvidemos el papel importante que desarrolló en la crítica italiana, y no sólo en esta, el ensayo de Francesco Orlando, *Per una teoria freudiana della letteratura*. (1973).

[15] Estoy aludiendo al nacimiento de la "Associazione Italiana di Studi Semiotici," que continúa su actividad, verificando y discutiendo las posiciones en su interior, y a la formación de varios círculos regionales o provinciales que permitieron la difusión de los estudios semióticos capilarmente.

[16] Señalo que en 1973 en Italia se publicó el segundo volumen de la historia literaria de la editorial Sansoni/Academia, *La letteratura spagnola dei Secoli d"Oro*, donde con enfoque renovado Guido Mancini se ocupó de *La vita e le opere* de Cervantes y Francesco Guazzelli de *Il "Quijote"* (Milano: 1973), 315-43 y 344-78.

problemas de orden textual y a la pragmática de la literatura. Es lícito añadir el ensayo de Gianni Celati *Il tema del doppio parodico*, publicado en 1975, pero concebido en el mismo ámbito crítico.[17] En estos análisis se afronta el complejo estatuto del narrador a la luz de las reflexiones sobre el punto de vista elaboradas en Europa y Estados Unidos, se aplican a la novela las categorías antes aludidas de "monologismo y dialogismo," se vuelve a las sugerencias que procedían de Robert Girard a Marthe Robert, de Michel Foucault a Jacques Derrida y Jean Starobinski, como si se quisiera construir una historia reciente de la recepción de la novela.

Sin embargo, por mi parte, creo que, por lo que se refiere a la estructura del *Quijote*, el ensayo que hace suyas las diferentes reflexiones hasta entonces formuladas y las reorganiza y supera, dando al lector una nueva interpretación, es el de Cesare Segre titulado *Costruzioni rettilinee e costruzioni a spirale nel "Don Chisciotte,"* recogido en el volumen *Le strutture e il tempo* (183-219). Ya el título del libro resalta el carácter específico de la semiología italiana, que, paralelamente al estudio de las estructuras literarias, nunca ha descuidado los aspectos históricos. Segre identificó una serie de oposiciones que organizan toda la obra y explican la sucesión entre la Primera y Segunda Parte. Convencido, sobre todo, de que las dos partes son el resultado de una adaptación progresiva de la narración al desarrollo de la historia, y de que no responden a un plan único y unitario, articula la locura del caballero como locura "transfiguradora." En la obra de 1605 la locura estimula al presunto caballero a transformar la realidad con que tropieza, siguiendo los modelos que son su ejemplo de comportamiento, y como locura "heterónoma," que es la que en el texto de 1615, cuando la Primera Parte es un volumen ya noto a los personajes que cruzan por el camino de don Don Quijote, les autoriza a organizar burlas, a menudo suntuosas y exuberantes, para reirse benévolamente de las debilidades del protagonista y de su deuterogonista. El resultado es el contraste entre mundo "imaginado" y mundo "representado" que, al establecer un diafragma entre don Quijote y la sociedad de su tiempo, se yergue como símbolo de la oposición entre Renacimiento y Barroco, uno representado por el caballero y el otro por los restantes personajes. Segre pone al descubierto la conciencia teórica del escritor español, pero reconoce en la praxis de

---

[17] G. Celati, *Finzioni occidentali* (1975), 105-54.

la escritura una dicotomía entre la norma aristotélica y la originalidad objetiva de su creación.

Creo, sin embargo, que uno de los mayores éxitos del ensayo es la determinación de estructuras "rectas" y "en espiral" y el conjunto de motivaciones que justifican paradigmáticamente las inserciones narrativas. Recordando el análisis de Sklovskji, el crítico italiano reconoce que sus explicaciones sobre la interpolación de los relatos y discursos motivan la estructura horizontal de la narración, pero que se revelan insuficientes para aclarar su función en un nivel estructural más profundo. Refiriéndose a uno de los temas indicados por Casalduero como característicos de la Primera Parte, Segre ve en el amor el elemento que relaciona la historia del caballero con su sentimiento, solo cerebral, hacia Dulcinea del Toboso, y con todos los matices del binomio amor-pasión que aparecen en las historias interpoladas. Tales historias permiten a la realidad penetrar en la novela contrastando la irrealidad de las fantasías del protagonista. Por otra parte, atravesando los diferentes niveles sociales, se atenúa la oposición entre noble y vulgar, y se establece una moderada "nobilización" en los extremos entre los que, en cambio, se mueve don Quijote. Todo esto es posible gracias al recurso a los varios modelos narrativos cuyas características el escritor aprovecha generando un resultado original.

Además de las estructuras lineales, Segre presenta otras en forma de espirales, como por ejemplo la que constituye el juego infinito entre escritor, personaje, primer autor o narrador, segundo autor o editor, y aún autor... De esta forma van tomando cuerpo los aspectos quer en la teorización de Genette (1972) eran "voz" y "modo" y que en este texto se ponen a prueba no sin dificultad.[18] Tras dos breves intervenciones, una de Letizia Bianchi (1980) y otra mía,[19] en el ámbito internacional los más recientes estudios relativos a estos aspectos han introducido la categoría

---

[18] Cesare Segre ha vuelto al *Quijote* pensando en un hipotético inventario de las fuentes de la novela. Señala, como ejemplo, un posible origen del encuentro nocturno de don Quijote con Maritornes en la venta en una novela corta de Boccaccio (*Decameron* IX, 6), véase "Da un letto all"altro: un tema novellistico" (1990).

[19] Maria Caterina Ruta, "Fabulae e voci nel *Don Chisciotte*" (1987), 69-76. Aprovecho la cita para precisar que no estoy poniendo en tela de juicio mis propios trabajos sobre el *Quijote*.

de la oralidad para explicar los puntos más oscuros que escapan a toda clarificación (Parr, 1988, Moner, 1989).

En el juego exquisitamente cervantino entre normas teóricas y libertad de composición se establece otra espiral, la que atornilla sobre sí mismo el recorrido "realidad-verosimilitud-sueño-invención," donde la literatura recurre a lo verosímil cuando obedece al dictado aristotélico, pero evade a la irrealidad, si es la invención del autor lo que triunfa. Siguen otras espirales, la que se origina en las obsevaciones de Spitzer sobre el "perspectivismo" que domina toda la novela a partir de la polinomasia de los nombres propios, hasta la última que Segre nos indica y que "supone la actuación más completa y envolvente," el mundo mismo con sus puntos de referencia y sus medidas externas, en el que hay locura y hay sabiduría, hay mentira y hay verdad, cambiando de sitio continuamente (216).

Otra reflexión que desarrolló los embriones esparcidos en precedentes lecturas se centra en el proceso de "autogeneración" del libro que culmina en la Segunda Parte, donde la acción "heterónoma" de los personajes se vale de las noticias sobre los dos protagonistas recibidas de la lectura de la Primera Parte. El proceso parte de la imitación de los libros de caballerías, progresa en la Segunda Parte refiriéndose a la publicación de la Primera y se enriquece con un elemento imprevisto, la continuación llamada comúnmente "apócrifa,"[20] del aún desconocido escritor que se esconde tras el pseudónimo de Avellaneda. Oficialmente el autor "verdadero" empieza a lanzar dardos contra el plagiario en el capítulo 59 de la Segunda Parte, aunque oportunamente Segre señaló que existen referencias también en las partes introductivas, Dedicatoria y Prólogo, que es bien sabido que se escriben al final. Esta fue así mismo una intuición brillante, pues posteriormente varios estudios, entre los que cabe mencionar en particular los de Carlos Romero Muñoz (1990, 1991) y de José Manuel Martín Morán,[21] indagaron con método policial, las trazas de la amargura o del disgusto del escritor, esparcidas en varios capítulos de la novela incluso precedentes al 59.

---

[20] Sobre la imprecisión de esta denominación se detuvo Gerard Genette en *Palimpsestes* (1982). Comenté esta intervención en el capítulo "La paternità ambigua" del libro *Il Chisciotte e i suoi dettagli* (2000), 45-60.

[21] Además de tratarlo en su libro (1990), Martín Morán trata este tema en "Cervantes y Avellaneda. Apuntes para una relectura del *Quijote*" (1994).

En algunas páginas de su ensayo, Segre, además, traza el camino de "automaduración" que recorren a lo largo de todo el libro don Quijote y Sancho, personajes que él considera complementarios según diversos puntos de vista, y cuya evolución constituye uno de los elementos que posteriormente se considerará fundamental en la configuración de la novela moderna.

Después de este momento mágico, en Italia muchos colegas se dedicaron a profundizar la lectura de la novela de Cervantes o de otros textos suyos.[22] En algunos casos se puede hablar de la existencia de una escuela, en otros se trata de investigadores aislados que han madurado un interés personal. Me referiré solo a los estudiosos que trataron el *Quijote* prestando atención ante todo al texto, a los que, aun examinando aspectos filológicos, biográficos, histórico-sociales, psicoanalíticos, etc., dirigieron su atención a la construcción de la obra literaria, a la relación de los textos con las poéticas y la retórica, a las conexiones entre literatura y arte, al intercambio continuo de cada obra con las otras y de la obra con el lector.[23]

Mención aparte merece la que podemos denominar "escuela turinesa," gracias al magisterio de lingüistas y filólogos ilustres que desarrollaron en ella su actividad docente. En 1968 apareció el primer ensayo de Lore Terracini[24] con una articulada interpretación de los dos pasos del *Quijote* en que el autor plantea el problema de la traducción literaria. La estudiosa volvió a interesarse por Cervantes sólo en relación al *Retablo de las maravillas*.[25] Por su parte, Aldo Ruffinatto, que ya en 1972 en un estudio de orden estructuralista había examinado el tema del

---

[22] Recuerdo que la bibliografía crítica sobre el *Quijote* más completa, hasta la fecha de su publicación, es la de Jaime Fernández S. J. (1995) y que una bibliografía cervantina más general se está publicando bajo la dirección de Eduardo Urbina, de Texas A&M University.

[23] Excluyo, sin embargo, los trabajos que tratan la relación intertextual de la novela cervantina con otras novelas escritas en épocas posteriores y los que se refieren a las traducciones.

[24] Lore Terracini, "Una frangia agli arazzi di Cervantes" (1968).

[25] Terracini analiza el entremés cervantino colocándolo en una cadena de textos que, de Juan Manuel a Andersen, registran las variantes en el plano de la intriga como consecuencia de la adaptación de un tema a las mutaciones histórico-sociales. Rosa Rossi, por su parte, volvió sobre el tema llegando a ver *El retablo* como expresión de una lección de metateatro por parte de Cervantes

cautiverio en el teatro de Cervantes y de Lope (1971), trató tres aspectos problemáticos del *Quijote* en otros tantos artículos, bajo una perspectiva semiótica rigurosamente apoyada por referencias teóricas, pero al mismo tiempo original en los resultados (1984, 1985, 1987).[26]

Del mismo círculo turinés, aunque manteniendo sus profundas raíces hispánicas, proviene José Manuel Martín Morán, cuya vocación cervantista es bien conocida entre los expertos. Publicó su primer artículo dedicado al *Quijote* en el volumen de *Anales cervantinos* de 1986, afrontando la tendencia de nuestro escritor a crear situaciones propias de la escena teatral en el texto narrativo. En 1990 apareció *El 'Quijote' en ciernes*, fruto de un enorme y meticuloso trabajo de relectura del texto cervantino, y de la correspondiente bibliografía acumulada a lo largo de los años, elaborado con instrumentos críticos de orden semiótico, pero sin descuidar análisis basados en otros métodos, con el fin de descubrir, evidenciar y explicar en función de la construcción de la narración las incoherencias, los descuidos y desaliños del libro tanto en el nivel discursivo como en el histórico.[27] Un examen tan detallado y atento iluminó con nueva luz muchos puntos oscuros de la novela, produciendo resultados que abrieron el camino a otras investigaciones.[28] El interés de Martín Morán por la obra cervantina no ha cesado, y hasta la fecha sigue entregándonos nuevas investigaciones que alumbran otros segmentos de los textos del autor para cuyas referencias remito a la Bibliografía final.

Otro centro de notable fertilidad en este ámbito de estudios lo constituye la Universidad de Venecia, animada en su tiempo por Franco Meregalli,[29] al que se añadió luego Carlos Romero Muñoz. Son muy conocidas las contribuciones de Franco Meregalli, dedicadas a aspectos biográficos del autor tanto con respecto a su obra como meramente a su vida.[30] Sus estudios, de tipo comparativo, sobre las relaciones entre la

---

[26] He sacado mucho provecho de estos ensayos, como digo en mi *Il Chisciotte e i suoi dettagli*, 123-9.

[27] Además "Los descuidos de Cervantes en la venta de Palomeque" (1993), 403-30 y "Cervantes y Avellaneda. Apuntes para una relectura del *Don Chisciotte*" (1994), 137-47.

[28] Para mayor información sobre estos trabajos remito al libro de J. M. Montero Reguera ya citado.

[29] Franco Meregalli, "De *Los tratos de Argel* a *Los baños de Argel*" (1972).

[30] Franco Meregalli, *Introduzione a Cervantes* (1991).

obra cervantina y las literaturas europeas a lo largo del tiempo y sobre los resultados que esta circulación puede suscitar, son así mismo interesantes.

A Carlos Romero se le conoció al principio por sus ensayos sobre el *Persiles* (1968). En 1978 apareció su primer estudio sobre el *Quijote* escrito con Meregalli,[31] al que seguirían los ya citados. No por eso Romero abandona el trabajo sobre el *Persiles*, cuya edición es reciente.[32] Romero conoce tan perfectamente a Cervantes y la cultura de su tiempo, que en todos sus análisis encontramos sugerencias y descubrimientos que aclaran alguno de los aspectos más controvertidos de la obra de Cervantes, reduciendo en parte el margen de ambigüedad (1990, 1991, 1992).

En lo que se refiere a las sedes romanas, ya recordé el largo y fundamental trabajo de Mario Socrate, también él interesado en algunos aspectos del *Persiles* y cuya investigación cervantina culmina en la síntesis que representa el volumen *Il riso maggiore di Cervantes* (1998). Hay que mencionar también la nota de Carmelo Samoná[33] al comentario de Foucault, a la que siguió una reflexión como siempre muy aguda y sugerente, sobre el episodio de Maese Pedro (II, 25-26).[34]

Una actitud especialmente semiótica asoma en los trabajos de Letizia Bianchi, que en su investigación dirigió su interés principal hacia las *Novelas ejemplares*. En efecto su ensayo "*Verdadera historia* e *novelas* nella Prima Parte del *Quijote*," parece ser una filiación de aquel. Colocándose entre los primeros estudiosos que utilizaron las categorías propuestas por Genette con respecto a los niveles de la narración, Bianchi intenta aclarar las complicadas relaciones existentes entre la historia principal de la novela cervantina y los relatos interpolados, aproximándose con anticipación a las explicaciones que, como señalé anteriormente, se fueron sucediendo en los años siguientes.

---

[31] Franco Meregalli y Carlos Romero Muñoz, "Para un nuevo comentario al *Quijote*" (1978).

[32] Miguel de Cervantes, *Los trabajos de Persiles y Sigismunda*. Ed. Carlos Romero Muñoz. (Madrid: Cátedra, 1997).

[33] Del mismo no hay que olvidar la voz "Cervantes Saavedra, Miguel de," preparada para la *Enciclopedia europea* (1977), 209-12; a la que hay que añadir la otra de Alessandro Martinengo en *Grande Dizionario Enciclopedico UTET* (1986), 690-6, que ha dedicado su atención a estudiar las *Novelas ejemplares*.

[34] Carmelo Samonà, "Una risposta (tardiva) su Don Chisciotte a teatro" (1989).

También Rosa Rossi, estudiosa "problemática" e inquieta, que había revelado su interés en Cervantes ya en 1976 colaborando en una selección original de páginas críticas sobre el escritor[35], parece literalmente fascinada por el personaje de Cervantes y por su obra. Su texto *Ascoltare Cervantes* suscitó un animado debate en Italia y en España, no sólo por la provocación que su postulado contenía, sino porque se publicó en un momento en el que, tras un prolongado intervalo, volvían a producirse volúmenes biográficos.[36] En la misma línea de investigación, entre psicoanalítica, semiótica y casi "mística," como la define Donatella Pini,[37] se sitúa el volumen de 1997 en el que Rossi sigue defendiendo la idea de un Cervantes descendiente de conversos y homosexual, rodeado en su vida real de mujeres no del todo "ejemplares" por sus costumbres,[38] pero añade algo sobre el verdadero heroísmo del hombre y, por consiguiente, atenúa la insistencia sobre su homosexualidad, por real o fantasmática que fuera.[39]

A los libros se acompañan tres ensayos (1990, 1992, 1998), en los que Rossi se detiene en los conceptos de "intertextualidad," "transcodificación," "dialogicidad," y "escritura," y atestigua la vitalidad de los dispositivos teóricos que he puesto en evidencia mayormente en este trabajo, incluso después de la disminución del interés por el estructuralismo y cierta semiótica. No por ello se ha eliminado la costumbre de reflexionar sobre los problemas de la escritura narrativa y la construcción de los textos, cuando se quiere ahondar lo más posible en los universos semánticos que los constituyen.

Donatella Pini, que anteriormente se había dedicado a un estudio atento del nivel discursivo del Primer *Quijote* y de algunos aspectos de la construcción del mismo (1980), desarrolla luego una perspectiva psicoanalítica. En este segundo trabajo el tema del "doble," ya tratado por Gianni Celati, está desarrollado según las indicaciones que se

---

[35] Giuliana Di Febo y Rosa Rossi, eds., *Interpretazioni di Cervantes*.
[36] Recuerdo sobre todo el libro de Canavaggio, *Cervantès* (1986) inmediatamente traducido al español (1986).
[37] Donatella Pini, "Perseverare diabolicum" (1998), 20.
[38] El libro de Meregalli (1991) ya citado acentúa y documenta la suposición de un Cervantes converso, presente en el primer estudio de Rossi (1987).
[39] Sobre la relación entre los dos libros, véanse los artículos de la misma Rossi de 1998 y 2000.

desprenden de autores como Girard, Bandera, Combet y se centra en el tema de la locura y en el episodio de la Sierra Morena (1990). Su trabajo más reciente, titulado "Don Chisciotte in viaggio," considera toda la novela bajo la categoría del viaje y la relación que se establece entre la realidad y el sueño, el orden y la arbitrariedad de la fantasía.

En la línea de la crítica lacaniana, alimentada, como en el caso de Rosa Rossi, por el acercamiento a las figuras de los místicos, se coloca también Erminia Macola con sus análisis de la personalidad del hidalgo y de Marcela (1992, 1989, 2000).

También en la perspectiva psicoanalítica se sustenta en parte Rosamaria Scaramuzza, que apareció en el panorama de la crítica quijotesca en 1984. A partir de esta fecha la estudiosa no sólo contribuyó al incremento del cervantismo italiano con diversas aportaciones, sino que intervino en la actividad editorial[40] y como puntual corresponsal desde Italia para la edición de los *Anuarios bibliográficos cervantinos*. En sus trabajos dedicados al *Quijote*, reunidos después en un libro junto a los referidos al *Persiles* (1998), Scaramuzza trata de modo específico los temas de lo "maravilloso" y de la "utopía" utilizando múltiples recursos hermenéuticos, sin alejarse nunca del propio texto de la novela. En Milán, por otra parte Maria Teresa Cattaneo, guardando fidelidad a su especialidad científica, se había ocupado de lo que ha dado en llamarse la teatralidad del *Quijote*, con ocasión de la puesta en escena en Italia de la novela bajo la dirección de Maurizio Scaparro (1984, 1987).

Un grupo de estudiosos, formados sobre todo en la escuela filológica y, según la tradición de la filología italiana de la segunda mitad del siglo pasado, sensibles a las lecciones de la lingüística y de la semiótica, pero abiertos también influencias culturales de origen distinto, antropológico, folklórico, psicoanalítico, cuenta con los nombres de Giuseppe Di Stefano, Giuseppe Grilli, Antonio Gargano, Giuseppe Mazzocchi. El primero fijó su atención en Sancho Panza en tres análisis (1980, 1981, 1990), en los que pone de relieve la mayoría de los elementos que constituyen el personaje de extracción campesina: de su habla a su cultura, de sus sentimientos a sus fobias, de las raíces folklóricas a la invención original, llegando a través del perfil individual al corazón del complejo sistema novelesco cervantino. En el último trabajo (2000),

---

[40] He recordado ya su antología de la crítica cervantina de 1994 en la nota 19.

profundizando el examen de la coherencia semántica de la construcción novelesca, Di Stefano se enfrenta con el episodio del Caballero del Verde Gabán, harto estudiado, pero una vez más escudriñado en sus implicaciones más sutiles, para sacar del sintagama "a espaldas de don Quijote," repetido en otras circunstancias de la narración, uno de los paradigmas que construyen el personaje del caballero.

Giuseppe Grilli, admirable organizador del II Congreso Internacional cervantino (Nápoles, 4-9 de abril de 1994) y editor de las *Actas* del mismo, reunió sus primeros trabajos en el volumen *Dal Tirant al Quijote*, en el que la novela de Cervantes se pone en relación con la tradición de la prosa de *entretenimiento* (libros de caballerías, "novella" italiana, novela de peregrinación), siguiendo el hilo del realismo que, en mayor o menor cantidad, entreteje la tela de estas narraciones. El deseo de alcanzar el sentido cultural de los textos analizados, sin querer tomar ninguna actitud moralizadora, sigue animando sus investigaciones quijotescas hasta nuestros días, de las cuales algunas están todavía en curso de publicación.[41]

Por su parte Antonio Gargano cuidó la edición italiana del libro de Riley, que presentó con una Introducción y una Bibliografía que, con respecto a la fecha de publicación del original, enriquecen el volumen por calidad de las reflexiones y las referencias, sin duda alguna muy útiles para cualquier estudioso que quiera avanzar por el camino abierto por el llorado colega inglés. En tiempos más recientes Gargano emprendió el análisis de algunos capítulos del *Quijote* proponiendo una nueva lectura (1998), que espera profundizar aún más en el futuro, como lo esperamos también todos sus lectores.

De Giuseppe Mazzocchi conozco dos trabajos que revelan un interés progresivo en la novela cervantina a partir de la definición de la religiosidad laica de don Quijote y, por consiguiente, del ideal cervantino de la vida cristiana. Tanto en el examen de las últimas horas de la vida del caballero (1995), como en las reflexiones sobre el capítulo 58, II (2000), el estudioso subraya, en la base de paralelos lingüísticos y semánticos, una afinidad con los pricipios erasmistasque, sin embargo, no excluyen en la etapa postridentina el respeto para una santidad fundada en el comportamiento del hombre en su vida mundana.

---

[41] Roca Mussons es autora del libro *Contrapuntos cervantinos*, conjunto muy interesante de trabajos inspirados en distintos aspectos de la obra cervantina.

Un caso aparte lo constituye la profesora Margherita Morreale, cuyos trabajos sobre "los tropiezos" en la lectura (1979) y sobre ciertos "silencios" presentes en *Don Quijote* (1981), constituyen una fuente de imprescindible de ideas, como lo son otros ensayos sobre cuestiones lindantes con la novela cervantina, y no menos iluminadores.

En el área cultural napolitana, como Grilli y Gargano, se inscribe también Giovanna Calabrò, quien cuidó la traducción italiana de la novela apócrifa, añadiendo a esta labor la producción de dos ensayos que atestiguan la acostumbrada finura de las lecturas que ella suele hacer de todos los textos que decide examinar.

Quedan algunos trabajos aislados, porque sus autores se van dedicando a otras obras de Cervantes o porque consituyen primeros intentos de acercamiento a un texto que, atendiendo al estado actual de la bibliografía que le concierne, impone respeto a cualquier estudioso que quiera emprender este camino. Pienso en Maria Roca Mussons, autora del apartado dedicado al escritor en el tomo *Il Cinquecento* de la historia de la literatura española, coordinada por Maria Grazia Profeti (1998), en Enrica Cancelliere, coautora con la que escribe un ensayo de orientación bajtiniana, en Gaetano Chiappini quien llega a unas característica generales de la obra cuestionándose sobre el capítulo 1 de la Segunda Parte, mientras en el Prólogo de la Primera ha fijado su atención Anna Bognolo volviendo con deducciones agudas y sugestivas sobre el tipo de lector al que el escritor quería referirse en el *incipit* del mismo.

No hay que olvidar, además, que algunos entre nosotros, Stefano Arata, prematuramente desaparecido, (II, 11), Giuseppe Di Stefano (I, 4-5), José Manuel Martín Morán (Documentación), Margherita Morreale (II, 58), Carlos Romero Muñoz (II, 66-68), Mario Socrate (I, Prólogo), yo misma (II, 72), hemos contribuido en medida diferente a la edición del *Quijote* preparada por Francisco Rico.

De todo esto se desprende una conclusión muy positiva para el cervantismo italiano, no tanto por la cantidad como por el alto nivel de su calidad, hecho que desgraciadamente en el extranjero no siempre se aprecia como merece y por lo tanto se utiliza menos de lo que se pudiera, quizá por culpa de la escasa difusión de algunas de las publicaciones en las que los ensayos aparecen. Es muy evidente que ponencias y artículos por un lado, libros por otro, se leen mucho más cuando ven la luz en español y en actas, revistas y misceláneas de circulación internacional.

Volúmenes y revistas, publicadas en Italia y en italiano, circulan mucho menos, sobre todo entre el cervantismo estadounidense. Hay que esperar que los numerosos instrumentos bibliográficos, los recursos tecnológicos, de los que ahora disponemos, y los frecuentes encuentros científicos permitan un verdadero y fértil intercambio de opiniones entre los estudiosos de todos los continentes, como la Asociación de Cervantistas intenta hacer posible desde su nacimiento.

UNIVERSITÀ DI PALERMO

Bibliografía

Bajtín, Mijaíl. *Problemas de la poética de Dostoievski*. Trad. Tatiana Bubnova. México: Fondo de Cultura Económica, 1970. (Leningrado, 1929).

———. *La cultura popular en la Edad Media y en el Renacimiento: el contexto de François Rabelais*: Trad. Julio Forcat y César Conroy. Barcelona, Barral, 1975 (1965).

———. *Rabelais et la culture populaire*. Trans. Andrée Robel. Paris: Gallimard, 1970.

Barthes, Roland. *Le degré zéro de l'écriture*. Paris: Seuil, 1953.

———. *Mythologies*. Paris: Seuil, 1957.

Battaglia, Salvatore. *Mitografia del personaggio*. Milano: Rizzoli, 1968.

Benveniste, Emile. *Problèmes de linguistique générale*. Paris: Gallimard, 1966.

Bianchi, Letizia. "*Verdadera historia y novelas* nella Prima Parte del *Quijote*." *Studi Ispanici* (1980): 121-68.

Bognolo, Anna. ""Desocupado lector": il contratto di finzione nel prologo del primo *Quijote*."Eds. Carlos Romero, Donatella Pini y Antonella Cancellier. *Atti della V Giornata cervantina. Venezia: 24-25 novembre 1995*. Padova: Unipress, 1998. 19-36.

Calabrò, Giovanna. "Le occasioni di un apocrifo." Ed. Giovanna Calabrò. *Identità e metamorfosi del barocco ispanico*. Napoli: Guida Editori, 1987. 11-42.

———. "Cervantes, Avellaneda y Don Don Quijote." *Anales Cervantinos* XXV-XXVI (1987-88): 87-100.

Canavaggio, Jean. "Alonso López Pinciano y la estética literaria de Cervantes en el *Quijote*." *Anales Cervantinos* VII (1958): 13-107.

———. *Cervantès*. Paris: Mazarine, 1986.

———. *Cervantes. En busca del perfil perdido*. Trans. Mauro Armiño. Madrid: Espasa- Calpe. 1986.

Cancelliere, Enrica y Maria Caterina Ruta. "L'alto e il basso nella struttura dialogica della Prima Parte del *Don Chisciotte*." *I codici della trasgressività in area ispanica*. Verona: Università degli Studi di Padova. Facoltà di Economia e Commercio. Istituto di Lingue e letterature straniere di Verona, 1980. 63-71.

Casalduero, Joaquín. *Sentido y forma del Quijote*. 2th ed. Madrid: Ínsula, 1966.
Castro, Américo. *El pensamiento de Cervantes*. Nueva edición ampliada y con notas del autor y de Julio Rodríguez Puértolas. Barcelona-Madrid: Noguer, 1972.
Cattaneo, Maria Teresa. "Rappresentare *Don Chisciotte*." AA. VV. *Don Chisciotte, frammenti di un discorso teatrale*. Roma: Officine edizioni, 1984.11-18.
———. "*Don Chisciotte*: le maschere della finzione." *Letteratura e filologia. Studi in memoria di Giorgio Dolfini*. Milano: Cisalpino-Goliardica, 1987. 79-87,
———. "*Don Chisciotte*: le maschere della finzione." Ed. Mariarosa Scaramuzza Vidoni. *Rileggere Cervantes. Antologia della critica recente*. Milano: LED, 1994. 183- 92.
Celati, Gianni. *Finzioni occidentali*. Torino: Einaudi, 1975. 105-54.
Chiappini, Gaetano. "Identità e verità, etica ed ironia dell'uomo chisciottesco. Sul cap. I, II Parte del *Quijote*." Ed. Maria Grazia Profeti. *Raccontare nella Spagna dei secoli d"oro*. Firenze: Alinea Editrice, 1996. 69-87.
Close, Anthony. *The Romantic Approach to* Don Quixote. *A Critical History of the Romantic Tradition in* Quixote *Criticism*. Cambridge: Cambridege U P, 1978.
Communications 8 1966.
De Lollis, Cesare. *Cervantes reazionario*. Roma: Fratelli Treves, 1924.
Di Febo, Giuliana e Rosa Rossi, eds. *Interpretazioni di Cervantes*. Roma: Savelli, 1976.
Di Stefano, Giuseppe. "La nobildonna e le dilettevoli trasgressioni dello scudiero Sancho Panza alla corte dei duchi." *Codici della tragressività in area ispanica. Atti del Convegno di Verona. 12, 13, 14 giugno 1980*. Verona: Università degli Studi di Padova. Facoltà di Economia e Commercio. Istituto di Lingue e letterature straniere di Verona, 1980. 53-62.
———. "Panico e rivalsa: Sancho Panza nell'avventura delle gualchiere (*Quijote*, I,20)." Ed. Giuseppe Bellini. *Aspetti e problemi delle letterature iberiche. Studi offerti a Franco Meregalli*. Bulzoni: Roma, 1981. 153-70.
———. "Venid mochachos, y veréis al asno de Sancho…" *Nueva Revista de Filología Hispánica*, 38 (1990): 887-899.
———. "A espaldas de don Don Quijote." Eds. Florencio Sevilla y Carlos Alvar. *Actas del XIII Congreso de la Asociación Internacional de Hispanistas. Madrid 6-11 de julio de 1998*. Vol. I. "Medieval. Siglos de Oro." Madrid: Editorial castalla, 2000. 397-407.
Eco, Umberto. *Opera aperta*. Milano: Bompiani, 1962.
———. *Obra abierta*. Trans. Roser Berdagué. 2th. Barcelona: Ariel 1985.
———. *La struttura assente*. Milano: Bompiani, 1968.
———. *La estructura ausente. Introducción a la semiótica*. Tans. Francisco Serra Cantarell. Barcelona: Lumen, 1978.
El Saffar, Ruth *Distance and Control in "Don Quixote." A Study in Narrative Technique*. Chapel Hill: U P of North Carolina, 1975.
Fernández, Jaime S. J. *Bibliografía del* Don Quijote. Alcalá de Henares: Centro de Estudios Cervantinos, 1995.

Foucault, Michel. *Les mots et les choses*. Paris: Gallimard, 1966.
Gargano, Antonio, ed. Introducción de Edward. C. Riley. *La teoria del romanzo in Cervantes*. Trans. Gabriella Figlia. Bologna: Il Mulino, 1988.
———. "L'esploratore errante (*Quijote, II, 29*)." Ed. Vito Galeota. *Il viaggio e le letterature ispaniche. Atti della Tavola rotonda, Napoli 12 e 13 dicembre 1996*. Napoli: L'orientale editrice, 1998. 49-55.
Genette, Girard. *Figures*, Paris, Seuil, 1966.
———. *Figures III*. Paris: Seuil, Paris,1972.
———. *Figuras III*. Trans. Carlos Manzano. Barcelona: Lumen, 1987.
———. *Palimpsestes*. Paris: Seuil, 1982.
———. *Palimpsestos. La literatura en segundo grado*. adrid: Taurus, 1989.
Girard, René. *Mensonge romantique et verité romanesque*, Paris: Grasset, 1961.
———. *Mentira romántica y verdad novelesca*. Trans. Joaquín Jordá. Barcelona: Ed. Anagrama, 1985.
Goldman, Lucien. *Pour une sociologie du roman*. Paris: Gallimard, 1964.
Greimas, Algirdas J. *Sémantique structurelle*. Paris: Larousse, 1966.
———. *Semántica estructural: investigación metodológica*. Trans. Alfredo de la Fuente. Madrid: Gredos, 1971.
Grilli, Giuseppe. *Dal* Tirant *al* Quijote, Bari: Adriatica Editrice, 1994.
———. "La Corte de los Duques: *Quijote* II, 30-33 (con al fondo *El Tirante*, el Palacio de Costantinopla y sus fiestas)." *Edad de oro* XV (1996) 41-61.
———. "Due portoghesi in viaggio (con Martorell e Cervantes)." Ed. Maria Luisa Cusati. *Il Portogallo e i mari*. Napoli: Liguori editore, 1997. 313-20.
———. "Cervantes e la Catalogna." Eds. Carlos Romero, Donatella Pini y Antonella Cancellier. *Atti della V Giornata cervantina. Venezia: 24-25 novembre 1995*. Padova: Unipress, 1998. 9-17.
———. "*Tirante el Blanco* como relaboración y como interpretación del Tirant de Martorell y como sugestión para el *Don Quijote* de Cervantes." Ed. Trevor Dadson. *Actas del XII Congreso de la Asociación Internacional de Hispanistas. Universidad de Birmingham, 21-26 de agosto 1995*. 7 vols. Birmingham: Departement of Hispanic Studies: U de Birmingham 1998. I, Aengus M. Ward ed."Medieval y Lingüística," 1998. 205-215.Hjelmslev, Louis. *Prolegomena to a Theory of Language*. Supplement to "International Journal of American Linguistic," 19:1 (1953).
———. Prolegómenos a una teoría del lenguaje. Trans. osé Luis Díaz de Liaño. Madrid: Gredos, 1971.
Kristeva, Julia. *Semiotiké*. Paris: Seuil, 1969.
Jakobson, Roman. *Essais de linguistique générale*. Paris: Minuit, 1963.
Ledda, Giuseppina. *Il* Quijote *e la linea dialogico-carnevalesca*. Cagliari: Fossataro, 1974.
———. Il *Quijote* e la parola guida (In margine a un indirizzo interpretativo)." *Miscellanea di studi ispanici* I (1974): 157-180.
Lévi-Strauss, Claude. *Anthropologie structurelle*. Paris: Plon, 1958.

Lukács, György. *Teoria del romanzo.* Trans. Antonio Liberi. Roma: Newton Compton, 1962 (1920).
——. *La novela histórica.* Trans. Jasmin Reuter. México: Ediciones Era, 1966 (1957).
Macola, Erminia. "Il sistema delirante di Don Chisciotte." *Don Chisciotte a Padova.* Ed. Donatella Pini. Padova: Editoriale Programma, 1992. 81-99.
——. "L'eroe e la marionetta, insegne dell' "uomo comune." Eds. Erminia Macola y Lucia, Marcheselli. *Il segno del soggetto.* Trieste: Editre, 1989. 137-148.
——. "Il manifesto di Marcella." Eds. Donatella Pini y José Pérez Navarro. *Sesta giornata cervantina.* Padova: Unipress, 2000. 119-129.
Martín Morán, José Manuel. "os escenarios teatrales del *Quijote.*" *Anales Cervantinos* XXIV (1986): 27-28.
——. *El* Quijote *en ciernes.* Alessandria: Edizioni dell'Orso, 1990.
——. "Los descuidos de Cervantes en la venta de Palomeque." *Actas del III Coloquio Internacional de la Asociación de Cervantistas.* Anthropos. Barcelona, 1993. 403-430.
——. "Cervantes y Avellaneda. Apuntes para una relectura del *Quijote.*" Ed. Juan Villegas. *Actas del XI Congreso de la Asociación Internacional de Hispanistas. Irvine, 24-29 de agosto 1992.* Irvine: U of California, 1994. vol. 5. 137-147.
——. "Técnicas de autogeneración textual en el *Don Quijote*: La disimilación semántica." *Annali dell'Istituto Suor Orsola Benincasa* (1996): 283-305.
——. "Cervantes: el juglar zurdo en la era Gutemberg." *Cervantes* 17: 1 (1997) : 122- 44.
——. "Don Quijote en la encrucijada: oralidad/escritura." *Nueva Revista de Filología Hispánica* 45 (1997) 337-368.
——. "Autoridad y autoría en el *Don Quijote.*" Eds. aria Cruz García de Enterría y Antonio Cordon Mesa. *Actas del IV Congreso Internacional AISO.* Alcalá de Henares: Universidad de Alacalá, 1998. 1005-1016.
——. "Los velos de la identidad en el *Quijote.*" onatella Pini y José Pérez Navarro eds. Sesta giornata cervantina. Padova: Unipress, 2000. 197-217.
Martinengo, Alessandro. "Cervantes Saavedra, Miguel de." *Grande Dizionario Enciclopedico UTET.* Vol. IV. 4th. Torino: UTET, 1986. 690-696.
Mazzocchi, Giuseppe. "La morte di don Chisciotte e le *artes bene moriendi.*" *Il confronto letterario* XII 24 (1995): 581-97.
——. "Una religiosità per il laico *Quijote,* II, 58." Eds. Donatella Pini y José Pérez Navarro. Sesta giornata cervantina. Padova: Unipress, 2000. 163-177.
Meregalli, Franco. "De *Los tratos de Argel* a *Los baños de Argel.*" *Homenaje a Casalduero.* Madrid: Gredos, 1972. 359-409.Meregalli, Franco. *Introduzione a Cervantes.* Roma-Bari: Editori Laterza, 1991
——. *Introducción a Cervantes.* Trans. Salvador del Carril. Barcelona: Ariel, 1992.
Meregalli, Franco y Carlos Romero Muñoz. "Para un nuevo comentario al *Quijote.*" *Rassegna iberistica* 2 (1978) : 5-23.
Moner, Michel. *Cervantès conteur. Écrits et paroles.* Madrid: Bibliothèque de La casa de Velázquez, 1989.

Montero Reguera, José. *El* Quijote *y la crítica contemporánea*. Alcalá de Henares: Centro de Estudios Cervantinos, 1997.

Morón Arroyo, Ciriaco. *Nuevas meditaciones del* Quijote. adrid: Gredos, 1976.

Morreale, Margherita. "Tropiezos en la lectura del *Quijote*." *Estudios sobre literatura y arte dedicados al profesor Emilo Orozco Díaz*. Vol. II. Granada: Facultad de Filosofía y Letras, 1979. 485-94.

———. "I silenzi del Cervantes visti dal saggista e dal filologo." Ed. Giuseppe Bellini. *Aspetti e problemi delle letterature iberiche. Studi offerti a Franco Meregalli*. Roma: Bulzoni, 1981. 267-271.

Orlando, Francesco. *Per una teoria freudiana della letteratura*. Torino: Einaudi, 1973.

Ortega y Gasset, José. *Meditaciones del Quijote*. Madrid: Imprenta Clásica Española, 1914, (9th ed., Madrid: Revista de Occidente, 1975).

Parr, James. *"Don Quixote": An Anatomy of Subversive Discourse*. Newark DE: Juan de la Cuesta, 1988.

Pini, Donatella. "Lingua e struttura narrativa nel *Quijote*. Un caso di correlazione nei capitoli I, 25-26." *Studi Ispanici* (1980): 169-185.

———. "El *Quijote* y los dobles: sugerencias para una relectura de la novela cervantinas." *Actas del I Coloquio Internacional de la Asociación de Cervantistas*. Barcelona: Anthropos, 1990. 223-233.

———. "Don Chisciotte in viaggio." Ed. Maria Grazia Profeti. *Raccontare nella Spagna dei Secoli d"oro*. Firenze: Alinea Editrice, 1996. 53-68.

———. "Perseverare diabolicum." *L'indice* 1 gennaio (1998): 20.

Pini, Donatella y Giacomo Moro. "Cervantes in Italia. Contributo ad un saggio bibliografico sul cervantismo italiano." Ed. Donatella Pini Moro. *Don Chisciotte a Padova*. Padova: Editoriale Programma, 1992. 149-259.

Propp, Vladimir IA. *Morfología del cuento*. Trans. María Lourdes Ortíz. Madrid: Ed. Fundamentos, 1971 (Leningrado, 1928).

Riley, Edward C. *Introducción al Quijote*. arcelona: Crítica, 1990 (1986).

Robert, Marthe. *L'Ancien et le nouveau, de Don Quichotte à Franz Kafka*. Paris: Grasset, 1963.

———. *Lo viejo y lo nuevo: de Don Quijote a Franz Kafka*. Trans. Francisco Rivera. Caracas: Monte Avila Editores, 1975.

Roca. Mussons. María A. *Contrapuntos cervantinos*. Firenze: Alinea, 1997.

———. "Miguel de Cevantes Saavedra." Ed. Maria Grazia Profeti. *L'età d"oro della letteratura spagnola: il Cinquecento*. Firenze: La Nuova Italia, 1998. 471-537.

Rodríguez Puértolas, Julio. "Cervantes visto por Américo Castro." *Anthropos* 98-99 (1989): 50-55.

Romero Muñoz, Carlos. "Nueva lectura de *El retablo de Maese Pedro*." *Actas del I Coloquio Internacional de la Asociación de Cervantistas*. Barcelona: Anthropos, 1990. 95-130.

———. "La invención de Sansón Carrasco." *Actas del II Coloquio Internacional de la Asociación de Cervantistas*, Barcelona: Anthropos, 1991. 27-69.

———. "Tres notas al *Quijote*." Ed. Donatella Pini Moro. *Don Chisciotte a Padova*. Padova: Editoriale Programma, 1992. 123-47.
Romero Muñoz, Carlos, Donatella Pini Moro y Antonella Cancellier, eds. *Atti della V Giornata cervantina. Venezia, 24-25 novembre 1995*. Padova: Unipress, 1998.
Rossi, Rosa. *Ascoltare Cervantes*. Editori Riuniti: Roma, 1987.
———. *Escuchar a Cervantes. Un ensayo biográfico*. Valladolid: Ámbito Ediciones, 1988.
———. "I problematici "oficiales" nel prologo della "Primera parte del *Quijote*." Ed. Inoria Pepe Sarno. *Dialogo. Studi in onore di Lore Terracini*. Vol. 1. Roma: Bulzoni, 1990. 595-605.
———. "Il Chisciotte "disvelato": intertestualità, transcodificazione, dialogicità e scrittura." Ed. Donatella Pini Moro. *Don Chisciotte a Padova*, Padova: Editoriale Programma, 1992. 39-47.
——— "Il Chisciotte "disvelato": intertestualità, transcodificazione, dialogicità e scrittura." Ed. Mariarosa Scaramuzza Vidoni. *Rileggere Cervantes. Antologia della critica recente*. Milano: LED, 1994. 153-63.
———. *Sulle tracce di Cervantes: profilo inedito dell'autore del* Chisciotte. Roma: Editori Riuniti, 1997.
———. "Una nueva visión del heroísmo cervantino." Ed. Antonio Bernat Vistarini. *Actas del Tercer Congreso Internacional de la Asociación de Cervantistas, Cala Galdana. Menorca 20-25 de octubre de 1997*. Palma: Universitat de les Illes Baleares, 1998. 165-70.
———. "Un itinerario di ricerca biografica: da *Ascoltare Cervantes* (1987) a *Sulle tracce di Cervantes* (1997)." Donatella Pini e José Pérez Navarro eds. *Sesta giornata cervantina*. Padova: Unipress, 2000. 19-24.
Ruffinatto, Aldo. "I fantasmi della realtà. Tradizione e innovazione nel *Quijote* e Dintorni." AA. VV. *Studi testuali*. Alessandria: Edizioni dell'Orso, 1984. 109- 35.
———. "Effetti di Reale." "Cronaca di un abbaglio con il *Chisciotte* sullo sfondo." *Semiotica ispanica*. Alessandria: Edizioni dell'Orso, 1985. 75-95,
———. "Il terorema di Valincourt modificato: formule di verosimiglianza secondo Cervantes." Ed. Gianfranco Marrone. *La marchesa uscì alle cinque: Materiali sul Realismo e la Verosimiglianza in letteratura*. Palermo: Quaderni del Circolo semiologico siciliano 25 (1987): 97-112.
Ruta, Maria Caterina. "Fabulae e voci nel *Don Chisciotte*." Ed. Giulio Ferroni. *Modi del raccontare*. Palermo: Sellerio, 1987. 69-76.
———. "Fabulae e voci nel *Don Chisciotte*." Ed. Mariarosa Scaramuzza Vidoni. *Rileggere Cervantes. Antologia della critica recente*. Milano: LED, 1994. 129- 38.
———. *Il Chisciotte e i suoi dettagli*. Palermo: Flaccovio, 2000.
Samonà. Carmelo. "Cervantes Saavedra, Miguel de." *Enciclopedia europea*. Milano: Garzanti, 1977. 209-212.
———. "Foucault e la follia di don Chisciotte." Giovanna Calabrò, ed. *Identità e metamorfosi del barocco ispanico*. Napoli: Guida Editori, 1987.149-57.

———. "Una risposta (tardiva) su Don Chisciotte a teatro." Eds. Blanca Periñán e Francesco Guazzelli. *Symbolae Pisanae. Studi in onore di Guido Mancini*. Pisa: Giardini, 1989. 563-573.
Samonà, Carmelo, Guido Mancini, Francesco Guazzelli e Alessandro Martinengo. *La letteratura spagnola. I Secoli d"Oro*. Vol. II. irenze-Milano: Sansoni-Academia 1973. 315-43, 344-78.
Saussure, Ferdinand de. *Cours de linguistique générale*, Paris, Payot, 1962 (1916).
———. *Curso de lingüística general*. Ed. Tullio De Mauro. Madrid: Alianza, 1991.
Scaramuzza Vidoni, Mariarosa ed. *Rileggere Cervantes. Antologia della critica recente*. Milano: LED, 1994. 153-163.
———. *Deseo, imaginación, utopía en Cervantes*. Roma: Bulzoni Editore, 1998.
Sklovskij, Viktor. "Come è fatto il *Don Chisciotte*." *Una teoria della prosa*. Trans. Maria Olsoufieva. Bari: De Donato, 1966 (1925). 99-141.
Segre, Cesare. *Le strutture e il tempo*, Torino: Einaudi, 1974.
———. *Las estructuras y el tiempo*. Trans. Milagros Arizmendi y María Hernández Esteban. Barcelona: Planeta, 1976.
———. "Da un letto all'altro: un tema novellistico (*Decameron* IX, 6)." Ed. Inoria Pepe Sarno. *Dialogo. Studi in onore di Lore Terracini*, Roma: Bulzoni, vol. I, 1990. 705-08.
Socrate, Mario. "La chimera e l'utopia: per una lettura del *Quijote*." *Angelus Novus*. 23 (1972): 1-53.
———. *Prologhi al "Don Chisciotte*." Padova: Marsilio, 1974.
———. *Il riso maggiore di Cervantes*. Firenze: La Nuova Italia, 1998.
Spitzer, Leo. "Perspectivismo lingüístico en el *Quijote*." *Lingüística e historia literaria*. Madrid: Gredos, 1955 (1945).135-187.
Tacca, Oscar. *Las voces de la novela*. Madrid: Gredos, 1973.
Terracini, Lore. "Una frangia agli arazzi di Cervantes." Ed. Cesare Segre. *Linguistica e Filologia. Omaggio a Benvenuto Terracini*, Milano: Il Saggiatore, 1968. 281-311.
Todorov, Tzvetan. *Théorie de la littérature*. Paris: Seuil, 1965.Togeby, Knud. *La composition du roman* Don Quijote. Copenhaguen: E. Munskgaard, 1957.
———. *La estructura del* Quijote. Sevilla: Universidad de Sevilla, 1977.
Unamuno, Miguel de. *Vida de Don Quijote y Sancho*. 2th. Alberto Navarro ed., Madrid: Cátedra, 1992 (1905).
Urbina, Eduardo, ed. "Anuario Bibliográfico Cervantino 1994-95." *Cervantes* Special Issue, Winter 1996.
———, ed. *Anuario Bibliográfico Cervantino 1996-9*. Alcalá de Henares: Centro de Estudios Cervantinos, 1997.
———ed. *Anuario Bibliográfico Cervantino 1998-99*. Alcalá de Henares: Centro de Estudios Cervantinos, 1999.

"... y cuerpo sin alma": de Dulcinea a Altisidora, o la transformación paródica del ideal amoroso en el *Quijote*

Eduardo Urbina

El conflicto tradicional entre caballería y amor enraizado en la literatura artúrica, desde Chrétien de Troyes a Montalvo, se renueva en la parodia cervantina en la burlesca oposición entre el deseo de don Quijote de ganar "eterno nombre y fama," radicado en la aventura y en el ejercicio de su profesión de caballero andante como servicio a otros, y su voluntad individual de ser al servicio de la "señora de sus pensamientos" en el ámbito del ideal amoroso. Si bien en un principio don Quijote considera estos dos intereses compatibles, manteniendo a Dulcinea como ideal convenientemente distante y controlado a la que remitir como tributo la noticia y fruto de sus hazañas, esta intención se hace pronto problemática y llegará a ser ya en la segunda parte del todo irrealizable con el encantamiento de su ausente y elusiva señora. La resultante imposibilidad de control y remisión del interés amoroso, de hecho, constituye el origen y marco de sus desventuras, tal y como se manifiesta en la insistente mala fortuna por la que, cree, le persiguen sus enemigos encantadores. En términos, pues, de la parodia burlesca que da origen a su historia, don Quijote se ve condenado a sufrir un destino y una fortuna doblemente adversos: la imposibilidad de lograr ejercer plenamente como enamorado su misión al servicio de la caballería andante, y la imposibilidad de lograr como caballero andante servir su interés amoroso desencantando a Dulcinea. De estas dos limitaciones, consideramos la segunda de mayor transcendencia narrativa dado su carácter central en la segunda parte, sobre todo dadas las consecuencias externas e internas de la burla-ficción del encantamiento de Dulcinea por parte de Sancho, y su posterior elaboración por los duques como agentes narrativos providenciales al servicio de la parodia.

A consecuencia del proceso continuo de inversión burlesca del interés amoroso de don Quijote, la historia de sus desventuras toma en la segunda parte un carácter marcadamente negativo, como se ha apuntado con frecuencia en diferentes sentidos, i.e., desplazamiento, degradación, desaparición, desvirilización. Notablemente, el mundo abierto y activo de la caballería proyectada imaginativamente por don Quijote en los primeros capítulos y aventuras, da paso a un universo ficcional de carácter pastoril y/o cortesano a medida que el interés amoroso, es decir, la realización de la aventura guardada del desencantamiento de Dulcinea, figura como eje central de la narración y preocupación constante de don Quijote. Este vacío, acentuado por la melancolía provocada por el distanciamiento ficcional de una Dulcinea encantada, a través de tres encuentros, viene a ser llenado a su vez por nuevas figuras e intereses narrativos paródico-burlescos de carácter reflexivo y metaficcional relacionados con la toma de conciencia de don Quijote como ente historiado, con la intervención activa en la historia de personajes-lectores, así como por la internalización ficcional de la *Historia* misma, tanto la "verdadera" primera parte de Cervantes como la segunda falsa del tal Avellaneda.

Por lo que respecta al amor y la realización de los intereses del hidalgo manchego en la ficción, todo se hace otro en el *Quijote* de 1615: la "otra" Dulcinea, la de Sancho y los duques, oscurece gradualmente a la de don Quijote, mientras que otras historias de enamorados distraen la necesidad de servicio del caballero a Dulcinea (Basilio y Quiteria, Trifaldi o la dueña Dolorida, doña Rodríguez o segunda dueña Dolorida y su hija, Claudia Jerónima, y la hermosa morisca Ana Félix). Pero aún más crucial en este proceso de otredad es la aparición de otra nueva "dulce enemiga," la desenvuelta doncella Altisidora, que asalta la voluntad de ser enamorado del ingenioso y escuderil hidalgo revelando con ello su fatal dependencia y sumisión a Dulcinea, hasta delinearse como rival y encarnación de su Fortuna, e inversión burlesca de su señora.

El asalto, desplazamiento e inversión de los motivos de la doncella menesterosa y de la infanta enamorada recuerdan ya lo ocurrido en la primera parte con Maritornes y la hija del ventero, así como con Dorotea-Micomicona, además de con la inclusión desplazante de las numerosas historias de enamorados (Marcela-Grisóstomo, Cardenio-Dorotea-don Fernando-Luscinda). Sin embargo, en la segunda parte, estas acciones paródico-burlescas continúan pero tienen lugar significativamente tras el encantamiento de Dulcinea, operando negativamente tanto en el desarrollo de la narración como en el ánimo del personaje, en el contexto de la aventura suprema, y guardada, de su desencantamiento. Al mismo tiempo, estos episodios van acompañados de un cambio de trayectoria clave—de la búsqueda a la agonía—asociado con la imposición de la providencia narrativa que ejercen los pequeños dioses de la parodia cervantina—desde el cura a los duques. Los resultados de estos cambios son de sobra conocidos: la pérdida de control autorial, la pasividad impuesta, la progresiva melancolía, la tendencia a la introspección, y la admisión parcial de responsabilidad individual. Pero importa subrayar aquí que sin duda estos "inesperados" efectos de la parodia son los que posibilitan irónicamente la purga de la *hybris* de don Quijote.

El papel de las "dulces enemigas" que persiguen a don Quijote y desplazan a Dulcinea consiste en obligarle a reconocer que solo él es responsable de su desventura, al tiempo que su frustado servicio como caballero enamorado conduce a su agónico devenir en la historia como caballero andante. Resulta tan cierto como paradójico observar, sin embargo, que la burlesca trayectoria impuesta por su fortuna amorosa a través de los agentes de la parodia en la narración se hace reflexiva, incluso redentiva, y que don Quijote transciende, por su lealtad y bondad, su condición de héroe burlesco, hasta convertirse en "vencedor de sí mismo," tal y como declara un tanto misteriosamente Sancho a su regreso a la aldea.

La concepción imaginativa de Dulcinea como objeto amoroso del caballero ocurre *in extremis* y secundariamente o como por necesidad tras haber el hidalgo manchego dado nombre a su caballo y tras haberse incluso ocupado antes de limpiar sus armas:

> Limpias, pues, sus armas... puesto nombre a su rocín... se dio
> a entender que no le faltaba otra cosa sino buscar una dama de

quien enamorarse, porque el caballero andante sin amores era árbol sin hojas y sin fruto y cuerpo sin alma.[1] (I.1, 43)

Aunque su plena significación pase inadvertida en este momento inicial, consideramos esta declaración, en el contexto de lo observado anteriormente sobre el conflicto inherente en la literatura artúrica entre caballería y amor, como un fallo, una limitación insalvable que perseguirá y hará víctima a don Quijote de su profesada dependencia. Mientras que por un lado se trata de una clave formulaica en la parodia, lo cierto es que, como espero mostrar, el carácter *sine qua non* de su interés amoroso y su sumisión a Dulcinea se habrán de convertir en una dependencia de imposible superación.

El servicio de don Quijote a Dulcinea, su fidelidad y castidad, se constituye ya en la primera parte en un *leitmotiv* dominante por el cual el caballero manifiesta su deseo de ser enamorado al servicio de su dama, su dedicación constante a su ideal, al tiempo que es expresión de una voluntad sometida y por lo tanto privada de libertad. Don Quijote se declara succesivamente "sujeto y rendido" (I.4, 67), "cautivo" (I.8, 101), "ferido de ausencia" (I.25, 286), "amarillo y muerto de hambre" (I.29, 334), de la que es siempre y ante todo "señora," como declara a Micomicona, "que de mi corazón y libertad tiene la llave" (I.29, 338).

Sin embargo, cabe recordar también desde la perspectiva de la parodia que la historia nos previene del carácter disparatado y burlesco de tales amores, y del riesgo que suponen, cuando se nos indica en medio del discurso de don Quijote al comienzo de su primera salida, que éste habla de Dulcinea "como si verdaderamente fuera enamorado" (I.2, 47). Esta pretensión que ofrece al caballero en un principio una distancia y un control desde el que ejercer su imaginación y locura, culmina en el cuento y famosa declaración a Sancho sobre la identidad y función de su dulcísima señora: "para lo que yo *quiero* a Dulcinea del Toboso, tanto vale *como* la más alta princesa" (I.25, 285; cursivas mías). La invención se hace pretendida ausencia, y la fingida ausencia se convierte en admitida carencia a través de la cual don Quijote refuerza el carácter ideal y absoluto de su ser enamorado. Pero una vez percibido el juego, bastará con que la providencia narrativa a través de sus agentes convierta tal

---

[1] Cito por la edición del *Quijote* del Instituto Cervantes dirigida por Francisco Rico (Barcelona: Crítica, 1998).

ausencia y la transforme en auténtica carencia, es decir, en ficción burlesca de segundo grado (Sancho) y en burla ficcional de tercer grado (duques), para que con ello don Quijote se vea forzado a confrontar los límites de su locura y a pagar las consecuencias de su ilusorio deseo y excesiva pretensión.

Ya en la segunda parte, en conversación con la duquesa, don Quijote repite con variantes su invocación inicial sobre el carácter esencial de su interés amoroso en Dulcinea, reconociéndolo como la parte más vulnerable atacada por los malignos encantadores que le persiguen en perjuicio de sus altas caballerías, dice, donde más daño le hace: "porque quitarle a un caballero andante su dama es quitarle los ojos... que el caballero andante sin dama es como el árbol sin hojas... y la sombra sin cuerpo de quien se cause" (II.32, 896-97). Es entonces que, confrontado con la invención de su fantástica dama, que tantos dolores le cuesta, don Quijote responde ambiguamente a la duquesa sobre su existencia, que "no son de las cosas cuya averiguación se ha de llevar a cabo," reiterando de nuevo que él la contempla "como *conviene* que sea" (897;cursivas mías). Sin embargo, tanto el contexto narrativo como la ironía temática ponen de manifiesto no sólo la inexistencia presente de Dulcinea, sino lo muy inconveniente que resulta para el ejercicio de la caballería del hidalgo manchego la sumisión de su voluntad a tan alta como ausente señora.

La siguiente declaración de fe ocurre en el extenso credo amoroso que como nuevo Calixto realiza don Quijote ante el acecho de Altisidora. Recordemos en parte sus palabras antes de entrar en el análisis de la desenvuelta doncella, "belle dame sans merci" para don Quijote, paródica manifestación del conflicto entre amor y caballería, y definitiva inversión burlesca de Dulcinea:

> para sola Dulcinea soy de masa y de alfeñique... para mí sola Dulcinea es la hermosa, la discreta, la honesta, la gallarda y la bien nacida...para ser yo suyo, y no de otra alguna, me arrojó la naturaleza al mundo... yo tengo de ser de Dulcinea... a pesar de todas las potestades de la tierra. (II.44, 990)

En fin, como puede apreciarse, don Quijote se declara aquí desafiante y ciegamente "Dulcineo" de su diosa y señora, sea o no fantástica, suyo para lo que ella quiera, hasta la muerte; la cual se impone él mismo como condena de su ficción y salvación única de su locura.

En otro lugar consideré a Altisidora como parte del proceso de transformación en la parodia cervantina del tópico de la "dulce mi enemiga," a su vez relacionado con el de la "belle dame sans merci." Me ocupo ahora de extender aquí conclusiones anteriores y ampliar el análisis del personaje en el marco del conflicto apuntado en el devenir de don Quijote entre caballería y amor, y más particularmente señalar su representación burlesca y afinidad con Morgan le Fay, en algunos de sus atributos y funciones, así como posible encarnación paródica de la Fortuna, diosa omnipresente en los asuntos de amor, y más aún en los de don Quijote.

Los antecendentes narrativos de Altisidora como doncella y como encarnación paródica de la infanta enamorada del caballero, motivo tradicional de la literatura caballersca, se remiten todos a aventuras y episodios de la primera parte. La primera mención relacionada con dicho motivo la encontramos ya en la visita a la primera venta en el caso de las dos "altas doncellas" que le reciben, asisten y alimentan, con ayuda de las cuales es armado caballero (I.2, 52; 3, 61), y a cuyo servicio se declara otorgándoles en agradecimiento el "don," no sin antes recordar lo ocurrido a Lanzarote cuando de Bretaña vino.

Los dos casos principales en los que Cervantes elabora la transformación paródico-burlesca del motivo de la doncella o infanta enamorada del caballero, en anticipo de su culminación en la segunda parte con Altisidora, suceden en la segunda venta. A Maritornes y a la hija del ventero les corresponde el papel de envueltas y desenvueltas doncellas. En ambos episodios don Quijote se admira y se complace en contemplar en su imaginación el amor de las doncellas, y en ambas se escuda leal y convenientemente en Dulcinea como su "única señora" (I.16, 174) y "señora absoluta de su alma" (I.43, 507). Aunque Maritornes es la que acaba involuntariamente en sus brazos, don Quijote se cree enamorado y perseguido por la hija del ventero, "fermosa doncella" y "alta señora" capaz de poner en peligro su honestidad.

En la segunda visita a la venta, en el capítulo 43, las dos ahora "semidoncellas," en pago quizás de lo ocurrido durante la primera, pretenden atraer a don Quijote a la que cree reja dorada e idean una burla a consecuencia de la cual el "cautivo caballero" termina colgado del agujero del pajar por uno de sus miembros, víctima así del amor de la "fermosa" y "ferida doncella" (I.43, 508), con las consiguientes quejas y enconmendación a su sin par Dulcinea.

A estos dos acosos y burlescos encuentros amorosos, en los que el ingenioso hidalgo cree ver confirmado su papel de caballero andante y enamorado, hay que añadir, para redondear el desarrollo del tópico de la doncella/infanta enamorada y los antecedentes de Altisidora, los dos relatos autoparódicos en los que don Quijote describe y proyecta acciones caballerescas típicas, y en las que aparece prominentemente la figura de la infanta enamorada. Tras la ganancia del yelmo de Mambrino, don Quijote recrea para Sancho en tiempo futuro, a fin de asegurarle sobre el valor de sus aventuras, los hitos y hazañas que han de marcar la carrera del caballero hasta ganar fama y verse reconocido y hecho historia. Entre ellos, cuenta don Quijote, habrá de suceder que en llegando la noticia de las victorias del caballero al palacio de la reina y siendo recibido por ésta con gran honor y afecto, conocerá a su hija la infanta, una "de las más fermosas y acabadas doncellas" del mundo, y sucederá "que ella ponga los ojos en el caballero…y, sin saber cómo ni cómo no, han de quedar presos y enlazados en la intricable red amorosa" (I.21, 229-30). Esta anticipada aventura contiene no pocos detalles de lo que habrá de ocurrir en el palacio de los duques y en el asedio de Altisidora—rejas, desmayos, suspiros, insomnio, despedidas, partida—sólo que aquí don Quijote proyecta un amor y un casamiento que se ve obligado a negarse a sí mismo por la voluntad entregada a su ausente y sin par señora Dulcinea.

En la historia del caballero del lago hirviente que don Quijote relata al canónigo en defensa de la verdad de las aventuras narradas en los libros de caballerías, así como del gusto y contento que de su lectura se recibe, queda incluido por necesidad el episodio del encuentro del caballero con solícitas y amables doncellas que le reciben, desnudan, bañan, visten y regalan. Incluye asimismo en su relato la presencia de "otra mucho más hermosa doncella" (I.50, 570-71) que entrando a deshora en la sala donde se halla el caballero a solas, "quizá mondándose los dientes," le da cuenta de cómo se encuentra en aquel castillo encantada, junto con otros pormenores que deja en el aire sin contar don Quijote pero que habrían de causar en "los leyentes que van leyendo su historia" no poca admiración y maravilla.

No hay en la segunda parte encuentros o historias narradas de doncellas o infantas enamoradas del caballero; sólo la de Altisidora. De hecho, parece como si todos los detalles y motivos esbozados en ellas quedasen recogidos en el episodio de la visita de don Quijote al palacio de los duques y concentrados en el burlesco asedio del que allí es objeto por parte de la fingida enamorada y desenvuelta doncella. Por lo que respecta al interés amoroso de don Quijote y su desarrollo ficcional en la parodia, dominan en la segunda parte, hasta que irrumpe Altisidora en el capítulo 44, los incidentes, burlas y encuentros relacionados con el encantamiento y desencantamiento de Dulcinea, que ocupan y preocupan constantemente a don Quijote. Altisidora representa, pues, por un lado, la culminación del tópico de la doncella enamorada, al mismo tiempo que se constituye en enemiga y rival de Dulcinea, y con ello en instrumento final de la burlesca ironización del interés amoroso de don Quijote.

Si bien el intermitente episodio de la farsa entremesil caballeresca de los amores de Altisidora y don Quijote apunta hacia una intertextualidad muy compleja que va desde la mitología clásica a Garcilaso, y si bien su referencialidad satírica va más allá de los confines de la parodia cervantina de los libros de caballerías, nuestro interés presente se limita a señalar aquellos paralelos y contactos específicamente pertinentes para el análisis del tópico y temática que nos ocupa. He aquí, pues, los momentos y maneras a través de los cuales Altisidora rivaliza y sustituye a Dulcinea en el ámbito de la continua parodia burlesca de los amores entre don Quijote y su señora.

Para empezar importa subrayar de nuevo que la fortuna caballeresca del ingenioso hidalgo manchego está ligada a Dulcinea en todas sus guisas a través de la narración, por designio propio pero inevitable: ideal o fantástica, "real" o encantada, ausente o carente. Por ello su mala fortuna y desventura también proceden de la dependencia que tal sumisión absoluta al interés amoroso representa como encarnación paródica del conflicto básico entre caballería y amor. El juego ficcional y metaficcional en torno a este principio narrativo caracteriza y marca el devenir agónico del personaje; el cual ocasiona, como he señalado en otro lugar, su vital melancolía y tendencia a la reflexión a través del desarrollo del motivo de la aventura guardada. Ahora bien, al tiempo que se ficcionaliza a Dulcinea, más allá de lo que representa inicialmente como ficción quijotesca, y queda ésta encarnada a la vez en otras figuras femeninas burlescas relacionadas con el tópico de la "dulce enemiga," la ideal y ausente amada de don Quijote, alma de su cuerpo y señora de su voluntad, desemboca burlesca y paródicamente en la joven, discreta y desenvuelta doncella Altisidora.

Parte de la discreción y gracia de Altisidora se deriva sin duda del mundo en el que vive, el mundo de los duques y su corte, y particularmente de las mismas lecturas que hacen posible las burlas de aquéllos y la representación de su papel. No sólo sabe mostrarse y actuar consecuentemente con los modelos de doncellas enamoradas en los libros de caballerías, sino que también ha aprendido a componer y cantar romances, fingir desmayos, pretender desengaños y pronunciar maldiciones. En el primer acto de su farsa, Altisidora declara en su cómico y disparatado romance su oposición a su rival Dulcinea, a la que describe como "doncella rolliza y sana," y enuncia el cambio de interés amoroso que pretende, "trocárame yo con ella," anticipando una unión amenazante y algo menos que ideal: "quién se viera en tus brazos/ o, si no, junto a tu cama,/ rascándote la cabeza/ y matándote la caspa" (II.44, 988).

En contraste con lo anticipado en sus historias a Sancho y al canónigo en la primera parte, don Quijote, que reconoce a Altisidora como doncella enamorada, no admite ni considera la posibilidad que se le ofrece de replicar en su persona lo sucedido a los caballeros andantes que imita. Lo cierto, claro, es que Dulcinea es sólo suya y para lo que él la quiere, y no admite alteraciones ni sustitución alguna; lo cual a estas alturas es agua mojada. La Dulcinea de la ficción quijotesca, con todos sus límites y limitaciones, ya no existe, y la nueva fortuna amorosa de don Quijote, la única que se le permite en la parodia es ésta que ahora se le ofrece más como penitencia que como salvación. Más que dulce, Altisidora es cruel enemiga, haciendo así en parte el papel de Morgan le Fay que viendo frustrada su seducción de Lanzarote hostilmente descubre el error de sus amores con la reina Ginebra. Luego, en el acto segundo de la farsa, se confirma cruelmente el carácter no ya felino sino mágico de los poderes de Altisidora, que también en esa misma acción ejerce otro de los poderes asociados con Morgan, el de curar las heridas del caballero "con sus blanquísimas manos" (II.46, 1002).

Altisidora es rival y antagonista de Dulcinea en la parodia burlesca que representa en su farsa, y por ello, cuando la maldice, sus palabras marcan el destino agónico del desventurado caballero: "plega a Dios...porque nunca salga de su encanto esta tan amada tuya Dulcinea..." (II.46, 1003). Y ciertamente, la alta doncella y ahora "sin par" Altisidora obtiene para su persona en el tercer acto de su resurrección aquellas gracias y poder de las que tan necesitada anda Dulcinea, del mismo Sancho Panza que la encantara, agotando así la ocasión y su paciencia. Don Quijote apremia a Sancho a realizar similar milagro para su señora, pero no habrá tal; la transformación burlesca de la "dulce enemiga" ha quedado concluida, la ocasión y aventura de su desencantamiento guardada, y Dulcinea desaparece definitivamente en una pesada enramada de múltiples ficciones y burlescas farsas.

A pesar del considerable interés que la crítica más reciente ha demostrado por rescatar lo "femenino" en la obra de Cervantes y reconsiderar los personajes femeninos del *Quijote* a la luz de las nuevas teorías e intereses ideológicos postmodernistas, lo cierto es que Altisidora ha pasado en el proceso del olvido a los infiernos. A nosotros no nos parece un personaje tan condenable ni tan negativo, y ensayando una contextualización más amplia, y creo que más ajustada al texto, vemos en ella el remate acertado de un tópico caballeresco de importancia principal para la comprensión del interés amoroso de don Quijote y su relación con Dulcinea, así como un ejemplo más del sentido lúdico y la comicidad que acompañan la parodia cervantina de los libros de caballerías.

El ataque crítico a Altisidora, realizado casi sin excepción en beneficio del culto al ideal amoroso supuestamente representado por Dulcinea y de la reverencia del carácter mítico de don Quijote, se ha propuesto poner en duda su doncellez, resaltar la maldad de sus intenciones, diagnosticar peyorativamente su feminidad y hasta convertir en enferma aberración lo que, gatos aparte, no pasa de ser la manifestación consecuente y justificada de un espíritu festivo, joven e inclinado al juego y a la burla, y expresado por Cervantes en la ficción en términos de farsa entremesil, como hiciera con los celos de Lorenza en *El viejo celoso*.

Altisidora es doncella como le corresponde ser a la que hace el papel de infanta enamorada según las aventuras ensayadas en la primera parte por Maritornes y la hija del ventero, y las historias proyectadas por el propio don Quijote en anticipo de su futura fama. Altisidora es "alta" como le corresponde al linaje de quien pretende ser la enamorada de tan alto caballero como don Quijote, y alta también como lo son las altas doncellas descritas en las aventuras de la primera parte, y "alta señora" como la misma Dulcinea a la que viene a rivalizar y sustituir en la culminación de la parodia burlesca de los amores del ingenioso hidalgo manchego. Incluso, podría afirmarse que le corresponde ser alta en su desenvoltura e imaginación para estar a la altura de don Quijote y para que su desengaño sea así equiparable al del caballero y resulte mayor en eficacia en su caída.

Hablando de alturas, y para redondear y concluir nuestro análisis queda por señalar la crucial relación que existe entre el papel y función de Altisidora y el personaje femenino caballeresco del que posiblemente deriva. Me refiero a la antes mencionada Morgan le Fay de la literatura artúrica— Morgana en el *Orlando* de Ariosto. Como Altisidora, Morgan no sólo se caracteriza por su doble relación con Arturo, del que es antagonista primero y protectora después, sino por la hostilidad y malicia que en ella despierta el haber sido rechazada por Lanzarote, lo cual le lleva a descubrir públicamente su traición, así como la infidelidad de la reina Ginebra, enemiga y rival suya. Su figura ha pasado por diversas encarnaciones, siendo en sus orígenes diosa con poderes mágicos aprendidos de Merlín, encantadora capaz de diversas apariencias—joven y vieja—y más modernamente sabia protectora del caballero con el poder de curar las heridas de Arturo, que desemboca en la Urganda de Amadís y Palmerín. Altisidora pretende el amor de don Quijote, es rechazada, se declara enemiga de Dulcinea, ataca hostilmente al caballero para luego curar sus heridas, y tiene como única recompensa de sus trabajos y maldiciones consolidar la definitiva ausencia y separación de la encantada Dulcinea de su leal pero imprudente caballero.

Altisidora, doblemente alta por su nombre como encarnación burlesca de Isis—Isidora o regalo de Isis, discípula de la diosa del amor y la alegría, entre otros muchos atributos—demuestra sus gracias y arte de encantadora en el contexto de la parodia caballeresca; todo lo cual la hace corresponder y rivalizar burlescamente a la endiosada, "soberana y alta" (I.25, 286) señora que da vida y muerte a don Quijote. Así, ya sea por correspondencia mítica, por antagonismo paródico o rivalidad narrativa, Altisidora viene a ser claramente la figura femenina en la que culmina el tema del interés amoroso de don Quijote, en conflicto siempre con su andante caballería, y que pone punto final al desarrollo paródico del tópico de la doncella o infanta enamorada, al tiempo que, paradójicamente por los efectos que causa en su ánimo, conduce al caballero a su melancolía e introspección, a su derrota y a su victoria final sobre sí mismo.

Texas A&M University

Bibliografía

Allen, John J. "El desarrollo de Dulcinea y la evolución de don Quijote." *Nueva Revista de Filología Hispánica* 38 (1990): 849-56.

Amat, Iluminada L. "Doubling in *Don Quixote*." Tesis doctoral. U of Wisconsin-Madison, 1997. 367 pp. *DAI-A* 58/6 (Dic. 1997): 2234.

Ascunce Arrieta, José Angel. "De Alonso Quijano a Dulcinea del Toboso: Historia de un amor imposible." *Volver a Cervantes. Actas del IV Congreso Internacional de la Asociación de Cervantistas*, Lepanto, Octubre 2000. Antonio Bernat Vistarini, ed. 2 vols. Palma: Universidad de las Islas Baleares, 2001. 1: 663-70.

Close, Anthony. "Don Quixote"s Love for Dulcinea: a Study of Cervantine Irony." *Bulletin of Hispanic Studies* 50 (1973): 237-55.

Cruz, Anne J. "Don Quixote"s Disappearing Act: Structural Unity and Character Transformations in *Don Quixote*." *Indiana Journal of Hispanic Literatures* 1 (1992): 83-99.

El Saffar, Ruth. "In Praise of What is Left Unsaid: Thoughts on Women and Lack in *Don Quijote*." *MLN* 103 (1988): 205-22.

———. "Sex and the Single Hidalgo: Reflections on Eros in *Don Quixote*." *Studies in Honor of Elias Rivers*. Bruno Damiani and Ruth El Saffar, eds. Potomac, MD: Scripta Humanistica, 1989. 76-93.

Fernández S.J., Jaime. "El primer asedio de Altisidora (*DQ* II, 44): sentido y razón estructural." *Actas del IV Congreso Internacional de la AISO* (Alcalá de Henares, 22-27 de julio 1996). García de Enterría, Mª Cruz; Cordón, Alicia, eds. 2 vols. Alcalá de Henares: Servicio de Publicaciones de la U de Alcalá, 1998. 1: 571-78.

———. "Una inversión burlesca en el *Quijote*." *Actas del XIII Congreso de la Asociación Internacional de Hispanistas* (Madrid, 6-11 de julio de 1998). Sevilla, Florencio; Alvar, Carlos, eds. 4 vols. Madrid: Castalia, 2000. 1: 500-506.

Gaylord, Mary M. "The Whole Body of the Fable with All its Members: Cervantes, Pinciano, Freud." *Quixotic Desire: Psychoanalytic Perspectives on Cervantes*. Ruth El Saffar y Diana de Armas Wilson, eds. Ithaca: Cornell UP, 1993. 117-34.

Godoy Gallardo, Eduardo. "Altisidora y el proceso de degradación de Don Quijote." *Cervantes. Actas del Simposio Nacional Letras del Siglo de Oro Español* (U Nacional de Cuyo, Mendoza, Argentina, setiembre 1991). Nallim, C. O. et al., ed. 2 vols. (*Revista de literaturas modernas*, Anejo 9). Mendoza: Instituto de Literaturas Modernas-Facultad de Filosofía, U Nacional de Cuyo, 1994. 169-79.

Gómez Montero, Javier. "Con los ojos del deseo (De las razones que movieron a Don Quijote a doblegar su voluntad pese al acoso de Altisidora)." *La caballería antigua para el mundo moderno*. Número monográfico de *Insula* 584-585 (agosto-sept. 1995). 25-28.

Joly, Monique. "Muerte y resurrección de Altisidora." *Études sur* Don Quichotte. Paris: Publications de la Sorbonne, 1996. 195-202.
Lacy, Norris J. *The New Arthurian Encyclopedia*. New York: Garland, 1996.
Márquez, H. P. *La representación de los personajes femeninos en el* Quijote. Madrid: Porrua, 1990.
Márquez Villanueva, Francisco. "Doncella soy de esta casa y Altisidora me llaman." *Trabajos y días cervantinos*. (Biblioteca de estudios cervantinos 2). Alcalá de Henares: Centro de Estudios Cervantinos, 1995. 299-340.
Montero Reguera, José. "Mujer, erotismo y sexualidad en el *Quijote*." *Anales Cervantinos* 32 (1994): 97-113.
Murillo, Luis A. "Altisidora." *A Critical Introduction to* Don Quixote. New York: Peter Lang, 1988. 207-11.
Paton, Lucy Allen. *Studies in the Fairy Mythology of Arthurian Romance*. 2nd ed., Enlarged by a Survey of Scholarship on the Fairy Mythology since 1903, and a Bibliography by Roger Sherman Loomis. New York: Burt Franklin, 1960.
Redondo, Augustin. "Fiestas burlescas en el palacio ducal: el episodio de Altisidora." *Actas del III Congreso Internacional de la Asociación de Cervantistas* (Cala Galdana, Menorca, 20-25 de octubre 1997). Bernat Vistarini, Antonio, ed. Palma: Universitat de les Illes Balears, 1998. 49-62.
Remos [y Rubio], Juan J. "Dulcinea y Altisidora." *Ensayos literarios*. Madrid: Talleres Gráficos Aro, 1957. 39-50.
Ruta, María Caterina. "Los retratos femeninos en la segunda parte del *Quijote*." *Actas del II Congreso Internacional de la Asociación de Cervantistas* (Nápoles, 4-9 de abril de 1994). Grilli, Giuseppe, ed. Nápoles: Instituto Universitario Orientale, *IAION-SR* 37.2 (1995). 495-509.
———. "Il brutto delle donne." *Il* Chisciotte *e i suoi dettagli*. Palermo: Flaccovio, 2000. 159-99.
Serrano Plaja, Arturo. "The Loves of Don Quixote." *"Magic" Realism in Cervantes.* Don Quixote *as Seen Through* Tom Sawyer *and* The Idiot. 1967. Trans. Robert S. Rudder. Berkeley: University of California Press, 1970. 177-206.
Sullivan, Henry W. "Altisidora: ¿Cómo "regalo del Más Alto" acelera la cura de Don Quijote?" *Actas del XI Congreso de la Asociación Internacional de Hispanistas* (Irvine, California, 24-29 de agosto de 1992). Villegas, Juan, ed. 5 vols. Irvine: U of California P, 1994. 2: 74-81.
Urbina, Eduardo. *Principios y fines del* Quijote. Potomac, MD: Scripta Humanistica, 1990.
———. "Sobre la parodia y el Quijote." *Actas II Coloquio Internacional de la Asociación de Cervantistas* (Alcalá de Henares 1989). Barcelona: Anthropos, 1991. 389-95.
———. ""Dulce mi enemiga": la transformación paródica de un motivo cortesano-caballeresco en el *Quijote*." *Actas del III Congreso Internacional de la Asociación de Cervantistas* (Cala Galdana, Menorca, 20-25 de octubre 1997). Bernat Vistarini, Antonio, ed. Palma: Universitat de les Illes Balears, 1998. 351-59.

Vila, Juan Diego. "Don Quijote y Teseo en el laberinto ducal." *Actas II Coloquio Internacional de la Asociacion de Cervantistas* (Alcalá de Henares 1989). Barcelona: Anthropos, 1991. 459-73.

El quijotismo de Unamuno y la envidia

Cesáreo Bandera

> The crowd is untruth. Therefore was Christ crucified, because he, even though he addressed himself to all, would not have to do with the crowd [...] And therefore everyone who in truth will serve the truth, is *eo ipso* in some way or other a martyr.
> KIERKEGAARD, *The Point of View* 109

> As soon as the category "the single individual" goes out, Christianity is abolished [...] If this happens, then the God-man is a phantom instead of an actual prototype.[1]
> KIERKEGAARD, *Journals*. Vol. 2, 282

SABIDA ES LA SIGNIFICACIÓN religiosa que tuvo para Unamuno la solitaria y heroica figura de Don Quijote, un "loco divino." He aquí sus palabras hacia el final de su vida: "En cuanto a Don Quijote, ¡he dicho ya tanto!… ¡me ha hecho decir tanto!…. Un loco, sí, aunque no el más divino de todos. El más divino de los locos fue y sigue siendo Jesús, el Cristo" (*Cómo se hace una novela* 117). Es una significación de carácter especialmente cristológico. En un emotivo artículo de 1922, "La bienaventuranza de Don Quijote," describe Unamuno el encuentro del caballero con Cristo a raíz de su muerte:

---

[1] Por no disponer de traducciones españolas, utilizo traduciónes inglesas de reconocido valor de las obras de Kierkegaard, que a veces traduzco al español en el curso de este trabajo.

[Veía] a Jesús, el Cristo, el Redentor. Y le veía con manto de púrpura, corona de espinas y cetro de caña, como cuando Pilato, el gran burlón, lo expuso a la turba diciendo: 'He aquí el hombre!' Se le apareció Jesucristo, el supremo juez, como cuando fue ludibrio de las gentes [...]. Y oyó Don Quijote como un susurro, brisa de eternidad, que le sonaba no en los oídos sino en el corazón y decía: 'Ven a mi pecho.' Y cayó en brazos del Redentor que iba a juzgarle. (*O. C.* V, 631-32)

La singularidad cristológica de Don Quijote es inseparable de su locura, de aquello que lo hace objeto de risa y escarnio ante todos, pero que al mismo tiempo lo hace distinto de todos. Nunca es el Don Quijote unamuniano más él mismo, nunca está más en sí mismo, que cuando más risible y loco aparece a los ojos de los demás. Y por consiguiente nunca está más cerca de Dios. Porque es precisamente ante Dios y sólo ante Dios donde verdaderamente se revela la unicidad irreemplazable del individuo humano, pensamiento éste en el que coincide Unamuno con su admirado Kierkegaard. He aquí lo que nos dice éste último en sus *Christian Discourses*:

> From 'the others' a person [...] finds out what the others are [...]. 'The others' in turn do not know what they themselves are either but continually know only what 'the others' are. There is only one who completely knows himself [...]—that is God. And he also knows what each human being is in himself, because he is that only by being before God. The person who is not before God is not himself either [...]. If one is oneself by being in the one who is in himself, one can be in others and before others, but one cannot be oneself merely by being before others. (40)

Unamuno se sintió profundamente atraído por el existencialismo cristiano del filósofo danés. Hasta llegó a aprender este idioma para poder leerlo en su lengua nativa. Por lo que a la interpretación de Don Quijote se refiere, le llamó especialmente la atención la figura del "caballero de la fe," descrita y explicada por Kierkegaard en una de sus obras más significativas, *Fear and Trembling*. Es ahí donde se nos dice que el caballero de la fe:

Humanamente hablando, está loco y no puede hacerse entender de nadie. Es más, decir que está loco es lo mínimo que se puede decir de él. Si no se le supone loco, entonces es un hipócrita, y mientras más alto camine por su [solitario, estrecho y empinado] sendero, tanto más terrible será su hipocresía. (80)

Lo curioso es que en esta descripción que hace Kierkegaard del caballero de la fe, de lo que se trata es de diferenciarlo del héroe, que aparece a un nivel más bajo, el de lo ético, lo universal. El sacrificio del héroe no es ni mucho menos la angustia del caballero de la fe "que sabe lo terrible que es haber nacido fuera de lo universal, caminar sin encontrar un solo caminante" (*Fear* 80) En tanto que el Don Quijote unamuniano es desde el primer momento y de manera esencial un héroe.

Es importante subrayar que nunca aparece en Kierkegaard la más mínima asociación de Don Quijote con el caballero de la fe.[2] Es más, hay pasajes en Kierkegaard que pudiéramos llamar *quasi* proféticos con respecto a las condiciones históricas en las que habría de surgir esta asociación, a sus ojos, nada cristiana. En un mundo sólo en apariencia cristiano, del que ha desaparecido el verdadero espíritu de la revelación, Cristo mismo sería percibido como una figura quijotesca. En semejante mundo Cristo se convierte en un fantasma poético que al mismo Kierkegaard le recuerda la figura de Don Quijote. El siguiente pasaje es un anticipo clarividente de esa situación un tanto grotesca que Unamuno trató a todo lo largo de su vida de tomar realmente en serio:

Cuando la sensatez secularizada haya impregnado todo el mundo, como ha empezado a ocurrir ya, entonces la única forma que quedará de concebir lo que es ser cristiano será la representación de Cristo, los discípulos, y otros como figuras cómicas, reflejos de Don Quijote, un hombre convencido de que el mundo es malo, *de que lo*

---

[2] Vid. Ziolkowski: "Miguel de Unamuno and W. H. Auden were two of the best-known authors to characterize the Manchegan knight by this term [knight of faith] [...]. However, it should not be forgotten or overlooked, as it sometimes seems to be, that nowhere in *Fear and Trembling* is Don Quixote mentioned by name and that nowhere in Kierkegaard's other writings [...] is Don Quixote called a 'knight of faith' or viceversa." (1992, 131) Ver también del mismo autor, *The Sanctification of Don Quixote*.

que se estima en el mundo es la mediocridad o algo peor todavía. Pero las cosas no se han hundido todavía hasta ese nivel. Los hombres crucificaron a Cristo, lo llamaron endiosado, etc.—¡pero hacer de él una figura cómica! Y sin embargo, ésta es sin duda la única posibilidad lógica, la única que satisfará los requisitos de una edad conquistada por la mentalidad secularizada. Ya se hacen esfuerzos en esa direción—¡pues el mundo progresa!. (Kierkegaard, *Journals*. Vol. 1:132-33; cursivas mías)

Recordemos asimismo que la mediocridad de ese mundo malvado que no sabe apreciar lo heroico, mediocridad contra la que lucha Don Quijote, es la misma mediocridad de la que Unamuno acusaba a Cervantes, ese Cervantes autor de segunda fila, a los ojos de Unamuno, que no supo nunca apreciar ni entender la sublime, divina, locura de su personaje. Está claro que tampoco la supo apreciar ese Kierkegaard que tanto atraía al ilustre profesor.

El problema es que, como también decía Kierkegaard, "un poeta no es un apostol" (*Fear* 72), ni un héroe es un santo y, por consiguiente, no es lo mismo imitar a Cristo que imitar a Amadís de Gaula. Uno no sigue a Cristo de la misma manera que sigue a Amadís. Se supone que uno sigue a Cristo imitando la obediencia de Cristo al Padre, es decir, por amor y honor suyo, dispuesto a dar la vida por él como Cristo la dio por cada uno de los seres humanos. Seguir a Cristo no es competir con Cristo. Todo lo contrario, la imitación de Cristo se ofrece como el antídoto eficaz contra la rivalidad y la competencia.

Pero ésa no es ciertamente la manera en que Don Quijote sigue a Amadís. Lo que fascina a Don Quijote de su héroe caballeresco es que es el invencible, el número uno y eso es precisamente lo que Don Quijote quiere ser:

> Sancho amigo [...] yo soy aquél para quien están guardados los peligros, las grandes hazañas, los valerosos hechos. Yo soy, digo otra vez, quien [...] ha de poner en olvido los Platires, los Tablantes, Olivantes y Tirantes [...] con toda la caterva de los famosos caballeros andantes del pasado tiempo, haciendo en éste en que me hallo tales grandezas, extrañezas y fechos de armas, que escurezcan las más claras que ellos ficieron. (I, xx)

Seguir a Amadís es competir con él. Amadís es la meta fascinante, pero es también el último obstáculo, el último y definitivo rival. Uno no puede ser verdaderamente Amadís sin derrotar primero a Amadís, pues a diferencia de Cristo, Amadís no puede darle a su seguidor lo que quiere sin dejar de ser lo que es a los ojos del seguidor. Y tan pronto como Amadís es derrotado pierde su calidad de ídolo fascinante, lo cual crea a su vez una profunda decepción en el seguidor, que ahora ve que lo que él creía ser un dios resulta que no lo es en absoluto; decepción que puede transformar en odio lo que había sido desmedida, enloquecedora, adoración.

La fascinación de Don Quijote ante el modelo caballeresco es, por consiguiente, algo en extremo ambiguo, mezcla de admiración y resentimiento, en otras palabras, algo que a duras penas podrá distinguirse de la envidia. Tuvo suerte Don Quijote de no encontrarse nunca con Amadís por los caminos de La Mancha, pues si semejante encuentro hubiese ocurrido, podemos estar seguros que tarde o temprano Cervantes nos hubiese hecho ver la otra cara de la fascinación quijotesca ante el modelo. No tuvieron esa suerte otros personajes cervantinos de la novela con sus respectivos objetos de adorante deseo.

Unamuno pasa todo esto por alto en su intento de presentarnos a Don Quijote como el caballero de la fe. Existencialmente hablando, no existe para Unamuno ninguna diferencia entre el santo y el héroe:

> Puede el héroe decir: "yo sé quién soy," y en esto estriba su fuerza y su desgracia a la vez. Su fuerza, porque como sabe quién es, no tiene por qué temer a nadie, sino a Dios, que le hizo ser quien es; y su desgracia, porque sólo él sabe, aquí en la tierra, quién es él, y como los demás no lo saben, cuanto él haga o diga se les aparecerá como hecho o dicho por quien no se conoce, por un loco.

> Cosa tan grande como terrible la de tener una misión de que sólo es sabedor el que la tiene y no puede a los demás hacerles creer en ella; la de haber oído en las reconditeces del alma la voz silenciosa de Dios, que dice: "tienes que hacer esto," mientras no les dice a los demás: "este mi hijo que aquí veis, tiene esto que hacer" [...]. Y como el héroe es el único que lo oye y lo sabe, y como la obediencia a ese mandato y la fe en él es lo que le hace, siendo por ello héroe, ser quien es, puede muy bien decir: "yo se quién soy, y mi Dios y yo

sólo sabemos y no lo saben los demás." Entre mi Dios y yo—puede añadir—no hay ley alguna medianera; nos entendemos directa y personalmente, y por eso se quién soy. ¿No recordais al héroe de la fe, a Abraham, en el monte Moria?" (*Vida*, 38)

Pero el caballero de la fe kierkegaardiano, el sucesor de Abraham, no es en absoluto una figura heroica, no se destaca de los demás como se destaca Don Quijote. Por su apariencia, su profesión, su vida diaria, puede ser cualquiera, "a tax collector," "an accountant": "[Si] uno no supiera quién es sería imposible distinguirlo del resto de la congregación [...] cuando uno se encuentra con él por la carretera de la playa se imaginaría que es un tendero que ha salido a divertirse [...] porque no es un poeta. Yo he intentado en vano detectar en él la inconmensurabilidad poética" (*Fear* 50). El héroe, por el contrario, es reconocido como tal por todos. Su gesto es, por definición, público, porque se mueve en el plano de lo ético—dice Kierkegaard—que es el plano de lo universal. El héroe se sacrifica para expresar lo universal, que todo el mundo entiende. ¿Quién no se compadece y hasta llora con Agamemnon cuando, sacrificando sus sentimientos paternales, se somete a la voluntad de los dioses, dispuesto a ofrecer a la bellísima Ifigenia, su propia hija a la que ama, sobre el altar sagrado? Todos entienden el trágico gesto del héroe, hasta la misma Ifigenia termina comprendiéndolo, porque se trata del bien común, de la salvación del pueblo. El héroe sacrifica lo individual en beneficio de lo universal, lo ético, el bien común.

¿Pero quién puede comprender la fe de Abraham? Esta es la pregunta fundamental de Kierkegaard, frente a la cual no encuentra una respuesta razonable, ética. Dios le dio a Isaac cuando ya no era físicamente posible que Sarah tuviera hijos y le prometió larga y numerosa descendencia. Ahora Dios lo llama, a él solo, y le ordena que sacrifique a Isaac, "tu único hijo, al que amas," sin darle la menor explicación. ¿Cómo reconciliar esta terrible demanda con la anterior promesa? La cosa no tiene sentido ni lógica ni éticamente. ¿Y si se ha equivocado Abraham? ¿Y si se trata de una tentación diabólica? ¿Quién lo creería si lo contara, a la vista de lo absurdo de la situación? Seguro que todos tratarían de apartarlo de semejante acto de fe, de persuadirlo de que es absurdo creer que semejante demanda provenga del mismo Dios de la promesa. Pero Abraham calla y cree. Sin saber cómo lo sabe, sabe que fue Dios quien le habló. Pese a lo horrible de la demanda, no duda un instante. Pues si dudara y aún sacrificara a Isaac, su propia sospecha de asesinato lo devastaría. Y sin embargo tampoco deja de creer que, de alguna forma, Dios le cumplirá la promesa. Pues, como señala Kierkegaard, no se trata sólo de estar dispuesto a sacrificarle a Dios lo más querido. Abraham espera que Dios le dé todo lo que le prometió, que le devuelva a Isaac. Pero Abraham no pregunta, ni se queja, ni duda, ni le dice nada a nadie porque nadie entendería. El tampoco entiende, pero más allá del entendimiento, sabe y tiene fe.

El héroe unamuniano no sólo es algo muy diferente, sino opuesto. "Cosa terrible—dice Unamuno—la de tener una misión de que sólo es sabedor el que la tiene y no puede a los demás hacerles creer en ella; la de haber oído en las reconditeces del alma la voz silenciosa de Dios, que dice: 'tienes que hacer esto,' mientras no les dice a los demás: 'este mi hijo que aquí veis, tiene esto que hacer'." ¿En qué consiste lo terrible de esta situación? Está claro que lo terrible no tiene nada que ver con el carácter de la misión encomendada por Dios al héroe, como en el caso de Abraham. En Unamuno la misión en sí no es lo importante. El mandato de Dios no es causa de ansiedad en el héroe, pues no parece que Dios le pida nada contradictorio. Para Unamuno lo terrible es simplemente que Dios dice "Haz esto," lo que sea, pero no se lo dice a los demás. Es decir, la relación del héroe con Dios no ofrece el menor problema. Dios y el héroe se entienden mutuamente, de manera directa: "Entre mi Dios y yo no hay ley alguna medianera; nos entendemos directa y personalmente, y por eso sé quién soy."

Lo terrible no es Dios, son… ¡los otros!, los que no saben de qué se trata, los que no entienden. Así es que todo parece indicar que Dios quiere someter al héroe a la prueba de… los otros. Es decir, Dios le dice al héroe: "esto es lo que tú eres y esto es lo que tienes que hacer," y entonces se calla y deja al héroe solo en medio de esos otros que no saben de qué va la cosa ni entienden nada. Esa debe ser la prueba. De lo contrario, no se explica el silencio divino, por qué razón no habría de decírselo Dios a los otros, o por qué no habrían los otros de entenderlo si lo oyeran. He aquí, pues, la prueba: ¿mantendrá el héroe su fe en Dios y, por tanto, en sí mismo frente al escepticismo de todos ésos que ni creen ni entienden lo que dice el héroe y que, por tanto, piensan que está loco?

Ahora bien, ante esta prueba hay que preguntarse lo siguiente: ¿qué pasa si el héroe falla la prueba? O mejor dicho ¿qué quiere decir fallar la prueba, o sea sucumbir ante la incredulidad y hostilidad de los otros? ¿Puede el héroe sucumbir ante los otros y seguir siendo héroe? Sería un contrasentido. Hemos por tanto de suponer que sucumbir ante los otros es dejar de ser héroe, perder su singularidad ante Dios, convertirse en uno de ellos, uno más entre la multitud. La prueba que plantea Unamuno sitúa al héroe, al individuo humano en su irrepetible singularidad, ante una alternativa radical: o Dios o los otros. Alternativa radical por lo que hay en juego; porque es una alternativa que coloca al héroe, al individuo, al borde del abismo. Pero esto no quiere decir en absoluto que, existencialmente hablando, no pueda ser la cosa más fácil del mundo dar ese paso fatídico en el que el héroe se lo juega todo.

Pues bien, cosa extraña, jamás se plantea Unamuno semejante posibilidad. De hecho, pese a la referencia explícita a la fe de Abraham en el monte Moria, no parece que Unamuno conciba la situación existencial de su héroe como una prueba. La idea de que el héroe pueda sentir la tentación de dejar de ser lo que es (que sólo lo es ante Dios), que pueda sentir la atracción de la multitud, de los otros, de ser uno de ellos, de ser como todos, es una idea poco menos que inconcebible en el contexto unamuniano. Como se diría en inglés, *once a hero, always a hero*. La diferencia entre el héroe, singular, único, y la multitud escéptica, zahiriente, burlona, jamás desaparece en Unamuno. Más que para tentar al héroe, los otros están ahí para confirmarlo en su heroicidad, haciéndole sufrir a través de su incomprensión. El héroe es la víctima, los otros, la multitud, los victimarios. Unamuno necesita de este escenario sacrificial para mantener clara e incólume la figura del héroe. Es un viejo escenario. En ese viejo altar se han adorado y sacrificado siempre los héroes. Es el viejo altar en el que se sacrifica el mismo dios al que se adora. No nos engañemos, el héroe unamuniano no lo es "en las reconditeces del corazón," o sea frente a Dios y sólo frente a Dios, sino en la plaza pública. Ahí lo tenemos, perfectamente reconocible por su actitud erecta y rostro sereno frente a la hiriente multitud, dispuesto a morir, si es necesario, la más bella de las muertes. Ante una estampa heroica de esta naturaleza ¿quién se atreve a pensar en inconfesables complicidades, en el poderoso atractivo de la multitud, en el deseo profundo, la profunda tentación, de dejar de ser uno uno mismo, de ser el otro, y de estar donde está el otro, o sea los otros, porque detrás de "el otro" hay siempre una multitud; de desear lo que desean los otros, que son los que se ríen de la víctima, la insultan y la van a sacrificar; de sentirse avergonzado como se sintió Simón Pedro antes de que cantara el gallo? Ante la figura del héroe unamuniano, puede parecer hasta blasfemo pensar en tales cosas, socavar, resquebrajar, la barrera sagrada que separa al héroe-víctima de la multitud victimaria.

Y sin embargo, en terminos cristianos, cada uno de los miembros de esa multitud, por el mero hecho de ser humano, es en principio único y perfectamente singularizado ante los ojos de Dios, un héroe, por consiguiente, en términos unamunianos. Lo cual quiere decir que esa multitud está compuesta por "héroes" en potencia que o bien no han oído aún la voz de Dios "en las reconditeces del corazón," o bien no han sido fieles a ella, la ignoraron, prefirieron seguir a los otros. ¿Cómo es posible que Unamuno, seguidor de Cristo, como siempre se confesó ser, no contemplara semejante peligro, tentación, deseo? ¿O es acaso que el quijotesco héroe unamuniano no entra en la cuenta de la redención? Ese juez redentor de que habla Unamuno, que le abre los brazos a Don Quijote después de su muerte, ¿de qué lo redime, si no es de haberse apartado de él, de Dios? ¿Y que otra cosa quiere decir, en los términos del propio Unamuno, apartarse de Dios si no es caer en poder de los otros, ser absorbido por el contagio mimético de la multitud? Si en términos cristianos no existe otra alternativa: o Dios o los otros (claro está que no hablamos de los otros *a través de Dios*, sino de los otros cursivas de Dios), eso quiere decir que lo que seduce a Don Quijote, la radiante singularidad de Amadís, no existe, es un puro espejismo del deseo; es decir, lo que de verdad existe y se oculta como algo vergonzante detrás de la ficticia singularidad de Amadís, son los otros, la atracción mimética de la multitud. De eso es de lo que el abrazo redentor de Cristo redime a Don Quijote. En definitiva, la imitación quijotesca de Amadís es absolutamente incompatible con la imitación cristiana de Cristo.

¿Cómo es posible que un Unamuno que tanto leyó y releyó *El Quijote* pudiera decir que no entendía cómo nadie puede desear ser otro?:

> Eso es lo que yo no acabo nunca de comprender, que uno quiera ser otro cualquiera. Querer ser otro, es querer dejar de ser uno el que es. Me explico que uno desee tener lo que el otro tiene, sus riquezas o sus conocimientos; pero ser otro, es cosa que no me la explico [...]

Cierto es que se da en ciertos individuos eso que se llama un cambio de personalidad; pero eso es un caso patológico, y como tal lo estudian los alienistas. (*Del sentimiento* 64-65)

¿Y no es Don Quijote un caso patológico? A Don Quijote no le interesan ni las riquezas ni los conocimientos de Amadís. O si le interesan, no es por ser riquezas o conocimientos, sino por ser de Amadís. Como demuestra su penitencia en Sierra Morena, lo que desea Don Quijote no es sólo hacer lo que hace Amadís, sino sentir y pensar los sentimientos y los pensamientos de Amadís (o del furioso Roldán). Nos dice Don Quijote que quiere imitar a Amadís como el discípulo imita al maestro: "Digo asimismo que cuando algún pintor quiere salir famoso en su arte procura imitar los originales de los más únicos pintores que sabe [...]." Pero no es eso ni mucho menos.

En una auténtica relación entre maestro y discípulo existe un tercer elemento, el objeto de la imitación (la pintura en el ejemplo que nos da) con su propia realidad independiente del maestro y del discípulo. Este imita a áquel sólo en referencia a ese objeto, cuya realidad señala los límites de la imitación. No es éste el caso de la fascinada imitación de Don Quijote, que no tiene límite. No existe ninguna realidad independiente y limitadora entre imitador y modelo. Ser un excelente caballero andante no es *hacer algo* tan bien como lo hace Amadís, sino *ser como* Amadís. Aquí el modelo no le dice al imitador, "observa cómo hago esto o aquello," sino simplemente "obsérvame," "sé como yo soy," "yo soy el camino y la meta." Ser el mejor caballero andante es hacer, sentir y pensar exactamente como Amadís. Amadís vive en mí y yo vivo en Amadís pudiera muy bien decir su fascinado, enloquecido, discípulo. ¡Qué no hubiera dado Don Quijote por identificarse plenamente con su modelo, o mejor dicho, por arrebatarle a éste su identidad, su ser, para vestírselo él, para encarnarlo! Porque, como ya hemos dicho, no es precisamente por amor a Amadís por lo que Don Quijote quiere más que nada ser Amadís en todo. Como ya hemos dicho, ésa es la gran diferencia entre imitar a Amadís e imitar a Cristo.

Pero nuestra sorpresa sube aún de grado frente a esa incomprensión unamuniana, si pensamos que proviene nada menos que del autor de obras como *El otro* o esa moderna versión de la historia de Caín que es *Abel Sánchez*.

Decía el propio Unamuno que en opinión de Gregorio Marañón se le deben a él, a Unamuno, "las páginas más profundas sobre la pasión del resentimiento, morbo insinuante y letal de la vida española" (O. C. V, 175). ¿Y cómo es que Unamuno, nuestro gran experto en el tema de la envidia, no puede comprender que alguien le envidie a otro el ser quien es y quiera ese ser para sí mismo, para huir de sí mismo, para dejar de ser quien es?

Ahora bien, a nosotros lo que nos debe interesar es la relación entre el gran interés unamuniano por el tema de la envidia y su igualmente grande interés por el tema de Don Quijote. De momento es necesario subrayar que al hablar del interés de Unamuno por Don Quijote estamos hablando también de su mal contenido desprecio por Cervantes:

> Caso típico de un escritor enormemente inferior a su obra, a su Quijote. Si Cervantes no hubiera escrito el *Quijote* [...] apenas figuraría en nuestra historia literaria sino como ingenio de quinta, sexta o décimotercia fila. Nadie leería [el resto de sus obras]. Las novelas y digresiones mismas que figuran en el *Quijote*, como aquella impertinentísima novela de *El curioso impertinente*, no merecerían la atención de las gentes. (III, 577).

Pero no es sólo que Cervantes no comprendiera la grandeza del *Quijote*, es que era mezquino con su héroe, mal intencionado. "Cada vez que el bueno de Cervantes se introduce en el relato [...] es para decir alguna impertinencia o juzgar malévola o maliciosamente a su héroe" (*Vida* III, 577). Leyendo a Unamuno, uno saca la impresión de que el mediocre y mezquino Cervantes veía con malos ojos a Don Quijote, o sea con los ojos de la envidia. Lo que Unamuno quería decir es que no se merecía Cervantes un héroe de la limpieza de alma y la alteza de miras de Don Quijote. Lo que quería decir es que Cervantes era un anti-Quijote, y además por envidia, que es la actitud típica del pequeño de espíritu, del cicatero, del mediocre, con respecto al noble y grande.

Sin embargo, nosotros, "cervantistas" de profesión (la peor especie de lectores para Unamuno), en lugar de escandalizarnos, deberíamos pensar que para que un lector de la indudable inteligencia y sensibilidad crítica de Unamuno (muy superior a la de la inmensa mayoría de los cervantistas) reaccione de esa manera tan fuera de razón y de la lógica más elemental, algo debió ver en el *Quijote* que le llegó profundamente a lo vivo, tanto de manera positiva como negativa. Porque para Unamuno Don Quijote no era simplemente un héroe sublime, divino, era *su héroe*, el suyo, el que él se hizo a su medida, como tantas veces se lo gritó a los cervantistas de su tiempo, para que no le vinieran con monsergas de que no se atenía al texto de la novela. Así es que nosotros debemos, en consecuencia, suponer que fue a ese Don Quijote, al suyo, al que él quería para sí y seguramente necesitaba, al que él vio que Cervantes quería echar por tierra, por mediocridad, por malicia, por... envidia. Y yo creo francamente que Unamuno era más que inteligente para saber de lo que estaba hablando. En lo único que se equivocaba, claro está, era en lo de la mediocridad y malicia cervantinas.

En otro lugar estudio la generosidad sin precedentes que demostró Cervantes con la tradicional figura del loco, que al igual que otras figuras marginales como el bobo o el pícaro, nunca habían servido otra función que el de víctimas propiciatorias de la multitud, función similar a la de los *pharmakoi* atenienses. ¿Y cómo se le puede acusar de malicia a quien pone en boca de Sancho estas palabras: "[No] tiene [mi amo] nada de bellaco [...] no sabe hacer mal a nadie, sino bien a todos, ni tiene malicia alguna; un niño le hará entender que es de noche en la mitad del día y por esta sencillez le quiero como a las telas de mi corazón" (II, XIII).

Pero no es por ahí por donde va Unamuno. Es más, yo creo que tal vez Unamuno no hubiese tenido inconveniente en aceptar esa generosidad cervantina. Lo que Unamuno no le perdona a Cervantes es que no viera o aceptara, no la simplicidad de corazón, sino la singularidad, la heroica grandeza de su héroe. Ahí es donde el pequeño y cicatero Cervantes se le queda corto, cortísimo a Unamuno. Peor aun, no es sólo que no viera esa singularidad heroica, es que la busca en especial para mofarse de ella, para destruirla. Y eso, claro está, es imperdonable. ¿Pues qué razón podía tener Cervantes para esa mofa devastadora de lo grande y singular sino su propia pequeñez, su envidia?

Si esto es así, preguntémosle a Unamuno ¿es el envidioso espíritu de Cervantes gemelo del que habita en Joaquín Monegro, el Caín unamuniano de *Abel Sánchez*? Sobre la respuesta rotundamente negativa de Unamuno no puede caber la menor duda. Porque hay una envidia chica y otra grande; y, cosa curiosa, mientras más grande la envidia mejor, no peor, es decir más admirable, más heroica. Su Joaquín Monegro, su Caín, es un espíritu de excepción, no alguien como Cervantes sino como Don Quijote, un héroe, como se nos dice en el prólogo a la segunda edición de la novela: "[La] envidia que yo traté de mostrar en el alma de mi Joaquín Monegro es una envidia trágica, una envidia que se defiende, una envidia que podría llamarse angélica.... Y ahora, al releer... mi *Abel Sánchez*... he sentido la grandeza de la pasión de mi Joaquín Monegro y cuán superior es, moralmente, a todos los Abeles. No es Caín lo malo; lo malo son los cainitas. Y los abelitas." O como nos dice dentro de la novela misma el narrador: "Joaquín se creía un espíritu de excepción, y como tal torturado y más capaz de dolor que los otros, un alma señalada al nacer por Dios con la señal de los grandes predestinados" (182). No cabe duda de que, por "la grandeza de su pasión," el Caín unamuniano se siente mucho más cerca de Don Quijote que de la pequeñez de Cervantes. El Caín unamuniano no tendría la menor dificultad en reconocerse a sí mismo en el alma de Don Quijote. ¿No es éste a todas luces un incomprendido, una víctima que sufre las burlas de todos y que, no obstante, se mantiene fiel a sí mismo?

Porque hay que recordar que Joaquín Monegro se siente profundamente incomprendido, víctima de la mediocridad de todos: "Y comprendí que el mundo es naturalmete injusto y que yo no había nacido entre los míos. Esta fue mi desgracia, no haber nacido entre los míos. La baja mezquindad, la vil ramplonería de los que me rodeaban, me perdió" (183). Todo el mundo ha estado siempre del lado de Abel, el favorito, el que ha triunfado siempre sin ni siquiera proponérselo, que es lo más irritante de todo. Pero Caín está seguro de que debajo de esa apariencia de niño inocente el envidioso de verdad es Abel, que es el que le ha arrebatado siempre lo que él quería. Abel es el culpable de todo lo que le pasa. Abel podrá engañar a todos, pero no a él. ¡La víctima es él!

Pero he ahí el problema de este Caín que se siente víctima incomprendida: nadie se lo cree, nadie se cree que sea víctima de nadie. En tanto que Don Quijote, ante los ojos de este trágico Caín, tiene toda la sublimidad de la víctima cristiana: todos están de verdad en contra de él, no tiene que convencer a ningún abelito de ello, lo rodean por todas partes burlándose de él, y él brilla en el centro con toda la luz que arroja sobre él la víctima por excelencia, el hijo de Dios, el salvador de todos los burlados y escarnecidos. ¡Qué no daría este Caín unamuniano por estar en el lugar de Don Quijote! A los ojos de esta encarnación unamuniana de la envidia, la diferencia entre realidad y ficción, seguir a Cristo o seguir a Amadís, es por completo irrelevante o secundaria. Lo importante es la imagen de ese Quijote, víctima de todos, que se mantiene seguro de sí mismo ante todos, distinto de todos en su calidad de víctima, invulnerable ante la incredulidad y el escepticismo, único. Así se comprende que también Joaquín Monegro, el envidioso, repita las palabras de su creador que ya conocemos:

> He aquí una cosa que no comprendo bien, amigo mío, no comprendo que nadie se disponga a dar la vida por poder ser otro, ni siquiera comprendo que nadie quiera ser otro. Ser otro es dejar de ser uno, de ser el que se es [...].
>
> Y al quedarse, luego, solo se decía [haciéndose eco de las palabras de un pobre hombre que hubiera dado su vida por ser él, Jaoquín Monegro]: '¡Quién fuera yo! ¡Ese hombre me envidia!, ¡me envidia! Y yo ¿quién quiero ser?' (Capítulo XXVIII)

La pregunta queda en el aire. Pero la respuesta que Joaquín Monegro se calla, es obvia. Si ese pobre hombre lo envidia y la prueba fehaciente de que lo envidia es que lo daría todo, incluso la vida, por ser él, y él, a su vez, envidia profundamente a su amigo Abel, está claro que quien él quiere ser no puede ser otro que su amigo Abel, el envidiado; ser Abel y no simplemente ser otro, ser diferente, como se dice a sí mismo mientras escucha a su interlocutor. Pero esto es también lo que su negra envidia, rebosante de odio, no admitirá jamás. ¿Ser yo el otro, ese otro cuyo deseo se da siempre paralelo al mío, rival del mío? ¿ver en ese otro un ser divinamente superior? ¿convertir al otro en el modelo y la meta de mi más íntimo vivir? Ya sabemos la respuesta que daría el Caín unamuniano: jamás, eso jamás, cualquier cosa menos eso, la muerte es preferible. Pues bien, no olvidemos que ésta es precisamente la voz de un ardiente admirador de Don Quijote.

¡Quién lo hubiera dicho, Don Quijote el ídolo de Caín! La historia de Caín y Abel asomándose por detrás de la historia de Don Quijote. O sea, el heroico Don Quijote sirviendo de tapadera y poético consuelo del odio envidioso de Caín. Porque está claro que al único héroe que admirará abiertamente la envidia es a aquél que le permita ocultar su verdadero rostro, negar que sienta envidia de nadie.

Y sin embargo nada más fácil, nada más predecible. Si la última y definitiva alternativa ha estado siempre entre Dios y el otro, o en nuestro caso concreto, entre Cristo y Amadís, no es necesario ser un gran teólogo para comprender que esa relación con el otro desprovista de trascendencia divina no puede ser otra que la de Caín y Abel, una relación fratricida. Eso lo entendía perfectamente Unamuno. Su error fue pensar que no lo entendió Cervantes.

Claro está, por otra parte, que aunque ambos lo entendieron, no lo entendieron de la misma manera. Unamuno sabía que la única forma de escapar al enfrentamiento fratricida con el otro, en el que cada una de las partes lucha desesperadamente por su singularidad sin conseguirla jamás, es Cristo. Pero para llegar a Cristo—también sabía Unamuno—hace falta un profundísimo acto de contrición, un arrepentimiento sincero, como, por ejemplo, el que señala Cervantes en Don Quijote en su lecho de muerte. De lo contrario, la única individualidad que se consigue es puramente poética, literaria, la del héroe de ficción. Si falta la voluntad auténtica de arrepentimiento, todo es literatura, *the play's the thing*, como diría Shakespeare. En Joaquín Monegro no hay arrepentimiento, lo que hay es mucha retórica literaria:

> A la vez que escribía [su] *Confesión*, preparaba, por si ésta marrase, otra obra que sería la puerta de entrada de su nombre en el panteón de los ingenios inmortales de su pueblo y casta [...]. Un espejo de la vida, pero de las entrañas, y de las más negras [...] un libro de alta literatura y de filosofía acibarada a la vez. (183)

Ante la imposibilidad de recibir su propia singularidad, de recibirse a sí mismo, de manos de Dios, por falta de arrepentimiento, no le queda a este Caín otro recurso que convertir su propio vacío, su odio, su degradante esclavitud a los pies del otro y su rebelión, en su singularidad, gritándole "a la baja mezquindad, la vil ramplonería de los que [lo] rodeaban": esta vileza, este odio inmenso, esta envidia que me corroe, soy yo y nadie me quitará ésta, mi única e irrepetible identidad, porque he nacido marcado por Dios "con la señal de los grandes predestinados." Y el instrumento con el que se realiza esta transformación puramente aparencial y encubridora de lo vil en lo heroico es la "alta literatura." Joaquín Monegro busca desesperadamente convertir la historia bíblica de Caín en una gran tragedia clásica. Es decir, la base sobre la que se asienta la excepcionalidad, la singularidad, de Joaquín Monegro es exactamente de la misma naturaleza que la de la grandeza heroica de

Don Quijote; tan literaria, puramente aparencial y engañadora es la una como la otra.

Todo esto se comprende sin gran dificultad. Lo que resulta más difícil de comprender es que Unamuno pretendiera hacernos creer en la validez de esa singularidad puramente literaria; es decir, que pretendiera hacernos creer que por detrás de la literaria singularidad de Don Quijote se vislumbra la figura de Cristo.

Cervantes, por el contrario, sabía que eso no es así. Sabía que lo que se vislumbra no es la presencia sino la ausencia de Cristo. Por eso sabía también que por detrás de esa cortina de humo de la singularidad inexistente, lo que de verdad existe es la multitud, el avasallador contagio mimético de la turba. Por eso pululan en torno al Don Quijote cervantino todas esas historias de personajes atrapados, mediatizados contradictoriamente, por el deseo de otro. Y por eso vemos en ellas esas tragicómicas Arcadias de pastores suspirando todos al unísono por la pastoril divinidad de turno. Todas ellas son subproductos de la historia de Caín. Y de la misma manera que el odio asfixiante de Joaquín Monegro no hace sino ocultar la fascinada adoración que le tiene a Abel, en esos otros personajes cervantinos la explícita admiración idólatra ante el otro no hace sino ocultar el odio y la rivalidad. Son las dos caras de la relación Don Quijote-Amadís que, figura proteica, se transforma y se esparce por doquier. Todas las historias intercaladas del *Quijote* son producto de una misma pero increíblemente polifacética intuición. Por eso vemos junto a Don Quijote el infernal suicidio de un Grisóstomo, la locura furiosa de un Cardenio o la melancolía igualmente suicida de un Anselmo.

Unamuno sólo ve una cara de la moneda. Por eso le molestaban terriblemente todas estas historias, como ya hemos visto. No se detiene a pensar ni en una sola de ellas en su *Vida de Don Quijote y Sancho*. Recordemos asimismo que tampoco le gustó nada a Don Quijote que mezclara "el hi de perra [autor de su historia] berzas con capachos," como dijo Sancho. Es natural, todas esas historias no hacen sino socavar la supuesta singularidad irrepetible de Don Quijote: "No se yo qué le movió al autor a valerse de novelas y cuentos ajenos, habiendo tanto que escribir en los míos." ¿Qué tiene que ver nada de eso con Don Quijote?, se preguntaba disgustado Unamuno, en especial "esa impertinentísima novela de *El curioso impertinente*." Que es lo mismo que decir ¿qué tiene que ver esa estúpida novela con nada que me pueda interesar a mí, admirador que soy de Don Quijote?

Y de nuevo hemos de sorprendernos. ¿Cómo puede decir eso Unamuno ante la historia de dos amigos íntimos uno de los cuales le quita la novia o la mujer al otro, siendo ésta la intriga básica no sólo de *El curioso* y de la historia de Cardenio en el *Quijote*, sino de su propia historia, la de *Abel Sánchez*, la historia de su Caín?

Repasemos brevemente la historia de *El curioso*, la más impertinente de todas para Unamuno: Anselmo y Lotario son íntimos amigos desde siempre. "Andaban tan a una las voluntades, que no había concertado reloj que así lo anduviese." Anselmo se enamora de Camila con la aprobación de Lotario. Es Lotario el que la pide en matrimonio para su amigo. Todos tres están contentísimos. Pasadas las celebraciones de la boda, Lotario, pensando en el honor de los dos jóvenes esposos, se aparta prudentemente de ellos. Ya no visita la casa de Anselmo como antes. Este lo nota y se siente herido. Insiste una y otra vez en que Lotario vuelva a la estrecha camaradería que siempre habían tenido. Aun así Lotario sigue manteniendo la distancia. De pronto, un buen día, Anselmo le confiesa al amigo un pensamiento que lo avergüenza pero que no puede quitárselo de la cabeza: ¿será Camila en realidad tan buena como parece? Sólo hay una forma de probarlo: ponerla en la tentación, hacer que se sienta deseada por otro hombre ¿y quien mejor que el amigo íntimo para la prueba y el requerido secreto? Después de resistirse horrorizado, Lotario termina aceptando. El resultado será una espesa maraña de deseos y celos en la que quedarán atrapados los tres, que terminan huyendo unos de otros y en desastradas y solitarias muertes, especialmente Anselmo que, atenazado por la angustia, reconoce que ha sido el culpable de todo y, literalmente, se deja morir.

¿Y cuál es la historia de Abel Sánchez y su íntimo amigo, el cainita Joaquín Monegro? También éstos han estado juntos desde siempre y también termina enamorándose uno de ellos, Joaquín. Aunque en un sujeto como éste, tal vez "enamorarse" no sea el término justo: "Joaquín estaba queriendo forzar el corazón de su prima Helena." Como es natural, se lo cuenta todo a Abel, en especial lo que Helena lo hacía sufrir. No se le puede quitar de la cabeza que ella debe querer a otro, aunque este otro no lo sepa todavía. He aquí parte de la conversación:

¡Hay veces que no sé si la quiero o la aborrezco más...! ¿Quieres que te presente a ella?
—Hombre, si tú...
—Bueno os presentaré.
—Y si ella quiere...
—¿Qué?
—Le haré un retrato.
—¡Hombre, sí!
Mas aquella noche durmió Joaquín mal rumiando lo del retrato, pensando en que Abel Sánchez, el simpático sin proponérselo, el mimado del favor ajeno, iba a retratarle a Helena [...] Pensó negarse a la presentación, mas como ya se lo había prometido... (60-61)

Comienzan las sesiones de modelo. "A los dos días tuteábanse ya Abel y Helena; lo había querido así Joaquín." Al tercer día éste los deja solos y al final de esa tercera sesión Abel y Helena se hicieron novios. Joaquín tiene terribles pesadillas sobre eso. Fue entonces precisamente—nos dice—cuando comenzó a odiar con toda su alma a Abel. "Aquella noche nací al infierno de mi vida" (73). Naturalmente Joaquín culpa a los dos de su desgracia, pese a que:

> Sentía también confusamente que fui yo quien les llevó no sólo a conocerse, sino a quererse, que fue por desprecio a mí por lo que se entendieron, que en la resolución de Helena entraba por mucho el hacerme rabiar y sufrir [...] el rebajarme a Abel, y en la de éste el soberano egoísmo que nunca le dejó sentir el sufrimiento ajeno. Ingenuamente, sencillamente no se daba cuenta de que existieran otros [...] No sabía ni odiar; tan lleno de sí vivía. (77-78).

"Sentía confusamente." No, los hechos no están confusos. Fue él quien le hablaba constantemente a Abel de ella, quien los presentó, quien insistió en que se trataran con familiaridad, tuteándose, y quien les dio la oportunidad dejándolos solos. Fue él el Galeotto, el alcahuete. Pero a diferencia del Anselmo cervantino, este Anselmo unamuniano no sentirá nunca remordimiento por la tragedia de la que él mismo ha sido cómplice.

Si creemos el testimonio de Joaquín, no parece que su interés por Helena tuviera nada que ver con su relación con Abel. Y una vez "enamorado" de ella ¿qué cosa más natural que hablar de ello con su más íntimo amigo y querer que su amigo la conozca? Por consiguiente, la única explicación de la traición de ambos tiene que ser el desprecio, la falta de consideración que tenían con él. El está convencido de que los dos disfrutaron haciéndole sufrir. O tal vez pensara Joaquín que había sido un poco imprudente, pero ¡quién hubiese imaginado una traición así de descarada!

Pero ésta no es una versión muy creíble de lo que ha sucedido. Si el envidioso Caín pudiera enamorarse de una mujer sin pensar en Abel, es decir, con independencia de lo que Abel pueda o no pensar sobre ello, entonces realmente Caín no tiene ningún problema con Abel. Pero está claro que lo que define a Caín es precisamente su enorme problema con Abel, su envidia. Caín es lo que es porque no puede quitarse a Abel de la cabeza, porque nada de lo que haga o sienta es inmune a lo que pueda o no sentir o pensar Abel. De hecho su problema es aun más profundo y absorbente: consumido por la envidia ¿puede acaso Caín desear nada en lo que su hermano Abel no muestre ningún interés? No parece posible, porque si lo fuera, querría decir que Caín ha encontrado la manera de sobreponerse, de superar, a su envidia. Pues en tanto permanezca atrapado en su envidia fratricida no tendrá jamas un deseo que no esté supeditado al deseo de Abel.

Supongamos por un momento que la envidia de Caín no es tan absolutamente absorbente como para anular urgencias o necesidades puramente biológicas. Supongamos que un joven Caín se sintiera naturalmente atraído por una mujer joven. ¿No pensaría él inmediatamente en usar este objeto de su deseo para instigar y alimentar la envidia, el deseo, de Abel? ¿No daría él un ojo de la cara, como es uso decir, por conseguir que Abel deseara a la mujer que él desea? Por supuesto que sí. Y se sentiría abatido y frustrado si Abel no mostrara interés. Nos lo podemos imaginar perfectamente quejándose, como ya lo hemos visto hacer, de que Abel sólo piensa en sí mismo y no se digna prestar atención a las cosas que a él de verdad le gustan, etc., etc.

Pero he aquí otra posibilidad que encaja en la lógica existencial del personaje y que debe ser para nosotros mucho más interesante. Es perfectamente plausible que en esta situación de falta de interés por parte de Abel, termine Caín por echarle la culpa a la mujer, la culpa de ser, digamos... tan poco interesante. Porque si Abel persiste en su falta de interés, el de Caín comenzará a declinar rápidamente. Y un buen día puede levantarse el envidioso Caín preguntándose a sí mismo que qué sería lo que él pudo ver en esa mujer, porque ahora que la pasión se ha calmado puede ver con claridad que su valor no parece ser ni mucho menos lo que él había creído....

¡Quién sabe! Tal vez tuvo suerte después de todo Joaquín Monegro de que Abel Sánchez terminara casándose con Helena. Porque si, envidiándole Abel el casamiento (que de otra forma no hubiera ocurrido), se hubiese casado él con ella y Abel hubiese terminado perdiendo el interés inicial (o al menos pareciéndolo), ¡sepa Dios la prueba de la virtud y el valor de Helena que se hubiese tenido que sacar de la manga nuestro unamuniano Caín! Aunque en realidad ya tenemos una muestra en esa "impertinentísima historia" cervantina de *El curioso*.

Ni que decir tiene que un Caín que se hubiera degradado hasta el punto de buscar a toda costa un medio de excitarle a su rival el deseo por la propia mujer (¡no para que la disfrute, sino para que la desee hasta la locura y se muera de envidia de no poderla disfrutar! ¡Y todo ello, no para disfrutarla él tampoco—cosa que en el fondo le trae sin cuidado sino para poder seguirle envidiándole el deseo a Abel!), un Caín así hubiese destruído por completo la imagen trágica, noble, "de alta literatura," en suma, quijotesca, con la que Unamuno pretendió redimir a su personaje. Cervantes, por el contrario, le hizo beber a su Caín hasta la última gota amarga de su degradación humana, de la verdad de lo que había hecho.[3] No sabemos si el degradado Anselmo se arrepintió en el momento de su muerte, aunque podemos pensar que así lo hizo porque reconoció su culpa. En cualquier caso, sí sabemos que se murió de pura vergüenza de sí mismo. Lo cual le honra, como también honra a Cervantes, que supo decir la verdad aun haciendo literatura, no como Unamuno, que pretendió hacer pasar la literatura por la verdad.

UNIVERSITY OF NORTH CAROLINA, CHAPEL HILL

---

[3] De que Cervantes asociaba el tipo de conducta del "curioso" Anselmo con la envidia o los celos tenemos un testimonio explícito en *La Galatea*, donde se nos dice que "no son los celos señales de mucho amor sino de mucha curiosidad impertinente" (Clásicos Castellanos, I, 230).

Bibliografía

Cervantes, Miguel de. *Don Quijote de la Mancha* I y II. Ed. John J. Allen. Madrid: Cátedra, 1977.

Kierkegaard, Søren. *Soren Kierkegaard's Journals and Papers*, vols. I and II. Ed. and Trans. H. V. Hong and E. H. Hong. Indiana UP, 1970.

———. *Fear and Trembling* and *The Sickness unto Death*. Trans. Walter Lowrie. Princeton UP, 1973.

———. *Christian Discourses*. Trans. Howard V. Hong and Edna H. Hong. Kierkegaard's Writings, vol. 17. Princeton UP, 1997.

———. *The Point of View*. Trans. H. V. Hong and E. H. Hong. Kierkegaard's Writings, vol. 22. Princeton UP, 1998.

Unamuno, Miguel de. *Obras completas*, III y V. Ensayos. Madrid: Afodisio Aguado, 1950.

———. *Vida de Don Quijote y Sancho*. Madrid: Austral, 1964.

———. *San Manuel Bueno, mártir. Cómo se hace una novela*. Madrid: Alianza Editorial, 1968.

———. *Del sentimiento trágico de la vida. La agonía del cristianismo*. Madrid: Akal, 1983.

Ziolkowski, Eric J. *The Sanctification of Don Quixote. From Hidalgo to Priest*. The Pennsylvania State University Press, 1991.

———. "Don Quixote and Kierkegaard's Understanding of the Single Individual in Society." *Foundations of Kierkegaard's Vision of Community. Religion, Ethics, and Politics in Kierkegaard*. Eds. George B. Connell and C. Stephen Evans. New Jersey-London: Humanities Press, 1992.

Ortega y la etnopsicología: Multiculturalismo y carácter nacional

Thomas Mermall

Tanto Ortega mismo como la crítica han insistido en que la generación del 14, con el autor de las *Meditaciones del Quijote* a la cabeza, no comparte con los hombres del 98 la predilección por la etnopsicología. A diferencia de Ganivet, Azorín, Maeztu, Unamuno, Baroja, indagadores todos en la psicología de los pueblos y cazadores de esencias, étnicas y nacionales, Ortega pretende superar esta disposición romántica con unos criterios de valor basados en la ciencia histórica. Ésta, a pesar de un "riguroso positivismo," no se inspira en los modelos de las ciencias naturales sino en la historia misma como estructura y sistema de la vida humana. En *Las Atlántidas* (1924) el autor acuña este método con el nombre de "razón histórica" y a continuación ofrece un ejemplo de su utilidad para el estudio de la cultura. Inspirado en los nuevos estudios de etnología y en la teoría de la relatividad de Einstein, nuestro ensayista encomia la ampliación del horizonte histórico que inauguran figuras como Frobenius, Breysig y Spengler y aplaude en sus obras el reconocimiento de sociedades hasta ahora consideradas bárbaras o inferiores. Ya en el apéndice a *El tema de nuestro tiempo* sobre la teoría de la relatividad nuestro pensador agrega: "En lugar de tener por bárbaras a las culturas no europeas, empezaremos a respetarlas como estilos de enfrentamiento con el cosmos equivalente al nuestro. Hay una perspectiva china tan justificada como la perspectiva occidental" (3: 237). En un ensayo de la misma época, dedicado a la obra del etnólogo Leon Frobenius, Ortega escribe: "El pluralismo de las culturas es, pues, una y misma cosa con el método propio de nuestra ciencia historica. Progresa esta en la medida en que sepamos negar metódicamente... el exclusivismo de nuestra cultura" (3: 252). En *Las Atlántidas* vuelve a condenar el parroquialismo eurocéntrico que considera los destinos no-europeos como formas marginales de lo humano; asimismo pone en tela de juicio la idea específicamente europea del Progreso—las ciencias físicas, la técnica, el derecho racionalista, etc.—como norma universal (3: 306). Al contrario, el nuevo sentido histórico debe aceptar el pluralismo, la discontinuidad, y la heterogeneidad en las formas de vida. A diferencia de algunas formas de la mentalidad ilustrada y de la ideología progresiva liberal, que a su modo habían mantenido las nociones de una naturaleza humana fija y la idea de una estructura vital permanente, la nueva concioncia histórica consiste en hacer constar las diferencias culturales así como "reconstruir la estructura radicalmente diferente que ha tenido la conciencia humana en sus diversos estadios... y advertir que no sólo los contenidos de su espíritu [de los pueblos] se diferencian de los nuestros, sino que el aparato mismo espiritual es muy otro" (3: 311).

No cabe duda de que estas ideas anticipan la ideología muticulturalista. Pero ¿es que Ortega en su análisis de peculiaridades étnicas y de características nacionales pone en práctica esta teoría? ¿Reconoce de veras el valor sui generis de culturas foráneas? Es oportuno notar que Ortega, aunque perspectivista, no es relativista; acepta la perspectiva individual y circunstancial como el componente ineludible de la realidad pero al mismo tiempo busca la unidad superior que abarque la pluralidad de las perspectivas. Por eso escribe "El problema histórico de las culturas ni resuelve, ni siquiera plantea el problema filosófico de la cultura—de la verdad, de la norma última y única moral, de la belleza..." (3: 304).

A propósito, observa Enrique Aguilar que "traducido a un lenguaje político el argumento bien podría interpretarse en el sentido de que una cosa es registrar un elemento específico, como la afinidad de un pueblo con sus instituciones, y otra distinta conferir a ello el valor de lo sustancial, dejando sin resolver la cuestión de qué modelo de gobierno, qué ideal público, qué definición de la libertad sea última y objetivamente preferible" (77-78). En fin, el método histórico de Ortega se basa en una tensión entre lo constante y lo diferencial, en lo que el filósofo madrileño llama "la antinomia de la óptica histórica: Tenemos que distanciarnos del prójimo para hacernos cargo de que no es como nosotros; pero a la vez necesitamos acercarnos a él para descubrir, que no obstante, es un hombre como nosotros, que su vida emana sentido." (311). En ese "sentido," pues, late un criterio universal.

Ahora bien, en lo que sigue voy a exponer unas valoraciones orteguianas de América (norte y sur) así como unas apreciaciones psicológicas de andaluces, castellanos, vascos, argentinos, y franceses. Veremos si Ortega pone la teoría multiculturalista en práctica y si en su análisis de características nacionales y regionales logra superar el llamado esencialismo noventayochista. Debo advertir que considero el profeso multiculturalismo de nuestro pensador inseparable de la etnopsicología, o sea de su análisis del carácter o psicología nacional. El primero afirma una ética pluralista, una disposición abierta hacia otras culturas, vale decir, la voluntad de "transmigración," para emplear el oportuno termino orteguiano; la segunda consiste en el método para lograrla. Pero antes de proseguir con nuestro comentario conviene a modo de una necesaria y brevísima digresión decir unas palabras sobre la disciplina etnopsicológica.

Como es sabido, la etnopsicología surgió como consecuencia de las ideas románticas sobre el "genio," el "espíritu" o el "alma" de los pueblos conocidas por el termino *Volksgeist*. Esta sensibilidad esencialmente literaria de índole popularista inspiró la presunta ciencia que estudiara la identidad o carácter de los pueblos a base de su lengua, literatura y folklore, así como los factores de raza, clima y herencia histórica . De ahí la disciplina de la *Völkerpsychologie*, de corte positivista y naturalista. La etnopsicología hizo profunda mella en el ideario de los del 98—la abulia de Ganivet, la intrahistoria de Unamuno y las teorías culturales de Menéndez Pidal son de estirpe etnopsicológicas. Sin entrar en discusión sobre los méritos de esta ciencia no sería desacertado afirmar que sus métodos no gozan hoy de mucho prestigio. Ciriaco Morón Arroyo la considera "ebriedad mental" y concluye que "todo el que busca explicaciones para una situación determinada en la raza o en los factores causales explica el presente por el pasado y acaba de una u otra forma de determinismo... El discurso del alma nacional privilegia la herencia sobre el proyecto de futuro. De ahí las concomitancias de la etnopsicología con el tradicionalismo, el popularismo y en su última expresión, con el fascismo" (141-42). Sin embargo, la cosa es más complicada de lo que parece. El *Volksgeist* suele asociarse casi exclusivamente con el genio nacional y las reivindicaciones nacionalistas, pero también se presta con igual facilidad y lógica a la justificación de valores universales. La clave está en el folklore, piedra angular de la teoría del *Volksgeist*. Como ha sostenido finamente Jon Juaristi en su "Introducción" a una nueva edición de *En torno al casticismo*, las investigaciones folklóricas demuestran que las baladas y los incidentes narrativos de una tradición popular:

> emigran sin control alguno y traspasan cualquier frontera política y lingüística. En resumen, nada hay más universal que el folklore... Unamuno saca partido filosófico de esta comprobación [en su noción de intrahistoria]: profundizar en lo particular, en lo idiosincrático, conduce irremediablemente al encuentro de lo general, de lo compartido por toda la Humanidad. (34)

Resulta que el *Volksgeist* no se limita a una ideología hostil a los principios de la Ilustración, sino que delata una inflexión emancipatoria, universalista.

Asimismo el multiculturalismo—variante contemporánea del *Volksgeist*—es ideológicamente un Jano bifronte. En principio, parte de las supuestas diferencias culturales destinadas a la coexistencia; sin embargo, en los últimos lustros el movimiento multiculturalista postcolonial se ha presentado como forma exclusivista de existencia, o sea, como una cara más del nacionalismo y de la política de la identidad étnica. Es iluminador al respecto el ensayo de Alain Finkeilkraut, *La Defait de la pense* (1987). Ahora bien, son precisamente estas nociones biológicas y ambientales de raza y clima que Ortega intenta superar mediante su recurso a la razón histórica. Ortega no busca el "alma" del pueblo sino su ser, tal como este se manifiesta en su modo de vivir. Más que la herencia racial, el factor geográfico y la acumulación de su peculiar pasado, el carácter étnico de un pueblo procede "de lo que ha hecho libremente de sí frente a esas circunstancias fisiológicas y climáticas. En este radicalísimo sentido es un pueblo su historia" (5: 200). Pero por otra parte, Ortega también cree que "cada pueblo y cada época tienen su alma típica, es decir, una retícula con mallas de amplitud y perfil definidos que le prestan rigorosa afinidad con ciertas verdades e incorregible ineptitud para llegar a ciertas otras" (3: 199), apreciación nada ajena al *Volksgeist*. Una vez más son pertinentes los comentarios de Aguilar: "La figura de una persona-nación, con sustancia real, 'alma típica,' vocación, destino, etc., constituye una hipóstasis que ciertamente no se compadece con otras afirmaciones suyas en las que califica... el concepto alemán del *Volksgeist* como un 'arbitrario misticismo,' inasimilable a la voluntad del individuo responsable [7: 199]" (81). Es curioso que tanto Ortega como los teóricos del *Volksgeist* rechacen la noción del hombre abstracto, genérico, en fin a "La Humanidad," en nombre de la circunstancialidad del ser humano, y de la primacía del yo histórico. Pero el pensamiento existencial de Ortega es, además, futurista y reconoce la posibilidad de personas y naciones de crear formas inéditas de existencia.

A diferencia del etnopsicologismo tradicional Ortega se sirve de la antropología filosófica o caracterología de corte fenomenológico y de un modo novel de relacionarse con el paisaje para captar las características de un pueblo. Mas adelante veremos los resultados que estas perspectivas y otras contribuyen al análisis del carácter nacional. Acerquémonos al tema con una exposición de lo que nuestro pensador opina de América.

De América Ortega se ha ocupado bastante. Tres viajes a la Argentina estimularon en nuestro pensador buen número de interesantes y controvertidos ensayos. Vayamos al grano. América es un pueblo joven y "ser joven es no ser todavía... América no es todavía... Aún no ha empezado su historia. Vive la prehistoria de sí misma" ("Meditación del pueblo joven" 172; en adelante AE). Con este juicio tajante que recuerda la opinión de Hegel, Ortega elimina de un golpe el valor de la historia precolombina. Si es que América sirve para algo—asevera el autor—es para el remozamiento del emigrante: "Venir acá es para nosotros los europeos una etapa de sanatorio, es un baño mágico, una inmersión en una esencia como eléctrica" (AE 226). En cuanto a los indígenas, eran estos "tan inferiores por su cultura a los colonizadores que era como si no existiesen" (AE 223). No es fácil, desde luego, reconciliar esta opinión con las consignas pluralistas. En otro escrito de la época añade que "una gota de sangre amerindiana es un fermento, una vitamina, que por sí no es nada, pero que excita e incita las sustancias positivas del alma criolla" [y, dicho sea de paso, ha contribuido a la vehemencia, la espontaneidad y la gracia de la mujer criolla (8: 440)]. Pero a renglón seguido Ortega se entusiasma con una familia porteña con antepasados incas—"una de las razas más nobles que ha existido en el mundo"—en cuyas venas corre la sangre de Tupac Yupanqui. "Este noble ingrediente amerindiano es uno de los muchos con que las abejas de los años han ido elaborando la miel de la criolla." Sin embargo, el autor precisa que "una criolla puede ser criollísima sin una gota de sangre india—es más, la criolla modelo carece de ella" (8:442). No se trata aquí, creo, de un deliberado racismo, sino más bien de las limitaciones y prejuicios culturales tan difundidos entre las figuras más señeras (e incluso progresistas) de la época,—esa "exotización" del Otro que ha comentado Barthes—y sobre todo de la reafirmación de la jerarquía eurocéntrica que Ortega pretendía superar con la "razón histórica." En efecto, el modelo europeo—la ciencia, la técnica, el derecho racionalista—será siempre el rasero por el cual nuestro pensador medirá toda cultura. El multiculturalismo (que admite la equivalencia de las culturas) fue, pues, una idea pasajera, insincera e inconsecuente del pensamiento orteguiano.

Los textos arriba citados confirman que las ideas raciales que de vez en cuando aparecen en Ortega (sobre todo en *España invertebrada*) siguen vigentes incluso en la última etapa de la obra de nuestro pensador. Pero cabe insistir que estas ideas no son de la estirpe racista que empleara un Baroja, por ejemplo, en obras como *El árbol de la ciencia* y en algunos ensayos de los años cuarenta.

No se crea, sin embargo, que con enarbolar la bandera del eurocentrismo Ortega exime a los colonizadores de grandes responsabilidades y de toda clase de pecados; al contrario, el filósofo somete a la casta de emigrantes americanos al más despiadado escarmiento. Es más, con intención que declara benévola y constructiva, Ortega ha gastado no poca tinta en perfilar las lacras de más de una nación.

Pues bien, si el multiculturalismo orteguiano no es más que una quimera, ¿qué queda de esa ciencia histórica anunciada en *Las atlántidas* y formulada en trabajos posteriores? No hace falta repasar aquí los enormes méritos y logros de la razón histórica cuando ésta acomete el tema de las generaciones, o cuando se ocupa de la dinámica de las creencias colectivas y las crisis culturales, categorías propias de la vida humana en su dimensión histórica. Cuando Ortega aborda las formas de existencia en el imperio romano, o en el periodo transicional entre la Edad Media y el Renacimiento, su método rinde notables resultados. Pero nuestro pensador también practica otro tipo de análisis, ancilar a la razón histórica, a saber, el psicológico, al que él mismo por un tiempo denominaría con el nombre de caracterología. Es esta una mezcla de antropología filosófica y el análisis de características nacionales basadas en las experiencias del autor. La antropología filosófica es para Ortega la "disciplina [que] nos enseña que las almas tienen formas diferentes, lo mismo que los cuerpos" (4: 467). En cuanto a su mérito científico no hay mucho que decir; como en el caso del psicoanálisis se trata de indagaciones que corren la gama desde unas teorías plausibles y las intuiciones más agudas y sugerentes, hasta los juicios más descabellados que apenas difieren de los tópicos de café.

Estamos en el ámbito de las generalizaciones y de los estereotipos que suscitan asentimiento o discrepancia pero que no son susceptibles a la confirmación científica. Por ejemplo, los españoles serían sobrios, estoicos y soberbios; los franceses sensuales y lógicos; los británicos formales y reservados; los húngaros melancólicos, etc. La caracterización étnica o nacional es, apenas hay que decirlo, arriesgada. Es curioso que respecto al tema el propio Ortega reconociera el atrevimiento de su actitud. En "Meditación del pueblo joven" admite que "los hombres de una nación, no saben, en puridad ni una palabra auténtica de lo que pasa en otra nación, porque una nación es, ante todo, un sistema de secretos, un repertorio de arcanos..." (AE 216). Y en "Carta a un joven argentino que estudia filosofía," añade que en lo que toca a la psicología étnica "hay cosas de que conviene hablar sólo entre pocas personas y no aventarlas con riesgo de que sean mal entendidas" (AE 69-70).

Huelga decir, que en los análisis de características étnicas o nacionales—inspiradas en el *Volksgeist* y en las teorías de Taine (*race, moment, milieu*) conviene tener en cuenta unas "variables" o contingencias de perspectiva y de metodología. Pienso, en primer lugar, en las teorías que otorgan un papel primordial al paisaje y que han influido sensiblemente en los escritores de la Generación del 98 y en Ortega. En segundo lugar, es imprescindible la importancia de la geografía: la proximidad a una gran potencia puede ser decisiva en la formación de una psicología nacional; o dicho de otra manera, la autodefinición de una cultura se configura a base de la oposición a otras rivales o amenazantes. Algunos críticos como Menéndez Pidal destacan una característica madre o rasgo medular que una cultura ha mantenido a través de los siglos—síntesis de la religión, el arte, la literatura y el folclore. Por fin, no se pueden descontar las consecuencias de un trauma histórico—como en el caso de Japón o el de los judíos en la Segunda Guerra Mundial—que dejan huellas psíquicas indelebles. En todo caso, Ortega ha insistido a lo largo de su obra madura que los rasgos psicológicos de un pueblo o grupo étnico no son permanentes, sino susceptibles al cambio. El ser humano, ha escrito Ortega no tiene naturaleza, lo que tiene es historia.

De no menos importancia en las interpretaciones de la psique étnica o nacional es el factor discursivo o retórico, con su dimensión ético-política y aspectos narratológicos. Así: ¿Quién hace el análisis, un nativo o un extranjero, un insider o un outsider?; a lo mejor el outsider proyecta sobre la cultura que analiza aspectos de la suya propia y con ello delata inseguridades personales. Luego, tanto nativos como extranjeros pueden desdoblarse en alter-egos y asumir una variedad de personalidades ficticias para efectuar el análisis con una presunta objetividad y considerable tesitura de perspectivas (i.e. Cadalso).

Ahora bien, acertadas o disparatadas las opiniones de Ortega emanan por lo general no de las espontáneas, aleatorias y por lo general superficiales impresiones del turista, sino de presupuestos filosóficos, con los que pretende justificar, explicita o implícitamente, sus juicios. Estos presupuestos, comprenden las siguientes categorías o ramas: la antropología filosófica, la estimativa (teoría de los valores), la noción existencial de la autenticidad, y una nueva aproximación al paisaje.

Según los fundamentos de la antropología filosófica orteguiana la personalidad humana o la psique es tripartita: consiste en vitalidad, alma y espíritu; o sea, en: 1) el ser corporal, 2) el alma—recinto privado de las emociones, y 3) el ámbito impersonal, universal de la voluntad y del pensamiento que forman el espíritu. "Cada uno de nosotros representa una ecuación diversa en la combinación de esos tres ingredientes" (2: 473). Luego vienen las correlaciones entre carácter y cultura:

> En general, la juventud—no niñez—implica predominio del alma. Esto se manifiesta inclusive en el curioso fenómeno de rejuvenecimiento colectivo que son los pueblos 'criollos'.... El hombre griego vive desde su cuerpo, y sin pasar por el alma asciende hacia el espíritu.... El germano (de la Edad Media) vive de su alma y de su vitalidad.... Goticismo es, originaria e inevitablemente, lirismo, fluencia y emanación de un dentro invisible a un fuera visible.... Luego donde hay expresivismo hay predominio del alma. (2:474-76)

Ya en sus escritos de 1911, muchos años antes de haber formulado esta "tectónica de la intimidad humana," Ortega, influido por Worringer, caracteriza al hombre europeo según ciertas disposiciones anímicas: el pathos materialista del sur y el pathos trascendental del norte (1: 188), dos formas de ser y pensar que luego elabora en *Meditaciones del Quijote*. En esta obra epocal nuestro filósofo, fervoroso europeizante, contrapone la cultura española—superficial y sensualista (impresionista, realista, materialista), a la cultura germánica de las realidades profundas, vale decir, una cultura afín al rigor científico y a la meditación filosófica (es importante hacer constar que Ortega no admira a los alemanes por sus dotes para la sociabilidad o por su política, ni menos por sus cualidades morales o la forma de su cráneo, sino por su ciencia, y por el nivel que han logrado en filosofía). El alemán, inveterado idealista, vive encerrado dentro de sí mismo, sin contacto inmediato con ninguna otra cosa, su aislamiento metafísico ha tenido consecuencias negativas incalculables. El alemán "no ve con claridad el tú, sino que necesita construirlo a partir de su yo.... Su convivencia social será un perpetuo desacierto" (4: 37). El alma meridional, por otra parte, es nativamente hombre de plaza pública y su impresión primeriza tiene un carácter social. Por ende "ha propendido siempre a fundar la filosofía en el mundo exterior" (4 :33).

Apreciaciones de este tipo, por sugerentes que fueran, no son a nuestro parecer incompatibles con la etnopsicología tradicional. Lo mismo vale para el juicio orteguiano de la cultura francesa, a la que compara con la mentalidad castellana:

> Siente el castellano una secreta vergüenza, cuando se sorprende complaciéndose en algo. Para el francés, opuestamente, vivir es gozarse vivir.... La historia de Francia es la historia más bonita porque es la historia de un pueblo que se divierte viviendo. Toda ella avanza en *allegretto*; es el *tempo* racial que se impone a los individuos, por muy melancólicos que sean.... Mientras el Renacimiento francés culmina en la figura de Pantagruel, un glotón, el Renacimiento español se complace con la imagen del pícaro... una servil adulación del hambre. (2: 374; 375-6)

No pocos análisis de psicología nacional o étnica en la obra de nuestro pensador se basan en la relación persona-ambiente o sea, la influencia del paisaje en el carácter. Aquí Ortega nos sorprende con su genial inversión de la tesis positivista:

La tierra influye en el hombre, pero el hombre es un ser reactivo, cuya reacción puede transformar la tierra en torno.... De modo que donde mejor se nota la influencia de la tierra en el hombre es en la influencia del hombre en la tierra.... Castilla es tan terriblemente árida porque es árido el hombre castellano. Nuestra raza ha aceptado la sequía ambiente por sentirla afín con la estepa interior de su alma. (2:372-3)

Pero la superación del determinismo es aquí más aparente que real. Como ha notado Lane Kauffmann (115), Ortega sustituye el determinismo geográfico por el étnico; conforme a la clasificación de Taine se pasa de la categoría de *milieu* a la de *race*. Pero, en justicia, don José no se conforma con ningún determinismo, prefiere más bien una solución dialéctica entre el hombre y su ambiente.

Es oportuno en este contexto ofrecer un contraste entre el ensayismo paisajista de Ortega y los rasgos del género en algunas figuras del noventayocho. Como han sugerido Laín Entralgo y Theodor Adorno, entre otros, el ensayo es capaz de transformar a la naturaleza en cultura. Pero mientras que para los noventayochistas es el paisaje un estado de alma o acicate de la emoción histórico-mítica, para Ortega es un lugar desde el cual se piensa. "Ortega nos enseñó—escribe Octavio Paz—que el paisaje es un aquí visto y vivido desde mí; ese desde mí es siempre un desde aquí" (11). La frase rezuma del perspectivismo que caracteriza la razón vital de nuestro pensador; pero no se trata de una exposición formal de esta doctrina epistemológica, sino de una manera sui generis de ver y descubrir las cosas y de relacionarse directamente con ellas. El ensayo paisajista orteguiano ofrece un nuevo modelo cognitivo en el que el perspectivismo conduce al pluralismo y por ende a la superación de los etnocentrismos condicionados por la geografía (Kauffmann 116; Mermall 115-16). No es otra la tesis de los bellos ensayos "Notas de andar y ver" y "De Madrid a Asturias o los dos paisjes," en los que se enseña a los castellanos a abandonar sus prejuicios locales y abrirse o "transmigrar" al paisaje asturiano: "Pupila castellana, abre bien el iris para que España multiforme y entera penetre en tu retina y, si preciso fuere, quiébrate en seis mil facetas como el ojo de las abejas de tu Alcarria!.... Esta actitud transmigratoria de la personalidad que va recorriendo las cosas y siendo cada una de ellas durante un rato es el don más refinado del hombre" (2:250). La imagen del viajero en su andar y ver por el paisaje español es una metáfora del conocimiento y un alegato por el pluralismo (Kauffmann 116). Esta solución estética a problemas ideológicos no es tan patente en figuras como Unamuno y Azorín. En don Miguel falta ese justo medio entre sujeto y objeto que caracteriza a los ensayos de Ortega. El ensayo paisajista unamuniano delata el ensimismamiento y la ensoñación del que busca en la naturaleza el silencio, la paz, el reposo, la profundidad y la eternidad. En el otro extremo, en los ensayos de Azorín, por ejemplo, el sujeto es apenas discernible (Kauffmann 117). En Ortega los recursos autorreferenciales sitúan al espectador en su circunstancia mientras que su fidelidad a la misma completa el modelo de conocimiento de una realidad objetiva. En suma, el ensayo paisajista de Ortega basado en el perspectivismo es una defensa e invitación al pluralismo cultural.

Sin embargo hay análisis de pueblos en el corpus orteguiano que son puro impresionismo, pero impresionismo genial. De todas las exploraciones etnopsicológicas del autor de índole paisajista la más peregrina es la del pueblo andaluz, comparable por su vejez, pasividad (antimilitarismo) y misterio al pueblo chino. Según Ortega el andaluz es de modales femeninos, propenso al espectáculo y al narcicismo colectivo. Su ideal de vida es el vegetativo, producto de cuatro mil años de holgazanería, pero en sentido positivo de la palabra; o sea, el andaluz reduce su vida al mínimo: "En vez de aumentar el haber, disminuye el debe" (6: 116). En esto es fiel a un ideal paradisíaco de la vida. El andaluz tiene una relación espiritual profunda con su tierra que sobrepasa el apego al ambiente físico. "Mientras un gallego sigue siendo gallego fuera de Galicia, el andaluz transplantado no puede seguir siendo andaluz; su peculiaridad se evapora y anula" (6: 120). ¿Cómo valorar estas observaciones arbitrarias, sumamente ingeniosas, sino a base de reacciones intuitivas, de criterios subjetivos, de prejuicios, o interpretaciones históricas singulares y excéntricas?

Otro método de aproximación al carácter nacional o étnico en Ortega es el recurso al modelo estimativo. Este, a pesar de su armazón teórica respetable, no sobrepasa el estereotipo y el tópico. "El carácter de una sociedad dependerá del modo de valorarse a sí mismos los individuos que la forman. Por eso podría partir de aquí, mejor que de otra parte, una caracterología de los pueblos y razas" (4: 461). Pertrechado de la teoría de los valores heredados de Nietzsche y Scheler aborda Ortega el trillado tema de la soberbia española. "La soberbia es nuestra pasión nacional, nuestro pecado capital. El hombre español no es avariento como el francés, ni borracho y lerdo como el anglosajón, ni sensual e histriónico como el italiano. Es soberbio, infinitamente soberbio" (4: 459). La soberbia es una enfermedad de la función estimativa en la que nuestra propia valoración implica una ceguera nativa para los valores de los demás. "El soberbio practica un solipsismo estimativo: solo sabe descubrir en sí mismo valores, calidades preciosas, cosas egregias…" (464); "Las razas soberbias son consecuentemente dignas, pero angostas de caletre e incapaces de gozarse en la vida. A esto acompaña el sentimiento de autosuficiencia, el hermetismo y el misoneísmo típico del pueblo español." El vasco es para Ortega el parangón de la soberbia española. A pesar de ser el único grupo peninsular con una ética sana y espontánea y de alma pulcra y fuerte, la soberbia vasca se inspira en una estimación de lo ínfimo. No solo está el vasco limitado por la ceguera para las virtudes del prójimo, sino que dentro de sí mismo no rinde acatamiento a los valores máximos:

> El vasco cree que por el mero hecho de haber nacido y ser individuo humano vale ya cuanto es posible valer…. Esta democracia negativa es el natural resultado de una soberbia fundada en los valores ínfimos…. Con ella no se puede hacer un gran pueblo y conduce irremediablemente a una degeneración del tipo humano, que es lo acontecido en la raza española. (464-66)

El ensayo más extenso y controvertido de Ortega sobre el tema del carácter nacional, en el que se conjugan los temas del paisaje y la estimativa junto a la ética de la autenticidad, corresponde a su opinión de los argentinos. En "Intimidades" y en "El hombre a la defensiva" Ortega sostiene que el argentino no está a la altura de sus propias aspiraciones, las cuales toman la quimérica forma de la Pampa. Este paisaje abstracto, anómalo (sin fisonomía—o sea, sin primer plano o confín) induce la ilusión de una promesa que no se cumple (el subtítulo del apartado es "la pampa… promesas."). Ortega ve en la Argentina una tierra fértil, una sociedad de impresionante madurez estatal y "el pueblo con más vigorosos resortes históricos que existen hoy" (AE 142); pero al mismo tiempo le atribuye al hombre argentino (la criolla ya es otra cosa) una larga lista de lacras que pone en entredicho su carácter y hace peligrar su futuro. La principal tara pscicológico-existencial del argentino es, según el autor, la falta de autenticidad. He aquí, dicho sea de paso, la cualidad humana más preciada en nuestro pensador, una ética basada en una idea clara y firme de vocación personal y la voluntad de tener la vida puesta en algo que brota de la íntima, ineluctable necesidad y no de formas de comportamiento impuestas. Además, Ortega encuentra al argentino inaccesible e incapaz de comunicación, debido a cierta inseguridad en sí mismo. Para Ortega, lo que vemos cuando topamos con el argentino es una máscara, un comportamiento al mismo tiempo demasiado pueril y repulido para ser sincero: "La palabra, el gesto no se producen como naciendo de un fondo vital íntimo, sino como fabricados expresamente para el uso externo.... En la relación normal el argentino no se abandona; por el contrario, cuando el prójimo se acerca hermetiza su alma y se dispone a la defensiva" (AE 125-26). Pesan sobre el argentino los embates de la emigración y una organización social de factoría que consiste en "el inmoderado apetito de fortuna, la audacia, la incompetencia, la falta de adherencia y amor al oficio" (AE 131). El rápido progreso del país invierte el orden normal de las cosas y los puestos y huecos sociales surgen antes que los hombres capaces de llenarlos. Y como estas funciones sociales tenían que ser de una forma u otra servidas se hizo normal que las sirviera cualquiera. Pero lo más grave de la personalidad argentina es la falta de vocación: "Yo creo que son sobremanera insólitas en la Argentina las vocaciones profesionales; o dicho inversamente, que el argentino típico no tiene puesta su vida de manera espontánea en ninguna ocupación particular. Ni siquiera a los placeres" (AE 136). Porque "El argentino vive atento, no a lo que efectivamente constituye su vida, no a lo que de hecho es su persona, sino a una figura ideal que de sí mismo posee" (AE 138). En efecto, el argentino tiene una idea espléndida de sí mismo, pero como en el caso de Narciso, esta imagen es falsa. Y lo peor del narcisismo es que se acostumbra el individuo a negar su ser espontáneo en beneficio del personaje imaginario que se cree ser. De ahí la perpetua actitud defensiva y la agresividad del argentino —que Ortega mediante un análisis lingüístico llama guarangismo— y que impide realizar sus magníficas y riquísimas posibilidades de pueblo afortunado.

Es preciso que nos detengamos aquí para comentar algunos de los procedimientos retóricos de nuestro pensador. Y lo primero que cabe mencionar en este contexto es que, como ya hemos notado, en los ensayos de paisaje Ortega se propone un ejercicio de comprensión del otro con motivo de superar limitaciones y cegueras que imponen diferencias culturales.

En "Intimidades" y en "El hombre a la defensiva" Ortega convierte un acercamiento ostensiblemente amistoso y constructivo en un despliege de incomprensión y hostilidad. Como ha notado Luis Gabriel, al tiempo que Ortega pretende crear un consenso de opinión y asegurar la complicidad de su destinatario/interlocutor, inicia el proceso inverso: las armas de persuasión se truecan en instrumentos disuasores y excluyentes (Gabriel 4-5). El escritor madrileño pasa de la presunta apreciación, elogio y solidaridad para con el argentino a su aislamiento y castigo. Gabriel hace ver como en el uso de los pronombres Ortega comienza con un nosotros—"La vida argentina tiene el don de poblarnos el espíritu"—y a renglón seguido deja al argentino de la mano con "El que llega a esta costa," para luego recrear ese nosotros en molde exclusivamente europeo, o sea, no-argentino. Además, observa Gabriel, en este ensayo Ortega se reserva a su persona todas las expresiones pertenecientes al campo semántico de la intimidad y la elección, mientras que deja al argentino vacío de carácter, reducido a una careta (Gabriel 6-7). Como en el caso del multiculturalismo Ortega no cumple su promesa y fracasa en su acto de transmigración.

Si Ortega parece duro con los argentinos los yanquis no quedan mucho mejor, sobre todo las mujeres. Nuestro pensador resalta "la impresión de vacuidad que deja entre nosotros el tipo medio de la mujer norteamericana" (el hombre medio norteamericano es el hombre estándar, primitivo y de un vacío interior.) En la mujer yanqui—prosigue Ortega:

> Contrasta sorprendentemente el pulimento físico de su cuerpo y aderezo exterior, la energía y soltura de sus maneras sociales con su nulidad interna, su indiscreción, su frivolidad e inconsciencia...La mujer norteamericana es el ejemplo máximo de la incongruencia entre la perfección del haz externo y la inmadurez del íntimo, característica del primitivismo americano. (AE 171-72)

¿Qué es lo que Ortega espera de los pueblos que critica? No se trata, evidentemente, de solo enmendar unas pautas de comportamiento nada atractivas o poco conducentes a la socialización. Lo que Ortega espera es que las naciones como los individuos lleven a la perfección las posibilidades de su ineluctable realidad. En palabras del autor: "Toda cosa concreta—una nación, por ejemplo—contiene, junto a lo que hoy es, el perfil ideal de su posible perfección" (11: 64); ese ideal, o "deber ser," no es abstracto, no se extrae de la cabeza sino de la realidad misma: "Sólo debe ser lo que puede ser, y solo puede ser lo que se mueve dentro de las condiciones de lo que es" (3: 101); así reza el idealismo conservador de nuestro filósofo. Idea corolaria a esta postura es la consigna de "no medir cosa alguna con una unidad de medida que no sea ella misma. Midamos lo que algo es con la perfección posible que, a la vez, nos muestra como perfil etéreo que lleva siempre sobre el que, en efecto, posee" (8: 439.)

El contexto de esta advertencia es la meditación orteguiana de la criolla. "La criolla... es ese perfil ejemplar que toda criolla lleva sobre sí, como una constante y encantadora posibilidad" (8: 439). Todo lo contrario del hombre argentino, la criolla es para Ortega, "el grado máximo de espontaneidad ("Una criatura que es la espontaneidad misma")... un tipo de feminidad ejemplar... [un] constante y omnímodo lujo vital" (8: 429, 436) que junto a las cualidades de vehemencia y gracia constituye "el prototipo real de todas las mujeres que aspiren a ser criollas" (426). La criolla es, sobre todo, "la permanente autenticidad," vale decir, la cualidad humana más cotizada de nuestro autor. Ahora bien, el análisis retórico más superficial del ensayo sobre la criolla, y sin descontar los juicios disparatados y retrógados que sobre la mujer campean por la obra del autor, el análisis más superficial, digo, revela que estas galanterías y efluvios sentimentales no difieren de la mentalidad tutelar, paternalista y condescendiente de la mentalidad colonial que encontramos en su crítica de América. Ortega, o bien ignorante de la ironía que él mismo confecciona, o bien consciente y pícaro, proyecta el valor humano máximo—la autenticidad—a la porción del genero humano que considera inferior. No obstante, existen interpretaciones positivas como la de Marta Campomar, quien ve en las palabras de Ortega un nuevo ideal femenino, sobre todo frente a la mujer española "un poco dura e inelástica." En la criolla veía don José, "la esencia del nuevo fruto americano... un nuevo tipo de mujer europea, que con o sin sangre india se ha ido creando poco a poco en lo colectivo" (174-175). En lo que se refiere a la valoración de la mujer no cabe la menor duda que las figuras más señeras de la Generación del 98 como Azorín y Unamuno superan a Ortega en comprensión y sensibilidad para con el sexo femenino. En efecto, algunas apreciaciones de Azorín son ejemplares y eminentemente progresistas. Es sumamente iluminadora la crítica de Azorín al estudio de Gregorio Marañón "Biología y feminismo," en el que el ilustre médico, igual que Ortega, sostiene la tesis de la inferioridad de la mujer frente al hombre. No nos es posible reproducir el texto del escritor levantino en su integridad, pero espigamos a continuación unas frases reveladoras. "Preguntémonos ante todo: ¿existe desigualdad entre el hombre y la mujer? Si esa desigualdad existe ¿qué alcance tiene?, ¿qué consecuencias podrían deducirse de ella en el orden del derecho, de la política, de la justicia social?..." El doctor Marañón nos habla en *Andando y pensando: notas de un transeúnte* (1929) de la atracción que siempre sobre la mujer ha ejercido 'el sexo llamado fuerte':"Pero esa atracción es puramente social, transitoria... En [el] porvenir la mujer será tan fuerte como el hombre; la atracción, ahora desigual, será equilibrada y pareja. Y, entre tanto, la misma transformación social habrá ido borrando las desigualdades transitorias, adjetivas, que actualmente existen entre la mujer y el hombre" (60). Y en cuanto a "no medir cosa alguna con una unidad de medida que no sea ella misma," la gran medida para Ortega ha sido siempre Europa.

Resumiendo lo hasta aquí dicho podríamos concluir que Ortega y Gasset no ha cumplido su misión transmigratoria. No ha llevado a cabo su experimento multiculturalista, ni se ha dirigido a los americanos de forma del todo amistosa y constructiva; y a pesar del tratamiento caballeroso de la criolla, la ha dejado, al fin y al cabo, burlada.

Con todo, sería injusto no ver en la crítica orteguiana valores positivos. A pesar de algunos desaciertos y frivolidades, los juicios del pensador sobre pueblos y etnias brotan de su idea realista, pragmática de la vida humana, regida por una ética existencial en la que predominan los valores de la autenticidad, la vocación y el perfeccionamiento. Los pueblos, como los individuos, son herederos de una conciencia histórica, de ciertas estructuras sociales y formas de existencia que constituyen su identidad; pero, además, las vicisitudes de la historia y la peculiar psicología de cada país imprimen en la psique nacional unas limitaciones, fobias y complejos que constituyen una rémora a la evolución normal de la sociedad, un obstáculo a lo que un pueblo—según sus propios proyectos e ideales—podría ser. Ortega exige que las sociedades—la suya, la argentina, o cualquiera—se enfrenten honestamente con los problemas psicológicos que los atosigan e impiden su desarrollo espiritual.

Para responder a nuestra pregunta inicial sobre si Ortega es o no es un esencialista cultural podríamos responder que en teoría, desde luego, no lo es, aunque en la práctica no cumpla siempre con su propia consigna de la razón histórica. Pero su concepto del fenómeno cultural es más complejo y sofisticado que el de la Generación del 98. Los presupuestos antropológicos e historicistas de nuestro pensador confieren a sus opiniones un estatus filosófico superior a las ideas deterministas y raciales de sus antecedentes y constituyen un programa progresivo de estudio cultural. Pero este sustrato filosófico no deja de ser—cuando acomete el tema de la psicología nacional—un *tour de force* retórico que de vez en cuando delata cegueras y prejuicios incompatibles con el espíritu de la modernidad.

BROOKLYN COLLEGE / CUNY

Bibliografía

Aguilar, Enrique. "Nacionalidad y nacionalismo en el pensamiento de Ortega y Gasset." *Ortega y la Argentina*. Ed. J. L. Molinuevo. México: Fondo de Cultura Económica, 1997.

Campomar, Marta. "Controversias americanistas: el colonialismo de Ortega y Gasset." *Revista de estudios orteguianos* 1 (2000): 174- 175.

Gabriel-Stheeman, Luis. "José Ortega y Gasset en los espejos de la pampa." Ponencia en el Congreso *Hispanics: Cultural Locations*, San Francisco USA, octubre-1998.

Juaristi, Jon. "Introducción." *En torno al casticismo*. Madrid: Biblioteca Nueva, 1996.

Kauffmann, Lane R. "Between Antitheses: Subject and Object in the Landscape Essays of Ortega y Gasset." Ed. Nora de Marval- McNair. *José Ortega y Gasset: Proceedings of the "Espectador Universal" International Interdisciplinary Conference*. New York: Greenwood Press, 1987.

Mermall, Thomas. "El paisaje pedagógico de Ortega y Gasset." *Aporía* 21-24 (1983): 109-123.

Morón-Arroyo, Ciriaco. *El "alma" de España: cien años de inseguridad*. Oviedo. Ediciones Nobel, 1998.

Ortega y Gasset, José. *Obras completas*. Madrid: Revista de Occidente, 1965-1983.

———. *Meditación del pueblo joven y otros ensayos sobre América*. Revista de Occidente en Alianza Editorial: Madrid, 1981.

Paz, Octavio. *El País*, 24 de octubre, 1980.

Ortega Gasset, la técnica y la nueva comunicación

GONZALO NAVAJAS

I. *CRONOS Y TECHNE*

Como perciben con agudeza los pensadores afiliados a la escuela de Frankfort, la cuestión de la tecnología es, junto con la de la temporalidad, el elemento más constitutivamente definitorio del debate sobre la modernidad que ha determinado el discurso del siglo XX. Para Habermas, lo moderno es una investigación en torno a un concepto del tiempo proyectado hacia el futuro, el establecimiento de una *nova aetas* para cuya realización la tecnología ha de ser un agente determinante (*The Philosophical Discourse* 5). Adorno percibe que la tecnología enmarca y condiciona el discurso sobre lo moderno y afecta el modelo social contemporáneo con su poder de persuasión y manipulación de segmentos amplios de la humanidad (167). *Cronos* y *techne* son las ideas-matriz que motivan la crítica del proyecto moderno para esos pensadores. Esa crítica tiene, a su vez, consecuencias decisivas para el modelo de la comunicación global y las relaciones supranacionales actuales.

Desde una perspectiva conceptual distinta, Ortega y Gasset examina esos temas y les da un tratamiento específico que, por su distintividad, nos sirve para entender mejor, por un procedimiento contrastivo, la situación epistémica actual. He considerado en otros trabajos el concepto de la temporalidad en Ortega (Navajas 47). Voy a hacerlo ahora con relación a la técnica y sus implicaciones para la comunicación simbólica.

La afirmación más general que Ortega hace con relación a la técnica es que es el destino de la humanidad moderna: "Lo que nadie puede dudar es que desde hace mucho tiempo la técnica se ha insertado entre las condiciones ineludibles de la vida de suerte tal que el hombre actual no podría, aunque quisiera, vivir sin ella" (14). Ortega es consciente de la suspicacia que despierta la razón analítica y positiva y su derivación más inmediata, la técnica, pero es al mismo tiempo sabedor de que no es posible evadir su influencia. Frente al triunfalismo cientifista de Comte, Marx y Renan y el rechazo del discurso antihegeliano desde Kierkegaard a Unamuno, Ortega—de manera habitual en él—es capaz de hallar un equilibrio entre las fuerzas contrapuestas de un concepto matriz fundamental y aproximarse a la antinomia de manera creativa (Burrow 53). La técnica es parte congénita de la modernidad y Ortega se integra plenamente y sin reservas dentro del marco cognitivo más amplio de la historia reciente. La crítica negativa de Unamuno se transforma en él en una reflexión analítica en la que, sin marginar las dudas respecto a la aplicación derivada de la ciencia, se opta por potenciar los elementos constructivos de la técnica. Ortega no se siente inclinado a la evasión hacia las utopías que el pensamiento moderno propone para compensar los excesos de la razón. La orientación de Ortega se dirige no a la sustitución del mundo moderno por otro futuro o pasado (el utopismo desde Bakunin a Lenin) ni a la regresión romántica hacia un pasado no existente pero subliminalmente perfecto. En lugar de estas opciones, Ortega propone la reinserción de la normativa antigua clásica dentro del *novus ordo* que lleva adherido a él la progresiva sustitución de la cultura de la letra escrita (y humanística) por la instrumental y experimental. Para Ortega, el problema de la técnica lo es sólo en cuanto que amenaza la cadena del ser occidental y puede provocar la sustitución del concepto convencional de civilización por otro desconocido. No obstante, Ortega es explícitamente consciente de que la técnica nos ayuda en el proceso de revelación del cosmos y sólo por ello alcanza su justificación.

Heidegger sintoniza con esta idea aunque en él la revelación de la técnica se encamina hacia el *Sein*; el aspecto primordial de la técnica no es la acción de hacer o transformar el entorno sino la exposición del ser, el extraerlo de su estado de ocultamiento (180). Heidegger no fija su atención en los aspectos activos de la técnica sino en su empresa de definición parcial de la esencia del mundo. Ortega adopta una posición menos ontológica y se centra en los aspectos dinámicos de la técnica, los que la convierten en un componente determinante de la reconfiguración del mundo y de los paradigmas de comprensión de ese mundo. A diferencia de la reacción en defensa del humanismo clásico ante la invasión de la ciencia y la técnica, propia de la crisis antipositivista y antidarwiniana, Ortega asimila la técnica al proyecto humanístico; en realidad, la convierte en el modo más eficaz de redimir al humanismo de su crisis y reconfigurarlo para nuestro tiempo. Ortega es consciente de que, desde Gutenberg, los cambios de paradigma de la historia intelectual han seguido y no han precedido (como en el pasado) a las revoluciones tecnológicas. Por esa razón, para él el físico y el ingeniero son las figuras emblemáticas de la modernidad en las postrimerías del siglo XIX y la primera mitad del siglo XX. El físico (Heisenberg, Einstein, Borg), porque ha sustituido a la metafísica en la definición absoluta del mundo. El ingeniero porque asume la capacidad de la técnica no sólo de cambiar parcialmente el entorno físico, como en el pasado, sino de recomponerlo de manera completa.

No alcanza Ortega a experimentar la revolución digital que se opera no sólo en el modo en que se transmite la comunicación sino en la comunicación misma. Ese cambio radical conlleva el cambio del modelo de la técnica al de la tecnología. La técnica—de la que trata Ortega—se concentra en la transformación física y aparente del mundo: grandes puentes, rascacielos, máquinas poderosas. La tecnología es una modulación diferencial de la técnica, no es incompatible con ella sino que coexiste y se interrelaciona con ella. No obstante, implica un desplazamiento cualitativo de la naturaleza de la técnica: más que en la transformación masiva del medio se concentra en aproximarse de modo diferente a él, para percibirlo de modo diferencial y, a través de esa percepción, relacionarse con él de manera más compleja y profunda. Más que la monumentalidad y la vastedad de las construcciones propias de la técnica, la tecnología produce una magnitud de información y conocimiento contenidos no en bibliotecas extensas sino en minúsculos receptores y conceptos: el *chip*, el *byte*, el *cd* sustituyen en su parquedad de volumen y léxico la grandeza utópica de la técnica de raigambre decimonónica. La tecnología no aspira a crear un mundo completamente nuevo del que quedan ausentes todas las insuficiencias de la humanidad pasada. Su ambición es más limitada y parcial. Pretende reposicionar la ubicación del observador del mundo dentro de unos parámetros de información nuevos (Castells 469). La tecnología otorga nuevas facultades al observador que, precisamente desde su nueva posición privilegiada de conocimiento singular del mundo, adquiere un poder que estaba reservado antes al industrial y al especialista técnico. Las agencias de poder se trasladan desde la política al control del conocimiento y la transmisión de ese conocimiento.

Ortega es consciente del *shifting* cognitivo que emerge con la técnica y por ello agrega la perspectiva al cogito kantiano como un componente integral del saber. Para Ortega el punto locativo de la observación es tan determinante como la agencia activa de transformación. En ese sentido, su discurso crea el marco de comprensión de la teoría de la comunicación moderna. La "network society" se apoya en un concepto nuevo de la organización social en el que la movilidad económica y cultural reemplaza a las antiguas clasificaciones rígidas.

Ortega adopta, por tanto, una actitud receptiva y asimiladora frente a la técnica, no de repulsión y temor frente a ella sino de aceptación como un poderoso instrumento que conduce a una mejor asimilación del mundo. No comparte la visión redentora de la ciencia propia de sus grandes apologistas, como Comte, Renan y Zola, pero sí la considera un componente fundamental en la definición de la naturaleza humana moderna. Sin técnica no hay modernidad y Ortega se integra plenamente en el proyecto moderno del que es un portavoz primordial. La técnica no es un mero instrumento, una adición accesoria sino que constituye esencialmente (como quiere Heidegger) la naturaleza humana. El conflicto de las dos culturas—el divorcio entre la ciencia y el humanismo—, que C. P. Snow, Toynbee y Bertrand Russell, entre otros, experimentan con agudeza a principios del siglo XX, alcanza en Ortega una versión singular. Ortega intenta recuperar la unidad cognitiva y, aunque sabe que es objetivamente imposible lograr esa unidad, opera en él un impulso de superar las insuficiencias de ambos modos exclusivizantes de saber. Leonardo, Goethe y el *homo universalis* son las figuras emblemáticas de ese mundo, no el experto en una ciencia aplicada.

Como Benjamin y las vanguardias, Ortega es consciente de la faceta sombría de la técnica. La técnica despliega capacidades inmensas pero también destruye la configuración familiar de la realidad. El concepto de temporalidad en Ortega se proyecta hacia el futuro pero al mismo tiempo es esencial en él la atracción de la cadena del ser occidental. El statu quo cognitivo, el habitáculo existencial e intelectual en el que se inserta el discurso de Ortega y del grupo filosófico con el que él queda asociado—desde Spengler a Toynbee—ha de ser preservado por encima de todos los cambios circunstanciales. Por esa razón, la proyección de Ortega hacia el futuro queda siempre moderada por un movimiento igualmente poderoso de retroceso hacia el pasado con el propósito de afianzarlo dentro de la turbulencia del momento presente. Ortega constituye el último pensador que reclama el clasicismo—la raíz griega y romana—como el fundamento objetivo—no meramente arquetípico e ideal—de su pensamiento. El edificio conceptual orteguiano se erige firmemente sobre los fundamentos clásicos. La continuidad, más que la ruptura y la fragmentación, es el modelo temporal de Ortega. Ello lo separa esencialmente del concepto de la temporalidad en la vanguardia.

Para la vanguardia, el pasado debe ser destruido y la obra debe encaminarse decididamente hacia una concepción del tiempo no preexistente, todavía por realizar. Para Breton, Buñuel o Miró, la tradición es un término nefando que hay que erradicar del arte. *L'Âge d'or* de Buñuel es un ejemplo. En esa película, los hitos de la tradición occidental, desde la religión a la música orquestal son puestos en tela de juicio y sometidos a un proceso de descalificación por la ironía y el sarcasmo. El caos, el desorden, la heterodoxia son la garantía de la vitalidad de la obra. Ortega es capaz de comprender e incluso valorar esa ruptura como principio estético pero le es más difícil aceptarlo como orientación intelectual general. Piensa que hay demasiado en juego en esa discontinuidad. Por ello, gran parte de su proceso intelectual está dirigido a la repotenciación del gran pasado clásico. Su visión está profundamente centrada en Europa, en una época en que el modelo europeo empieza a dejar de ser primordial y cede su predominio hacia otras formaciones culturales emergentes y finalmente predominantes como los Estados Unidos. Desde la perspectiva académica norteamericana actual, ese posicionamiento puede resultar en detrimento de su evaluación ya que Ortega podría confirmar algunos de los temores que produce el concepto de "eurocentrism" para la reconfiguración del canon estético y filosófico. No obstante, desde la situación del vigoroso movimiento de unificación europea actual, la versión integradora de la cultura europea ofrece posibilidades notables (Habermas, *Die Postnationale* 84).

La técnica, la transformación de la configuración actual del presente por la máquina puede ser compatible en Ortega con el pasado cultural ancestral. La regresión al pasado es diferente en Ortega al movimiento nostálgico que se desarrolla en la época finisecular con la última crisis de la modernidad. El milenarismo que Manuel Castells identifica como una de las consecuencias del descentramiento del yo en la era de la comunicación virtual ilimitada produce utopías que no se dirigen al futuro sino que revierten sobre un segmento privilegiado del pasado al que se le confieren los atributos que aparentemente el presente no puede ofrecer (Castells 4). La sociedad de la nueva red comunicacional, carente de raíces y de modos asequibles de identificación para un yo confuso y perdido en una multiplicidad de conexiones y saberes dispares, crea segmentos privilegiados de significación que son impermeables a la banalización y la degradación.

Jameson ha expuesto con destreza esta característica de las utopías vacuas de la época global y virtual (57). No existe esa vacuidad en Ortega. La nostalgia es consciente de que es un estado provisional, que acabará disolviéndose abrumada por la invasión de la realidad objetiva. El modo etéreo de la nostalgia se sustituye en Ortega por el temor a la extinción de un marco cognitivo que él juzga como altamente valioso e irreemplazable. Ortega no puede visualizar un futuro del que se hayan eliminado los referentes del repertorio cultural occidental. Su esfuerzo integrativo tiene como finalidad preservar la cultura humanística, desde Homero y Platón a Leonardo, Velázquez y Goethe. En lugar de los modelos utópicos que se han generado de la euforia positivista decimonónica y las visiones apocalípticas del siglo XX, Ortega propone una versión integradora en la que la transfiguración de la técnica no se concibe como destrucción y extinción de lo existente sino como una reconfiguración más apropiada y eficaz de la civilización moderna y occidental. Para Habermas el proyecto moderno no ha dejado nunca de existir y, en realidad, su enaltecimiento es ineludible para contrarrestar los efectos del irracionalismo que las diversas crisis de la modernidad producen. Con relación a ese proyecto Ortega se halla en las antípodas del escepticismo y nihilismo crítico del pensamiento posmoderno, desde Lyotard a de Man y Derrida.

II. La red comunicacional

La comprensión y plena asimilación de la técnica dentro del proyecto general de Ortega hacen que su discurso conecte con la orientación central de la condición epistémica contemporánea en la que la tecnología y sus ramificaciones son centrales y definitorias. A pesar de estas afinidades, hay una divergencia profunda en su pensamiento con relación a la condición actual que hacen que Ortega, dentro de su modernidad, aparezca a un observador actual como un pensador nítidamente ubicado en el pasado cronológica y epistemológicamente. Esta es su diferencia con relación, por ejemplo, a Nietzsche. Nietzsche está situado en el tiempo medio siglo antes que él y, no obstante, conecta de manera más directa con la orientación central de nuestra condición. Nietzsche desconfía del concepto de civilización y lo rechaza porque lo percibe como una imposición artificial y coartadora de la iniciativa del sujeto individual. Para Ortega ese hábitat intelectual es imperativo, un destino ineludible. Su pensamiento se instala dentro de ese locus privilegiado, trata de descifrarlo hermenéuticamente y de afirmarlo frente a lo que él percibe como los peligros de destrucción e involución.

Para Ortega, la estructura de esa civilización es la apropiada, no hay que someterla a grandes modificaciones sino que hay que preservarla expansionando, sin afectarlos esencialmente, los componentes preexistentes. Preservar, afianzar, defender es la estragegia general frente a esa civilización primordial. La condición actual, que se puede referenciar emblemáticamente desde Lyotard y Jameson a Frank Gehry y Wim Wenders, no comparte ese imperativo orteguiano—como el de Spengler, Toynbee o Heidegger de la necesidad de una cobertura civilizadora. Por el contrario, siguiendo la orientación de Nietzsche, propone la ruptura de los marcos cognitivos e intelectuales comprensivos. Frente a la estabilidad de la civilización emerge la movilidad de la red comunicacional en la que las divisiones y ordenaciones jerarquizadoras propias del marco civilizador no sólo han perdido su necesidad sino que se consideran como un obstáculo. La antinomia vuelve a penetrar el discurso de Ortega. Su asimilación de la técnica como un vehículo poderoso para realizar concretamente las ambiciones del proyecto moderno no se corresponde con una visión sugestiva de las relaciones humanas. La técnica le parece persuasiva en cuanto que es complementaria, un valioso instrumento práctico para una estructura sistemática de pensamiento. Nunca llega, no obstante, a conectar con el concepto de tecnología como un marco epistémico, una *Weltanschaung* con la que aproximarse al mundo. Según ese concepto, la tecnología se reconfigura como una visión conceptual que caracteriza y define de manera central una situación epistémica. La tecnología como sustituto y no como auxiliar. Para Ortega esta redefinición de la técnica está necesariamente en conflicto con su visión de la civilización.

El paralelo con Bloch, Adorno y Horkheimer es sugestivo. Proceden de un medio ideológico distinto del de Ortega ya que están motivados por un impulso utópico de sustitución de las estructuras sociales y políticas prevalecientes (Bloch 236). No obstante, el marco jerárquico civilizador sigue predominando en ellos. La técnica deriva en la masificación de la cultura, la banalización de los grandes referentes que fundamentan la continuidad de la civilización. El rechazo de Hollywood en Adorno es paralelo a la repulsión que produce en Ortega el mal gusto de una colectividad ciega y anónima. En ambos casos, el temor al caos produce una posición defensiva de las estructuras familiares de pensamiento.

A diferencia de otros pensadores españoles contemporáneos como Ganivet y Unamuno, Ortega ambiciona proyectar decididamente el país más allá de las fronteras nacionales. Frente a la autofijación de Ganivet y Unamuno, Ortega propone la apertura hacia el exterior. Su esfuerzo es encomiable en particular porque realiza específicamente el viejo programa del pensamiento liberal del país y lo realiza, además, no de un modo declamatorio y vacuo sino programático y gradual. En él se superan el resentimiento y la decepción propios de los marginados bajo la presión abrumadora del concepto prevaleciente de la nación (el ejemplo es Larra) y se propone, en su lugar, una genuina reinserción del país en una estructura superior. Ortega es un pensador internacionalista y, por esa razón, sintoniza con la episteme actual centrada en la extinción de las fronteras nacionales y el establecimiento de una estructura global y planetaria. En este aspecto, no obstante, son necesarias las matizaciones. En lugar del modelo de la intercomunicación supranacional que ofrece potencialmente la globalización dentro del cual el estado ve sus atribuciones cuestionadas y disminuidas por agentes divergentes de la información como la Internet y los grandes *media*, Ortega concibe la internacionalización a partir del concepto de modelo civilizador. La civilización sería el contexto más amplio para la inserción significativa del sujeto. Por encima de la entidad política y administrativa de la nación y el estado—que Ortega no cuestiona—, la única entidad que Ortega visualiza de manera genuina es la de civilización. Civilización entendida como una noción abstracta y cultural, no política y económica, y en la que pueden participar todos los integrantes de esa civilización.

Como en otros conceptos de Ortega, el elemento ideológico queda ausente, no de manera deliberada sino soterrada e implícita. No es que Ortega intente ocultar o disimular la perspectiva ideológica que lo limita. Ocurre que, de acuerdo con el proceso de creación ideológico, hace de la perspectiva personal un marco hermenéutico de comprensión universal. Ortega reduce su análisis civilizador al modelo occidental y lo convierte en el paradigma de integración internacional en el que quiere incluir a la nación española. La civilización que Ortega propone como preferente tiene una larga trayectoria temporal y cultural pero no es obviamente la única. Ortega la propone como el punto de referencia esencial para el análisis cultural. El diálogo ocurre entre civilizaciones más que entre los sujetos que integran esa civilización. Ello implica una visión jerarquizante y reductiva de la civilización ya que solamente los que tienen un conocimiento de las premisas que constituyen y definen esa civilización—sus componentes, su historia—son realmente capaces de la interrelación fecunda con los miembros de esa civilización y con los componentes de otras civilizaciones. Más que el análisis crítico de los excesos e insuficiencias de esa civilización Ortega aboga por su defensa para protegerse contra lo que él percibe como el caos de modelos divergentes que amenazarían las premisas de la civilización preferente.

Una figura intelectual emerge como sustentación de esta visión: El *homme savant*, poseedor de un conocimiento enciclopédico y comprensivo, que asume la misión de transmitir y descifrar las claves apropiadas de interpretación del mundo. Esa figura se demarca abiertamente de otra opción que se desarrolla paralelamente a la propuesta por Ortega. El intelectual crítico que desconfía de los marcos abstractos comprensivos y hace de su desenmascaramiento la finalidad central de su acción. Ortega, Toynbee y Heidegger frente a Benjamin, Malraux y Sartre. El período de 1920-40 señala la agudización de esa dicotomía aparentemente irreconciliable que mantiene su irresolución hasta la aparición del modelo globalizador.

Por una parte, la comunicación entendida como una transmisión neutra y unilateral de un poseedor privilegiado de saber a una comunidad receptora. Esta opción requiere la aceptación aquiescente del receptor de la comunicación que se convierte, con ese acto de aceptación, en el partícipe en un proceso de afirmación de una civilización. De ese modo, el intelectual es un vidente que articula para los demás de manera coherente y satisfactoria un ámbito intelectual común por encima de las diferencias sociales e ideológicas.

En la versión opuesta, la comunicación entendida como una exposición de los presupuestos falsificadores del ámbito civilizador común. En ambas versiones, la desconfianza motiva el proceso intelectual. En el primer caso, se produce la sospecha de lo que es exterior al marco cognitivo preferente. En Ortega, las fuerzas externas son las susceptibles de perturbar el orden secular. En la segunda opción, la sospecha se dirige a las propios componentes internos del sistema civilizador para descalificarlos o destruirlos y sustituirlos por otros. En este caso, la figura intelectual no propone una visión comprensiva, coherente y persuasiva sino que se visualiza a sí misma como un agente deconstructor del sistema existente y a lo más sugiere una contrapropuesta extratemporal y suprarreal, afín a la utopía.

Ambas versiones tienen, no obstante, modos de confluencia. En los dos casos, la figura intelectual actúa como un mediador entre el archivo cultural pre-existente y una comunidad lingüística y cultural. La comunicación es unidimensional, para corroborar un status quo o para deconstruirlo. En todos estos casos, la cultura de la letra escrita todavía forma parte preferente del modelo intelectual, aunque, en algunas ocasiones (Benjamin, Malraux), la cultura visual ocupa ya un espacio significativo como apoyo de los modelos críticos.

La comunicación virtual y global supone una ruptura de esa dicotomía que ha caracterizado el desarrollo intelectual de la segunda mitad del siglo fijándolo en modelos antagonísticos. Ortega forma parte de esa contraposición y, por ello, ha sufrido juicios desfavorables de quienes no comparten su concepto sublimante y reconciliador. Para él, la violencia simbólica que, como señala Bordieu, es la naturaleza constitutiva de los sistemas hermenéuticos, no existe o es a lo más una posibilidad marginal (Bourdieu 57). Al mismo tiempo, los modelos críticos absolutos tienden a autonegarse a sí mismos al cerrarse por completo a opciones afirmadoras e integrativas que no deriven hacia la utopía.

La ruptura de demarcaciones tradicionales que trae consigo la globalización ofrece un replanteamiento de la dicotomía en la que el discurso intelectual ha quedado congelado durante largo tiempo. La relación antinómica entre cultura escrita y cultura visual y entre el análisis sintético y el desintegrador ha entrado en una fase de replanteamiento no tanto desde dentro de sus propias premisas internas sino a partir de la nueva situación epistémica general. La tecnología es un factor determinante en el nuevo replanteamiento. El *impasse* de la antinomia ha sido roto por la emergencia de los nuevos modos de la comunicación y la progresiva reconfiguración de las relaciones nacionales. Los presupuestos del debate y las diferentes metodologías para aproximarse a él han dejado de tener el sentido que tenían. Lo que la nueva tecnología de la comunicación hace es circundar la confrontación irresoluble del pasado entre categorías aparentemente irreconciliables y proponer un punto de partida nuevo.

Voy a emplear un referente visual más que escrito para explorar esta nueva opción. Ese referente es el cine y el caso ilustrativo concreto es Almodóvar. El medio del cine es inclusivo y descarta las diferencias y divisiones jerárquicas que han ido adscritas a la cultura escrita. El cine es en principio el arte de todo el mundo. El cine ha empleado, además, con entusiasmo la tecnología para renovarse y replantear sus propios presupuestos. Almodóvar, que procede de la cultura visual y auditiva y no de la académica y literaria, ha circunscrito las premisas del debate y las ha transportado a un plano diferente. Almodóvar incorpora en su discurso fílmico diversas formas culturales y hace uso de las referencias procedentes tanto de la cultura popular como de la cultura elevada (Buñuel, por ejemplo) sin prejuicios valorativos en torno a ellas. Además, su cine ubicado físicamente en el medio español, y más específicamente el de Madrid, se extiende a la condición urbana contemporánea y va más allá del medio nacional español. Esa es la razón de su éxito internacional. La integración plena de los medios tecnológicos, acompañada de la ruptura de las fronteras jerárquicas y nacionales, produce un modo de comunicación multilateral y diverso que trasciende las divisiones pasadas, convertidas en estériles por el dinamismo cultural e histórico. El temor al exceso tecnológico de Ortega y Bourdieu (originado por causas divergentes) se desvirtúa cuando se asume crítica y no defensivamente la nueva realidad que, por otra parte, es incontrovertible.

No hay tal vez cuestión más apremiante para el discurso humanista actual que la pervivencia del habla de los clásicos, su ininterrumpido diálogo con nosotros. Ortega puede seguir dialogando con la actualidad cuando se agrega a su preocupación por la preservación de la continuidad cultural e histórica—el albergue de una civilización milenaria—los nuevos modos de la tecnología y la cultura diferenciada y multipolar cuyo poder él revela entre el entusiasmo y la duda.

University of California, Irvine

Bibliografía

Adorno, Theodor y Mark Horkheimer. *Dialectic of Enlightenment*. Nueva York: Continuum, 1996.
Bloch, Ernst. *The Spirit of Utopia*. Stanford: Stanford UP, 2000.
Bourdieu, Pierre. *Language and Symbolic Power*. Cambridge: Harvard UP, 1999.
Burrow, J.W. *The Crisis of Reason. European Thought, 1848-1914*. New Haven: Yale UP, 2000.
Castells, Manuel. *The Rise of the Network Society*. Oxford: Blackwell, 1996.
Habermas, Jürgen. *Die Postnationale Konstellation*. Frankfurt: Suhrkamp, 1998.
———. *The Philosophical Discourse of Modernity*. Cambridge: MIT, 1992.
Heidegger, Martin. "The Origin of the Work of Art," *Basic Writings*. Nueva York: Harper and Row, 1977.
Jameson, Fredric. "Notes on Globalization as a Philosophical Issue." *The Cultures of Globalization*. Durham: Duke UP, 1998.
Navajas, Gonzalo. *La modernidad como crisis. Los clásicos modernos ante el siglo XXI*. Madrid: Biblioteca Nueva, 2003. (De próxima aparición).
Ortega y Gasset, José. *Meditación de la técnica*. Madrid: Revista de Occidente, 1997.

Quiasmo, contradicción y paradoja en el lenguaje y pensamiento de Unamuno

PAUL OLSON

DESDE HACE UNA VEINTENA de años vienen apareciendo una serie de comentarios sobre la función y significado en el lenguaje y pensamiento unamunianos del tropo sintáctico tradicionalmente denominado quiasmo, vocablo que, según el Diccionario de la Real Academia, se refiere a la figura que "consiste en presentar en órdenes inversos los miembros de dos secuencias." Derivado del nombre de la letra griega "X," el término evoca de manera muy gráfica los conceptos de cruce, cambio, e inversión.

Aunque la palabra quiasmo no aparece en el léxico unamuniano, es evidente que estaba Don Miguel muy consciente de su propia tendencia a pensar en antítesis, inversiones, y oposiciones binarias. En cierto momento de *Cómo se hace una novela* afirma que "nada dura más que lo que se hace en el momento y para el momento. ¿He de repetir mi expresión favorita '*la eternización de la momentaneidad*'? Mi gusto innato—¡y tan español!—de las antítesis y del conceptismo me arrastraría a hablar de *la momentaneización de la eternidad*" (8: 730).[1] Muy notable en este caso es que la inversión quiástica no efectúe un verdadero cambio semántico, de ahí que no haya contradicción alguna entre las dos secuencias, cuyo significado resulta claro en la glosa exclamativa que las sigue. "¡Clavar la rueda del tiempo!" En ambas se presenta una visión

---

[1] Mis citas de los textos de Unamuno se refieren a la edición Escelicer de las *Obras completas*, identificadas entre paréntesis por volumen y página.

transcendente del tiempo visto desde la eternidad, un místico—o poético—*totum simil* en que todos los "antes" y todos los "después" están simultáneamente presentes. Este significado es destacado tanto más por la estructura quiástica, que tiene el efecto de superar la pura linealidad del lenguaje al hacer que se refiera a unos momentos anteriores en la secuencia del flujo temporal.

Uno de los primeros estudios sobre el quiasmo en Unamuno fue un ensayo mío ("Estructuras"), en el cual reuní varios ejemplos de la figura, comentándolos en primer lugar como instancias de la función poética del lenguaje—suponiendo que ésta consiste en el empleo de repeticiones y otros recursos de expresión que, como la rima, llaman la atención del lector al enunciado mismo—para luego notar ciertos aspectos conceptuales de algunos de estos ejemplos. En aquel estudio y algunos posteriores (*Critical Guide*; "Arte"), señalé que la estructura fundamental del quiásmo puede ser representada por el esquema "ab…n:n…ba," si se supone la posibilidad de un número indefinido de términos en la figura, pero en la gran mayoría de los casos se trata de un simple "ab:ba," como cuando se dice de don Fulgencio Entrambosmares que es "hombre entrado en años y de ilusiones salido" (2: 336), y de la mano de Eugenia Domingo del Arco que es "blanca como la nieve y como la nieve fría" (2: 580); o al máximo, un "abc:cba," como cuando de la "misteriosa revelación natural" de Pachico Zabalbide se dice que "el mundo se ofrece todo entero y sin reserva a quien a él sin reserva y todo entero se ofrece" (2:300).

En sus formas más extensas, el efecto de esta figura, con su simetría formal, su equilibrio harmonioso, y su repetición con diferencia, es el de imponer a la secuencia lingüística una estructura "fuerte," que da a su temporalidad lineal y unidimensional el carácter de un "objeto," o "cuerpo" existente en el espacio. En la estructura total de una novela la repetición quiástica tiene el efecto de deslindar los varios sectores del texto, de los cuales cada uno exige que el lector tenga presentes todos los anteriores, como si el tiempo de la narrativa se hubiera espacializado, y esto crea a su vez el efecto—por espurio que sea—de una coherencia fundamental en la narrativa y en la vida misma. En *Paz en la guerra* encontramos cinco capítulos que se centran en sus respectivos personajes principales, con repetición quiástica de dos de ellos, en la serie: Pedro Antonio/Ignacio/Famila Arana/Ignacio/Pedro Antonio. Es cierto que, como en toda novela histórica, la abundancia de personajes en cada capítulo suaviza un poco este enfoque, sin desdibujarlo, pero la centralidad de un personaje principal en cada uno de ellos es innegable. A algunos lectores[2] de la novela se les ha ocurrido pensar que Unamuno debía haberla terminado con la muerte—no contada, pero sí anticipada—de Pedro Antonio, de quien se dice que "es su vejez un atardecer como una aurora" (2: 296), o sea que su final refleja su comienzo. A estos lectores les parece superfluo el epílogo representado por la reaparición de Pachico Zabalbide en las últimas páginas del libro, pero en realidad, es muy significativa su reaparición en una especie de epílogo por tener el efecto de romper el círculo cerrado de esta historia de Pedro Antono Iturriondo y el carlismo bélico, dando así una dimensión de futuro en un final "abierto" a la novela. También es una estructura quiástica la de *Niebla*, que en los primeros doce capítulos introduce una serie de mujeres (su madre, su cocinera, Eugenia, y Rosario) y en los últimos doce las presenta (o evoca su presencia) por orden inverso, dando así a la historia de Augusto Pérez, que es la historia de sus relaciones con mujeres, una simetría quiástica. Pero también en esta obra hay un epílogo, que consiste en la "Oración fúnebre" del perro Orfeo. Aquí también el efecto del epílogo es el de abrir otra perspectiva sobre lo que ha pasado en la narrativa principal, desde fuera de ella, rompiendo así el círculo cerrado de su estructura quiástica. Como en otros textos notables en la obra unamuniana—*Amor y pedagogía*, y *Cómo se hace una novela*, sobre todo—es evidente que el contraste entre "cierre" y "apertura"—análogo, quizás, al contraste entre el deseo de *serse* y el de *serlo todo*—representaba una tensión constante en el pensamiento del autor.[3]

El principal enfoque de estos estudios míos sobre el quiasmo ha sido sobre la dimensión sintagmática y diacrónica de la figura, pero poco después del primero de ellos apareció un importante artículo de Thomas Mermall ("Master") que profundizando más en el tema, analiza los

---

[2] Véase la "Introduction" por Allen Lacy a su traducción inglesa (con Martin Nozick y Anthony Kerrigan): *Selected Works of Miguel de Unamuno*, vol. 1. Princeton: University Press, 1983.

[3] Importantes estudios sobre el quiasmo en la novela unamuniana aparecen también en un libro de Gayana Jurkevich, quien dedica a *Paz en la guerra* y—sobre todo—a *Abel Sánchez* (*Elusive* 41, 131-33) sendos análisis de las relaciones recíprocas entre los personajes principales, que señalan el intercambio quiástico efectuado en el decurso de la novela.

quiasmos de Unamuno como microestructuras tanto como macroestructuras "extended to encompass the rhetorical design of entire works ("Master" 248).[4] Afirma Mermall que en Unamuno el quiasmo puede con justicia ser considerado como su "master trope," pues partiendo del concepto de "paradoja" y del tópico *serlo todo*," Mermall ha querido demostrar que el proceso retórico de Unamuno sostiene una versión modernista de este *topos*, y que el propósito que motiva las paradojas y contradicciones de su discurso no es nihilista, sino que tiene el fin de hacer que el lector se dé cuenta de lo problemáticos que son la existencia, el conocimiento, y el lenguaje humanos. Con un buen ejemplo del quiasmo en su propio discurso, Mermall afirma que la retórica unamuniana se enfrenta con los grandes temas del discurso filosófico, "creating truth from doubt and doubt from truth" (253), demostrando así la eficacia del quiasmo para afirmar la validez de ambos términos antitéticos, sin exigir el sacrificio de ninguno de los dos. En todo esto el enfoque principal de Mermall ha sido en el aspecto conceptual más que en el aspecto sintáctico y formal del quiasmo, pero sin dejar de reconocer su arraigo en el lenguaje humano.

Por supuesto que ya antes de ser estudiada en relación con el quiasmo, la contradicción era reconocida como elemento fundamental del pensamiento unamuniano. Geoffrey Ribbans ("Dialéctica" 155) ha subrayado la importancia en este sentido del momento en *En torno al casticismo* cuando Unamuno declara que su método es "el de la afirmación alternativa de los contradictorios" (1: 784). A partir de esta declaración ha desarrollado Ribbans una interpretación de la novelística de Unamuno como una dialéctica de contrarios que son, en última instancia, irresolubles, acabando, no en síntesis, sino en una ambigüedad que determina aspectos importantes de los personajes y de la estructura de las principales novelas unamunianas. Tal interpretación le ha servido a Ribbans para conseguir varias intuiciones en su interpretación de estas obras que son de un valor indudable. No hay que olvidar, desde luego, que es sólo desde el punto de vista de la lógica racionalista que la dialéctica unamuniana deja de encontrar resolución, pues la visión

---

[4] Ya antes, en un ensayo sobre la retórica de *La agonía del cristianismo*, Mermall había realizado un análisis parecido, sin utilizar el término *quiasmo*, pero describiendo el fenómeno como caso de una "interpenetration of opposites" ("Mystical" 262).

poética que se manifiesta en la paradoja conceptuosa permite la existencia simultánea en un tiempo espacializado de los contradictorios, sin anular ninguno.

La idea presentada en *En torno al casticismo* de la contradicción como método, expuesta en una dialéctica de afirmaciones alternativas, está complementada a veces por la visión sincrónica de la contradicción como condición estática de la existencia, por ejemplo, cuando en un momento de *Del sentimiento trágico* Unamuno declara: "¿Contradicción? ¡Ya lo creo! ¡La de mi corazón, que dice sí, y mi cabeza, que dice!..... ¡Contradicción! ¡naturalmente! Como que sólo vivimos de contradicciones, y por ellas" (7: 117). Esto indica, como han señalado Ricardo Gullón (*Autobiografías* 243) y Elías Díaz (*Revisión* 170), que la afirmación de contradictorios no es alternativa, sino simultánea, y Díaz concluye que en consecuencia de este hecho el pensamiento político de Unamuno "no marcha, sino que se detiene, frustándose así todo progreso en el proceso dialéctico" (170). Pero es precisamente su capacidad para evocar en su obra la tensión de contradicciones simultáneamente afirmadas que ha hecho de Unamuno tan grande como novelista y comentador de la paradójica condición humana, contemplada con una visión más amplia y más profunda que cualquier perspectiva política.

Ya mucho antes, François Meyer (*L'Ontologie* 1-24) había identificado como contrarios fundamentales en el pensamiento de Unamuno su concepto—o sentido—del *todo* y de la *nada*, y en años más recientes Pedro Cerezo Galán califica este concepto como "la intuición unamuniana fundamental" (*Máscaras* 103). Se recordará que en muchísimas ocasiones esta contradicción está expresada en el lema *O todo o nada*, que parece evocar estos extremos ontológicos como contrarios irreconciliables, entre los cuales sólo uno puede ser realizado, pues *tertium no datur*. Sin embargo, en los textos unamunianos abundan las frases que afirman la reversibilidad quiástica, y de ahí la identidad, de conceptos normalmente considerados como contrarios: materia y espíritu, acción y contemplación, interioridad y exterioridad. Particularmente notables en este sentido son las variaciones que Unamuno ejecuta sobre el tema hegeliano de la identidad del puro ser y la nada pura, que, según sus *Recuerdos de niñez y mocedad* (8 :144), encontró por vez primera en sus lecturas de la *Filosofía fundamental* de Balmes en la biblioteca de su padre. Años más tarde, aprendió el alemán lo bastante bien para leer en las primeras páginas de la *Wissenschaft der Logik* las palabras que expresan este concepto: "Das Sein, das unbestimmte Unmittelbare ist in der Tat *Nichts* und nicht mehr noch weniger als Nichts... Nichts ist somit dieselbe Bestimmung oder vielmehr Bestimmungslosigkeit und damit überhaupt dasselbe, was das reine *Sein* ist" (83). En la copia de esta *Logik* conservada en la Biblioteca personal de la Casa-Museo están señaladas con una línea marginal, a lápiz, cinco líneas de este pasaje, y al final del tomo hay una nota con referencia a la página correspondiente, que consiste en las palabras: "Contra el sentido común, 76."

La carta de Unamuno a Federico Urales, de 1901, que identificaba a Hegel como "uno de los pensadores que más honda huella han dejado" en él, y afirmaba que el fondo de su pensamiento sigue siendo hegeliano, ha sido tomada por Morón Arroyo como punto de partida para su impresionante estudio sobre Unamuno y Hegel, pero tras una labor meticulosa para encontrar trazas de éste en aquél, ha tenido que concluir que "las huellas del pensador alemán en el nuestro son muy escasas. El «fondo hegeliano» de que habla en 1901 hay que entenderlo en un sentido muy general" ("Hegel"178), y con más vehemencia, y un tilde de exageración, quizás, insiste Ramiro Flórez que en la copia de la *Logik* en la Biblioteca personal la escasez de notas y otras indicaciones de un interés particular revela que "aquella obra estaba *vista*, pero ni leída ni estudiada" (167). Ambos estudiosos señalan que en Unamuno falta el dinamismo e historicismo del pensamiento de Hegel, y en resumidas cuentas, como dice Morón Arroyo, "Unamuno no podía ser hegeliano porque toda la vida se la pasó intentando superar el historicismo: en busca de una metafísica" (179).

Es cierto que, por escasas que sean las huellas de Hegel en Unamuno, sería difícil negar que las palabras citadas de la *Wissenschaft der Logik* sí parecen haber dejado una huella bastante profunda en el pensamiento—en el espíritu, mejor dicho—de Unamuno, a juzgar por la frecuencia con que el concepto de la identidad del puro Ser y la Nada pura aparece en sus obras. Pero hay que reconocer que este concepto bien pudo haber sido implícito en su espíritu ya antes de ser encontrado en el texto hegeliano, sirviendo como especie de "concepto-madre," como habría dicho quizás Don Fulgencio Entrambosmares. Si de tal modo le hicieron impresión las palabras de Hegel podría haber sido porque representaban el caso más extremado de la paradoja de los contrarios considerados como idénticos que con tanta frecuencia figura en el discurso unamuniano. Ahora bien, es evidente que el concepto de Hegel, como toda expresión de identidad, es un quiasmo implícito, puesto que la proposición Ser=Nada evoca en seguida el corolario Nada=Ser, que no es su contrario, sino más bien su imagen especular en el quiasmo: Ser=Nada/Nada=Ser. El efecto de esta perspectiva sobre la ontología de Unamuno es el de poner en tela de juicio la fuerza antitética del lema *O todo o nada* como expresión de alternativas mutuamente exclusivas.

El sentido unamuniano de la identidad metafísica del puro Ser y la Nada pura está implícito—y sin embargo, evidente—en el ensayo "¡Plenitud de plenitudes y todo plenitud!" (I: 1171-82) de 1904, que al *¡Vanitas vanitatum et omnia vanitas!* del Eclesiastés, repetido a nuestro oído por el Espíritu de la Disolución a raíz de "alguna dolencia física, algún fracaso o desengaño," opone un *¡plenitudo plenitudinis, et omnia plenitudo!* como conjuro del Espíritu de la Creación. Ambas sentencias se refieren a la misma totalidad (*omnia*), es decir, a la misma realidad metafísica, pero corresponden a una diferencia subjetiva, afectiva, en el modo de contemplarla, que Unamuno explica en términos de una experiencia hipotética en que dos hombres estuvieran rodeados de la luz de dos fanales de colores distintos, rojo el uno y azul el otro. Si los dos sujetos de la experiencia pudieran comunicarse, se pondrían de acuerdo respecto a los colores de las cosas, pues todos se les transformarían en coordinación, y creerían que veían el mundo lo mismo, pero siendo el rojo el color que más excita al organismo, y el azul el que más lo deprime, en realidad verían el mundo de modo muy distinto—y no sólo el mundo visible, sino también el trasmundo metafísico. Según esto, es la diferencia en el estado anímico de los dos hombres lo que determina el nombre que ponen al Gran Todo—«Plenitud» o «Ser» en un caso; «Vanidad» o «Nada» en el otro, pues la falta de determinaciones—la *Bestimmungslosigkeit* de Hegel—es igual, es decir, idéntica, en los dos, o mejor dicho, en el Gran Todo a que se refieren. Donde sí hay determinaciones diferenciales es en los ojos de los que lo contemplan. Las aparentes diferencias objetivas no son más que diferencias verbales. Como afirma Unamuno en el mismo ensayo: "un sistema filosófico, si se le quita lo que tiene de poema, no es más que un desarrollo puramente verbal; lo más de la metafísica no es sino metalógica, tomando lógica en el sentido que se deriva de *logos*, palabra" (I: 1178); pero lo que motiva la selección de uno u otro nombre es el estado afectivo de los sujetos.

Contra el fondo metafísico del Ser/Nada indeterminado se erige el mundo de lo determinado y diferenciado, en el cual aparece la gran serie de dualidades y dicotomías que han atraído la atención de tantos estudiosos de la obra unamuniana. Si por su identidad constituye este Ser/Nada un concepto unitario, el mero hecho de ser considerado bajo dos nombres distintos tiene el efecto de dar la pauta para toda una serie de estudios sobre las dualidades de su pensamiento. Poco después del ya citado libro de François Meyer, que tomaba los contrarios del lema *O todo o Nada* como fundamentales en el pensamiento unamuniano, aparecieron un ensayo de Richard Predmore ("Flesh") sobre la dualidad cuerpo/espíritu y el de Blanco Aguinaga sobre interioridad—el mundo de lo substancial—y exterioridad—el mundo de las realidades fenoménicas, racionalmente conocibles ("Interioridad"). Otra dicotomía fundamental estudiada por Blanco Aguinaga es la presentada por el contraste entre dos aspectos de la personalidad unamuniana que nos permite distinguir entre un Unamuno *agonista*, el de las angustias religiosas y polémicas políticas que tanto llamaban la atención de los contemporáneos, y el *contemplativo*, el que miraba con profunda resignación la unión, es decir, la pérdida, de su individualidad en la gran totalidad del Ser. En años más recientes, la tendencia en los estudios unamunianos a tratar su pensamiento en términos de sus dualidades se ha manifestado en un libro de Gonzalo Navajas, que postula una especie de dualismo de segunda potencia en el contraste entre un "campo sémico" de "bipolaridad," en el que "los componentes del pensamiento no se integran de manera unitaria y mantienen un antagonismo perpetuo," y otro campo de "síntesis" y unicidad, donde se se efectúa "la cancelación absoluta de la conflictividad" (*Bipolaridad*, 191).

Más recientes aún son los estudios de Franciso LaRubia Prado, que demuestran la influencia en el pensamiento unamuniano de la dicotomía *organicismo/mecanicismo,* con tanta frecuencia encontrada en textos decimonónicos, sobre todo en obras de Coleridge. Como en el caso de la influencia de la ontología hegeliana, es posible que el pensamiento de Unamuno ya estuviera estructurado de tal forma que fácilmente podía asimilar el de Coleridge, pero el término *organicismo* expresa bien el profundo deseo de Don Miguel para la integración vital. De ahí que LaRubia Prado está muy dispuesto a aceptar la interpretación hecha por Mermall del quiasmo y la paradoja, llamándolos "figuras con vocación plenamente orgánica, que indican un deseo inconfundible de totalidad y de absoluto" (*Alegorías* 146); y en un estudio más reciente, declara que para Unamuno la contradicción, tal como la define la lógica racionalista, es, "desde la lógica de la imaginación, algo imposible: en primer lugar, en cuanto que organicista... creía que había una continuidad y unidad esencial entre todo lo existente; y en segundo lugar, cuando el arte se expresa por la imaginación...todas las contradicciones se disuelven" (*Vida* 21). La visión sinóptica, contemplativa, de la imaginación creadora hace posible la presencia simultánea en el espacio poético de todos los objetos del deseo del visionario, juntados por la paradoja y el quiasmo.

En términos más tradicionales, se podría decir quizás que de lo que se trata es del contraste entre monismo y dualismo, que constituyen una de las contradicciones más fundamentales del pensamiento de Unamuno, pues reconocía él mismo los valores y atractivos de los dos. En *Del sentimiento trágico* declara: "Sólo salvan la inmortalidad del alma los sistemas dualistas, los que enseñan que la conciencia es algo sustancialmente distinto y diferente de las demás manifestaciones fenoménicas," pero a continuación añade también que "la razón es, naturalmente, monista. Porque es obra de la razón comprender y explicar el Universo, y para comprenderlo y explicarlo, para nada hace falta el alma como sustancia imperecedera" (7: 156). La inmortalidad del alma y del cuerpo era algo que profundamente anhelaba, pero también lo era la racionalidad.

Era al mundo de lo existente y sensible adonde con frecuencia acudía el espíritu de Don Miguel apartándose del fondo ontológico abstracto, que rehuía tanto en su aspecto afirmativo, concebido bajo el nombre «puro Ser», como en su aspecto negativo, bajo el nombre «Nada pura». El retrato del Unamuno joven presentado en la figura de Pachico Zabalbide en *Paz en la guerra* revela, como ha señalado Sánchez Barbudo ("Formación"), que en algún momento podía sentir "un terror loco a la nada, a hallarse solo en el tiempo vacío" (1: 128), pero en otro momento (en *Del sentimiento trágico*) podía insistir con igual vehemencia: "No, no es anegarme en el gran Todo, en la Materia o en la Fuerza infinitas y eternas o en Dios lo que anhelo" (7: 137). Así que, llámese como se llame el gran Todo—Puro Ser, Materia, o Dios, por un lado; Nada pura, Vacío, o Abismo, por el otro, reaccionan Pachico, es decir, el Unamuno joven—y el maduro también—contra lo indeterminado, la falta de diferencia e individualidad, en el puro Ser/Nada metafísico.

Ese terror a la nada y al tiempo vacío sentido por Pachico había sido consecuencia de una crisis espiritual que le hizo esforzarse por depurar su fe religiosa de todo elemento irracional, pero acabó por darse cuenta de que el proceso era inacabable, y que: "La labor de racionalizar su fe íbala carcomiendo, despojándola de sus formas y reduciéndola a sustancia y jugo informe. Así es que al salir de misa en la mañana de un domingo... se preguntó qué significase ya en él tal acto, y lo abandonó desde entonces..." (2: 127) También en esto el concepto hegeliano (y sentimiento unamuniano) de la identidad del puro Ser y la Nada pura bien puede haber sido el origen fundamental de esta concepción de la sustancia informe de la fe, una fe desprovista de determinaciones individualizantes, y de ahí idéntica a una total ausencia de fe alguna. El resultado, por cierto que muy paradójico, del esfuerzo de Pachico por llegar a la pura sustancia de la fe es que en cierto sentido ésta se distingue muy poco de la "fe del carbonero" del soldado carlista, Ignacio Iturriondo, de quien se cuenta que: "le habían presentado cerrado el libro de los siete sellos, y sin abrirlo, creyó en él" (2: 115). La diferencia esencial entre los dos jóvenes es que Ignacio sigue venerando las formas exteriores de la fe tanto como su sustancia invisible, mientras que Pachico abandona las formas exteriores, quedando reducida su fe a sustancia informe, indefinida e indefinible, y por eso idéntica a una ausencia total de fe o de cosa alguna, es decir, idéntica a la Nada pura.

El deseo del Unamuno de *Del sentimiento trágico* de una inmortalidad sustancial, de bulto, está derivado en parte del hecho considerado indudable por la ciencia moderna de que la conciencia humana está arraigada en la existencia corpórea, pero refleja también su reconocimiento de lo enamorados que estamos los seres humanos de los sencillos placeres de la experiencia sensorial. En términos altamente sublimes esto está expresado en el poema "Alma y Cuerpo," que figura exactamente en las páginas centrales de *El Cristo de Velázquez* como meditación nostálgica del alma de Cristo sobre el cuerpo que acaba de abandonar, preguntando: "¿Cómo/ sin él podrá tomar el sol? ¿La lumbre/ dónde prender podrá? ¿Dónde la mano/ del Padre eterno encontrará asidero/ para apuñarlo? Y al temor oscuro/ de, sin vaso, fundirse en las tinieblas/ y perderse cual viento libre, ansía/ recojerse en su cuenco—carne y huesos—,/ añora de su cuerpo la hermosura,/ buscando ella, infinita, deslindarse..." (6: 454)

Habiendo calificado la relación entre cuerpo y alma en términos esencialmente eróticos y matrimoniales—una relación que los hace "unimismados"—Unamuno es plenamente consciente de cuán complejas son las paradojas generadas para la inteligencia humana por la gran paradoja de la doctrina de la encarnación. Si en realidad cuerpo y alma están "unimismados," se supone que serían inseparables si no idénticos, pero estando separados ya, por haber sufrido Cristo una muerte humana, parece que sólo como consecuencia de su naturaleza divina sería posible verlos para siempre "unimismados." En cuanto a la naturaleza humana de Cristo, y de todo ser humano, la relación cuerpo/alma puede ser concebida con un quiasmo semejante al que hemos visto en la relación *Sein/Nichts* de la ontología hegeliana, es decir: Cuerpo=Alma : Alma−Cuerpo. Pero tal identidad de cuerpo y alma tendría como consecuencia el que la muerte del cuerpo sería también la muerte del alma, como sostiene el monismo materialista.[5]

Por cierto que el Unamuno para quien el hombre de carne y hueso—"el que come, y bebe, y juega y duerme, y piensa, y quiere..., es el sujeto y el supremo objeto a la vez de toda filosofía" (7: 109)—este Unamuno reconocía cuán fuerte era la tendencia materialista de su propio pensamiento, anticipando las objeciones de algunos lectores a su afanada querencia de una inmortalidad 'de bulto' cuando pregunta: "¿Materialismo? ¿Materialismo decís? Sin duda; pero es que nuestro espíritu es también una especie de materia o no es nada" (7: 137). En el caso de los versos citados quizás fuera mejor hablar, no de materia y materialismo, sino de cuerpo y corporeidad, por lo menos en primera

---

[5] Gonzalo Navajas afirma que de los textos unamuniano "es el *Cristo de Velázquez* el que actualiza de modo más completo su orientación integradora. Éste es uno de los textos más específicamente religiosos de un autor cuya obra está profundamente señalada por la religión...La religión ofrece una comunidad en la que todos por igual tienen el derecho a sentirse parte más allá de las diferencias y divisiones que separan sus integrantes. No importa el que esa comunidad sea una construcción ficcional y que sus pincipios comunitarios tengan sólo una validez efímera, ya que con frecuencia se ven anulados por factores objetivos externos a la religión, que son más determinantes que ella" (182-83). Aunque sea esencialmente justo este comentario de Navajas en cuanto a la función y valor de la religión en general, es probable que Unamuno hubiera preferido que se hablara de "contrucción poética" más bien que "ficcional," por estar lo poético intrínsecamente a salvo del paso de lo efímero. De todos modos, hay que reconocer en que estas reflexiones sobre la relación Alma/Cuerpo, lo que también hace Unamuno es presentar con inmediatez casi palpable su sentido de la experiencia corpórea—es decir, sensorial—humana más acá de la trascendencia religiosa.

instancia, pero de todos modos no es por afirmar que la materia constituye la única realidad metafísica, sino por superar el dualismo materia/espíritu por lo que en *Del sentimiento trágico* afirma que "como no sabemos más lo que sea la materia que el espíritu, y como eso de la materia no es para nosotros más que una idea, el materialismo es idealismo. De hecho..., lo mismo da decir que todo es materia, como que todo es idea, o todo fuerza, o lo que se quiera" (7: 156).[6] ¿También querrá decir esto que el idealismo es materialismo, es decir, que la idea es materia? No lo afirma precisamente en tales términos, aunque esté implícito, quizás, en ese "lo mismo da." Pero en otro momento de *Del sentimiento trágico*, comentando la controversia en la filosofía medieval entre realistas y nominalistas, declara en efecto que ambos tenían razón, pues "esas ideas, que son la realidad, son nombres, como el nominalismo enseñaba. No que no sean más que nombres, *flatus vocis*, sino que son nada menos que nombres" (7: 291). En esto discrepa Don Miguel de la idea del realista San Anselmo, quien inventó la frase *flatus vocis* para expresar en términos negativos el concepto nominalista de las ideas universales.[7] Pero el Unamuno que años antes, en "La selección de los Fuláñez" (1903) había dicho que no bastan "todos los días de la vida de un hombre para decir y aun cantar la excelencia y trascendencia del nombre, empezando por lo de que en el principio fuese la palabra," y afirmaba que el nombre "es, en cierto hondo sentido, la cosa misma" (1: 1116), este Unamuno no creía que con llamar 'nombres' a las ideas universales quedan disminuidas la "excelencia y trascendencia" de éstas, ni que con llamar *flatus vocis* a los nombres resulta menor el valor intrínseco de éstos. No es que los nombres no sean más que *flatus vocis*, la exhalación del aire a través del aparato respiratorio y vocal, sino que son nada menos que *flatus vocis*, y por eso son tan reales como las ideas

---

[6] Tal conato de superación había aparecido ya en la *Filosofía lógica*, obra juvenil dejada inédita hasta ser publicada por Armando Zubizarreta, en la que Unamuno declara que no es materialista, por no saber lo que es la materia, ni espiritualista, por no saber lo que es el espíritu, ni dualista, por creer que un solo principio debe bastar para explicar todos los fenómenos, y llama *Conciencia* al conjunto de hechos y las ideas que constituyen todo lo conocido (Zubizarreta, "*Filosofía lógica*" 19-20).

[7] El santo se refiere con desprecio a "illi utique nostri temporis dialectici, immo dialectice haeretici, qui non nisi flatum vocis putant universales esse substantias" (*Epistola* 9).

que comunican. Lo que hace Unamuno es, en efecto, sintetizar el realismo con el nominalismo, en un concepto que quizás podríamos llamar "nominalismo realista," o, mediante un quiasmo típicamente unamuniano, "realismo nominalista," valiendo la paradoja para expresar el concepto de que las ideas son realidades, pero de una realidad inseparable de la de las palabras que las nombran, e igualmente inseparable de la realidad del aire y del aparato vocal humano, pues ya en el mismo ensayo citado había declarado que: "El nombre, y sólo el nombre, es lo que en un concepto queda si de él sacas las sendas representaciones concretas que cada uno nos formemos del mismo. ¿Me llamas por lo que digo nominalista? Entonces me haces tal al llamármelo" (1: 1117).

Muy conocido para los lectores de Unamuno es el conceptismo etimológico con que comenta en varias obras suyas los usos en el castellano moderno de las palabras *res* y *nada*, pero como índices de cuán arraigado en su espíritu ha sido el sentido de la identidad paradójica del puro Ser y la Nada pura, creo que conviene repasar algunos pasajes en sus textos que lo revelan con más detalles. En el ensayo "¡Res=Nada!" de 1918, Unamuno empieza con el propósito de jugar con los vocablos "a la pelota hasta reventarlos y que suelten las tripas—tripas de idea" (7: 1384), y luego hace un repaso de los vocablos de uso corriente que llevan el prefijo *Re-*, como Re-nacimiento, Re-forma, y Re-volución—todas éstas con mayúscula, por encerrar tantos valores trascendentales en la historia universal, y en la historia española, la re-volución—la del '68—ya minúscula, "la res-tauración—más minúscula aún—en 1876, la re-generación—ya microscópica—en 1898, y ahora...la invisible re-novación" (7: 1384). En todos estos ejemplos de lo que se trata es del prefijo que indica la repetición de alguna acción, por lo que concluye que "toda re-volución es re-acción," y que "de todo ello sale España revuelta, restaurada, regenerada y renovada de tal modo que no la conoce ni la madre ¿quién fué?—que la parió" (7: 1384). El análisis lingüístico combinado con una crítica social y política bastante sardónica da una vuelta al final del ensayo hacia otros dos res, de valor semántico distinto, y más profundo, que se relacionan con temas existenciales y metafísicos constantes en su pensamiento:

> El lector no dejará de notar a lo que en castellano llamamos reses, que es a lo que nos han reducido todos esos *res* examinados. *Res*, en

latín, significa "cosa," y de aquí real = efectivo.... Pero nótese que en catalán *res*, que empezó significando algo, ha concluído, como en francés *rien* y en castellano *nada* (cosa nacida), por significar nada... Cerremos, pues, este peloteo de vocablos con una fórmula comprensiva, y es ésta: ¡*res* = nada! (7: 1386).

Un par de años después, en el ensayo "La res humana," de 1920, vuelve Unamuno a estas reflexiones tras haber encontrado en el gran poema de Lucrecio el verso *Eripitur persona, manet res!*, que traduce como "desaparece la persona, queda la cosa" (7: 644), y añade que para entender bien el verso hay que tener presente el valor que en latín tiene la palabra *persona*: "La cual, empezando [*sic*], como es ya tan sabido, por significar la máscara o careta con que el actor se cubría la cara para representar el personaje, y, por último, el papel que uno representa, aunque sea en el coro o la comparsa, en el teatro del mundo, es decir en la Historia" (7: 644). Con este verso Lucrecio resumía su narrativa de lo que pasa cuando en momentos de peligro un hombre abandona su máscara de persona racional para entregarse a prácticas supersticiosas. Para el poeta romano conservaba la voz *res* el significado de "cosa," "realidad"—en este caso, "realidad interior"—pero Unamuno la relaciona en seguida con el significado "ganado," es decir, "animal," en el castellano moderno:

> Somos, pues, personas en cuanto sujetos históricos civiles... y queda por debajo el hombre que come, bebe, duerme, se propaga y sufre, que es la cosa o el hombre-cosa. Porque el hombre es también cosa, *res*, o si se quiere, enser, objeto natural y no sólo persona, o sea sujeto histórico. Y ese hombre-cosa es el hombre de carne y hueso al que antaño le llamaban intrahistórico. Y de este estado de cosas no sale el hombre salvaje. De los que hay muchos en el seno de las sociedades civiles e históricas. (7: 644-5)

Casi contemporánea con este ensayo es la novela *Tulio Montalbán y Julio Macedo*, en que el verso de Lucrecio aparece como lema al comienzo de unas "Memorias de Julio Macedo" que recibió Elvira Solórzano después del suicidio de Tulio Montalbán, el que se le había presentado como el hombre de carne y hueso, hombre-cosa, por debajo de la persona histórica de Julio Macedo. En su sufrimiento por la pérdida del hombre ideal de sus ilusiones, Elvira quema las "Memorias" sin leerlas, reduciendo a cenizas no sólo el manuscrito sino también su propia memoria. Por debajo de la *persona* queda la *res,* la cosa existente, y debajo de ésta no queda más que *cenizas*, materia inerte equivalente a la nada.

Cinco años más tarde, en su "Comentario" al "Retrato de Unamuno por Jean Cassou," que aparece como prólogo a *Como se hace una novela,* Don Miguel rechaza la alusión que hace su amigo hispano-francés al supuesto "fondo de nihilismo español" en su pensamiento, no por creer que sea erróneo el caracterizarle en tales términos, sino simplemente porque:

> *Nihilismo* nos suena, o mejor, nos sabe, a ruso.... El nuestro, el español, estaría mejor llamado *nadismo*, de nuestro abismático vocablo: nada. *Nada*, que significando primero cosa nada o nacida, algo, esto es, *todo*, ha venido a significar, como el francés, *rien*, de *rem* = *cosa*—y como *personne*—la no cosa, la nonada, la nada. De la plenitud del ser se ha pasado a su vaciamiento. (8: 726)

Si Don Miguel hubiera continuado su análisis etimológico, habría podido dar también la explicación histórico-sintáctica de este paso en el hecho de que con tanta frecuencia aparecía el modismo *rem natam*, en cláusulas negativas que acababa por integarar la negación en su propio valor semántico: *Non video rem natam>Non video natam>No veo nada.* Pero su profundo sentido de la identidad del Ser puro y la Nada pura tuvo el efecto de hacer que presentase este cambio o paso como algo intrínseco a los mismos, o cuanto más—recordando el ensayo de 1904 evocado por la presencia aquí de las palabras "plenitud" y "vaciamiento"—como consecuencia de haberse apagado un fanal de luz roja y encendido el de luz azul. Pero en realidad, no se trata de paso ni cambio alguno, pues si son idénticos, el Ser ya *es* la Nada y la Nada *es* el Ser.

En cuanto al dualismo metafísico de Descartes, Unamuno lo explica en términos reductivos como consecuencia de su deseo de sustentar su creencia en la autonomía de la mente y alma humanas: "Descartes dividió el mundo entre el pensamiento y la extensión, dualismo que le impuso el dogma cristiano de la inmortalidad del alma" (7: 241). Y es claro que el Unamuno que consideraba como universal el deseo de inmortalidad, también creía que no era sólo por ser dogma de la iglesia por lo que Descartes deseaba darle tal sustento filosófico, sino también porque él mismo, el Descartes de carne y hueso, quería tan profundamente creer en él.

Por cierto que Don Miguel estaba muy consciente de sus propias tendencias dualistas, confesando una vez, en el *monodiálogo* "Vae victoribus": "Mi concepción y mi sentimiento del universo y de la vida son dualistas" (5: 1024), pero hay que tener presente el hecho de que es sólo una de sus voces presentes en el *monodiálogo* que se expresa así. De todas formas, es muy conocida su tendencia a hablar de la existencia humana como presente al mismo tiempo en dos mundos distintos, como cuando en el ensayo "Civilización y cultura," de 1896, declara que: "Hay un ambiente exterior, el mundo de los fenómenos sensible, que nos envuelve y sustenta, y un ambiente interior, nuestra propia conciencia, el mundo de nuestras ideas, imaginaciones, deseos y sentimientos" (1:992), y unos diez años después, en "El secreto de la vida," dice que: "Hay por debajo del mundo visible y ruidoso en que nos agitamos, por debajo del mundo de que se habla, otro mundo invisible y silencioso de que no se habla" (3: 879). En el primero de estos asertos Unamuno parece haber rayado en el dualismo que Descartes había formulado con su división de la realidad en *res extensa* y *res cogitans*, pero en el segundo se trata de una concepción de los dos mundos en términos de la interioridad y exterioridad estudiadas por Blanco Aguinaga. Es posible, desde luego, que en ambos casos de lo que se trata es, más que otra cosa , de una tendencia humana casi universal a pensar en términos del dualismo cuerpo/mente que Lovejoy (*Revolt*, cap. 1) califica como un dualismo "natural," es decir, pre-filosófico. Pero a pesar de la existencia de tales ejemplos de un auto-reconocimiento de su tendencia a pensar en términos de oposiciones binarias, sus comentarios sobre Descartes revelan que tal tendencia no tuvo el efecto de hacerle aceptar el dualismo metafísico como tal.

Existe, sin embargo, otra clase de dualismo—de ninguna manera metafísico—que aparece ya en el capítulo II de *Del sentimiento trágico* cuando Unamuno presenta el concepto de otros dos mundos, ambos de origen biológico: "Hay un mundo, el mundo sensible, que es el hijo del hambre, y hay otro mundo, el ideal, que es hijo del amor. Y así como hay sentidos al servicio del conocimiento del mundo sensible, los hay también... al servicio del mundo ideal" (7 124-125). Si el hambre es el instinto de conservación del individuo, el amor es el instinto de perpetuación de la especie. Con respecto al hambre, este concepto puede ser relacionado con las ideas de Ramón Turró, que había presentado en su libro de 1912, *Els orígens del coneixement: la fam*, la tesis de que es el hambre que incita al organismo a explorar y llegar a conocer su ambiente en busca de alimentos.[8] La consecuencia de este instinto de conservación es que el organismo llega a adquirir un conocimiento práctico del mundo sensible, pero Unamuno, ampliando la teoría de Turró, añade que además del instinto de conservación del individuo, hay un instinto de perpetuación, del individuo y de la especie, o sea el instinto sexual, que nos incita a comunicarnos con otros miembros de nuestra especie para satisfacer ese instinto, lo cual tiene el efecto de producir el lenguaje humano, el pensamiento articulado, la razón, los ideales, y las obras de la imaginación creadora (7: 124).

Es cierto que sorprende un poco la persistencia del biologismo de estas ideas tantos anos después de la crisis de 1897, que fue seguida por un período de lecturas en las teorías del lenguaje de Croce y Humboldt, pero como dice Pedro Cerezo Galán, esto "no empece que queden... cabos sueltos en que se anudan ambos paradigmas" (*Máscaras* 74). En fin de cuentas, la idea de la materialidad del lenguaje—es decir, de la palabra enunciada como *flatus vocis*—que está implícita en la teoría biológica de sus orígenes—evoluciona de tal modo que, como dice Cerezo Galán en otro momento, "la biología se abre a una pneumatología religiosa" (*Máscaras* 36). En este caso, por cierto, es evidente que los contrarios "se anudan," pero no por eso quedan anulados como tales contrarios.

Si bien los restos de biologismo que persisten en *Del sentimiento trágico* parecen indicar una creencia en la primacía del cuerpo, también es cierto que en muchos momentos, antes y después de la publicación de *Del sentimiento trágico*, Unamuno parecía creer en lo que Allen Lacy ha denominado "the primacy of language" (*Rhetoric* 134), un concepto del mundo del lenguaje como realidad más fundamental que la realidad material. La ya citada meditación sobre "la excelencia y trascendencia del

---

[8] En 1921 Unamuno escribió un prólogo para la versión castellana del libro de Turró, en que decía que lo conoció en su edición francesa de 1914, que habría sido posterior a la publicación de *Del sentimiento trágico*, pero Roberta Johnson (*Crossfire* 95-97) ha revelado que algunas partes de las teorías de Turró habían sido publicadas en años anteriores, y que una carta suya a Unamuno indica que ya habían correspondido acerca de ellas.

nombre" en "La selección de los Fulánez" declara incluso que "Nombrar es conocer, y para nosotros es hacer la cosa, hacérnosla" (1: 1117), lo que indica que esta primacia es, en primera instancia, epistemológica, pero a esta declaración Unamuno añade en seguida que "El nombre es, en cierto hondo sentido, la cosa misma" (1: 1117). Con esto parece atribuir al nombre la primacia ontológica, pero ya hemos visto que las proposiciones de identidad como Ser = Nada siempre evocan como corolario otra, con los términos trastrocados, así que en el postulado de la identidad del nombre y la cosa está implícito el quiasmo: Nombre = Cosa/Cosa = Nombre. En este caso la Cosa no es la res = *nada* ontológica, indeterminada, sino más bien la cosa determinada por el vocablo determinado, pero su afiliación con el quiasmo metafísico como reflejo de él es indudable.

Finalmente, quiero señalar otra manifestación del quiasmo en una concepción de la estructura de la vida misma, que aparece en la teoría de la *contrahistoria* de Augusto Pérez, cuando en un *monodiálogo* con el perro Orfeo dice que: "Por debajo de esta corriente de nuestra existencia, por dentro de ella, hay otra corriente en sentido contrario; aquí vamos del ayer al mañana, allí se va del mañana al ayer.... Las entrañas de la historia son una contrahistoria, es un proceso inverso al que ella sigue. El río subterráneo va del mañana a la fuente" (2: 578). Los quiasmos implícitos en esto son, pues: ayer>mañana / mañana>ayer ; fuente>mar / mar>fuente. También en *Cómo se hace una novela* aparecen conceptos parecidos, ya no presentados como pensamiento de un personaje ficticio sino como meditaciones del autor mismo. En el *Prólogo* a la edición bonaerense de la obra, de 1927, retraducida de la versión francesa publicada en 1926 por *Le Mercure de France*, escribe Unamuno, ya residente en Hendaya, que no podía recordar sin un escalofrío de congoja las "infernales mañanas" de su soledad en París en el invierno de 1925, cuando: "pesaban sobre mí inefables recuerdos inconscientes de ultra-cuna. Porque nuestra desesperada esperanza de una vida personal de ultra-tumba se alimenta y medra de esa vaga remembranza de nuestro arraigo en la eternidad de la historia" (8: 709). Juntados y equiparados en un quiasmo implícito son los vocablos *cuna* y *tumba* (ayudados en esto, sin duda, por la asonancia de sus vocales): *cuna = tumba/tumba = cuna*. En la *Continuación* añadida para esta misma retraducción del núcleo central de la obra, don Miguel se entrega a una serie de reflexiones sobre los misterios de la paternidad y filialidad, en que también se vislumbra la presencia de una estructura quiástica en las relaciones entre las generaciones. Recordando un verso de Wordsworth, "The child is father of the man," que con su contrario, "The man is father of the child"—idea recibida del sentido común, no expresada por demasiado obvia, pero tácitamente presente en la conciencia de todo lector—forma el quiasmo implícito, "Niño-padre-hombre/hombre-padre-niño." Y poco después recuerda que: "Cada uno es hijo de sus obras, quedó dicho, y lo repitió Cervantes, hijo del *Quijote*, pero ¿no es uno también padre de sus obras? Y Cervantes padre del *Quijote*. De donde uno, sin conceptismo, es padre e hijo de sí mismo y su obra el espíritu santo. Dios mismo para ser Padre se nos enseña que tuvo que ser Hijo, y para sentirse nacer como Padre bajó a morir como Hijo." (8: 760)

Vemos, pues, que de la abstracción del quiasmo metafísico Ser – Nada/Nada = Ser, se ha abierto el pensamiento unamuniano a una versión carnal, antropológica, de la misma estructura, y a una conciencia profunda de la relación paradójica y problemática entre todo Creador y su creación, sean espirituales o de carne y hueso. No se puede afirmar que sea el quiasmo metafísico el que ha producido el antropológico, o si no era más bien la presencia en la inconciencia de Unamuno del quiasmo antropológico el causante de su profunda reacción a aquél. Lo único que sí se puede afirmar es que en el pensamiento unamuniano era fundamental y constante el postulado: En el principio fué el quiasmo.

THE JOHNS HOPKINS UNIVERSITY

Bibliografía

Anselm, St. *Epistola de incarnatione verbi*. Bonn: Petrus Hanstein, 1931.
Blanco Aguinaga, Carlos. "Interioridad y exterioridad en Unamuno." *Nueva Revista de Filología Hispánica* 7 (1953): 686-701.
———. *El Unamuno contemplativo*. México: Colegio de México, 1959.
Cerezo Galán, Pedro. *Las máscaras de lo trágico: Filosofía y tragedia en Miguel de Unamuno*. Madrid: Trotta, 1996.
Díaz, Elías. *Revisión de Unamuno. Análisis crítico de su pensamiento político*. Madrid: Tecnos, 1968.
Flórez, Ramiro. *Al habla con Hegel y tres lecturas españolas*. Madrid: FUE, 1995.
Johnson, Roberta. *Crossfire: Philosophy and the Novel in Spain, 1900- 1934*. Lexington: UP of Kentucky, 1993.
Jurkevich, Gayana. *The Elusive Self: Archetypal Approaches to the Novels of Miguel de Unamuno*. Columbia and London: U Missouri P, 1991.

Lacy, Allen. *Unamuno and the Rhetoric of Existence*. Haag: Mouton, 1967.
La Rubia Prado, Francisco. *Alegorías de la voluntad. Pensamiento orgánico, retórica y deconstrucción en la obra de Miguel de Unamuno*. Madrid: Libertarias/Prodhufi, 1996.
———. *Unamuno y la vida como ficción*. Madrid: Gredos, 1999.
Lovejoy, A. O. *The Revolt Against Dualism*. London: George Allen & Unwin, 1930.
Lucretius Carus, T. *De rerum natura*. Loeb Classical Library. Cambridge: Harvard UP, 1975.
Mermall, Thomas. "Unamuno's Mystical Rhetoric." *The Analysis of Hispanic Texts: Current Trends in Methodology*. Ed. M. A. Beck et al. New York: Bilingual Press, 1976.
———. "The Chiasmus: Unamuno's Master Trope." *PMLA* 105 (1990): 245-55.
Meyer, François. *L'Ontologie de Miguel de Unamuno*. Paris: PUF, 1955.
Morón Arroyo, Ciriaco. "Unamuno y Hegel."—*Miguel de Unamuno*. Ed. Antonio Sánchez Barbudo. 2da. ed. Madrid: Taurus 1980.
Navajas, Gonzalo. *Miguel de Unamuno: bipolaridad y síntesis ficcional: una lectura posmoderna*. Barcelona: PPU, 1988.
Olson, Paul R. "Sobre las estructuras quiásticas en el pensamiento unamuniano (interpretación de un juego de palabras)." Eds. José Amor y Vázquez & A. David Kossoff. Madrid: Castalia, 1982. 359-68.
———. *Unamuno: Niebla.—Critical Guide 40*. London: Grant & Cutler, 1984, 1996.
———. "Sobre el arte de *Paz en la guerra*." *Actas del IX Congreso de Hispanistas*. Frankfurt am Main: Vervuert, 1989.
———. "Metaficción y metafísica en *Tulio Montalbán y Julio Macedo*." *Actas del Décimo Congreso de Hispanistas*. Ed. Antonio Vilanova. Barcelona: Universidad, 1992. 133-40.
Predmore, R.L. "Flesh and Spirit in the Works of Unamuno." *PMLA* 70 (1955), 587-605.
Ribbans, Geoffrey. "La obra de Unamuno en la perspectiva de hoy." *Actas del IV Congreso Internacional de Hispanistas*. Ed. E. Bustos Tovar. Salamanca: Universidad, 1982. 3-21.
———. "Dialéctica de lucha y ambigüedad en la novelística unamuniana." *Actas del Congreso Cincuentenario de Unamuno*. Ed. D. Gómez Molleda. Salamanca: Universidad, 1989, 153-64.
Sánchez Barbudo, Antonio. "La formación del pensamiento de Unamuno. Sobre la concepción de *Paz en la guerra*." *Insula* 4. 46 (1949): 1-2, 6.
Turró i Darder, Ramón.—*Els origens del coneixement: la fam*. Barcelona: Edicions 62, 1980.
Zubizarreta, Amando F. "La filosofía lógica de Unamuno." *Tras las huellas de Unamuno*.—Madrid: Taurus, 1960. 17-20.

La salvación de la patria como condición de la salvación del yo: Preocupación de la Edad de Plata

NELSON R. ORRINGER

AL FORMULAR LA FRASE que había de convertirse en piedra de toque y condensación de toda su doctrina, Ortega habría podido dirigirse a todas las mentes selectas de su época: "Yo soy yo y mi circunstancia, y si no la salvo a ella, no me salvo yo" (I, 322). Las seis primeras palabras, escritas con los filósofos alemanes de vanguardia a la vista—sobre todo, los neokantianos y los fenomenólogos—proponen el abandono del idealismo transcendental a favor de un análisis más concreto de la realidad inmediata.[1] El fenomenólogo Husserl se había desviado en 1907 hacia ese idealismo no compartido por otros admiradores de su método (Spiegelberg I, 134-135): por un lado, los fenomenólogos de Munich (Scheler, Pfänder, Geiger); por otro lado, el neokantiano marburgués Paul Natorp, sicólogo e interlocutor de Husserl desde fuera del movimiento fenomenológico. Por eso, Ortega, antiguo estudiante de Natorp, empleaba el lenguaje de las *Ideas I* (1913) de Husserl para identificar al sujeto como al

---

[1] En "Ideen zu einer reinen Phänomenologie und phänomenologischen Philosophie" (1913), §33, pág. 58, Husserl escribe: "Ich bin – ich, der wirkliche Mensch, ein reales Objekt wie andere in der natürlichen Welt. Ich vollziehe *cogitationes*, »Bewusstseinakte« [...] und diese Akte sind, als zu diesem menschlichen Subjekte gehörig, Vorkommnisse derselben natürlichen Wirklichkeit" ["Yo soy… yo, el hombre real, un objeto real como otros en el mundo natural. Ejecuto *cogitationes*, «actos de la conciencia», y estos actos, en cuanto pertenecientes a este sujeto humano, son eventos de la misma realidad natural"].

yo ejecutivo, consciente de interaccionar como un objeto más del mundo de la vida con su ámbito concreto o «circunstancia».

El resto de la frase se dirige a los compatriotas de Ortega. En ella, «salvar» significa «salvar las apariencias» (τὰ φαινόμενα σώζειν). Según Natorp, los antiguos decían que la teoría tiene que salvar las apariencias. Mediante la fundamentación teórica, el fenómeno no puede negarse en ningún caso, sino que tiene que quedar honestamente conservado por la teoría. Con otras palabras, los presupuestos de la teoría deben demostrar la necesidad de la apariencia. El fenómeno se deja comprender como el caso de una ley (47). Aplicada esta doctrina a la circunstancia nacional, «salvar las apariencias» equivale para Ortega a "buscar el sentido de lo que nos rodea" (I, 322). "Sentido" expresa un matiz cultural. "Este sector de realidad circundante forma la otra mitad de mi persona: sólo al través de él puedo integrarme y ser plenamente yo mismo" (I, 322). La integración personal, por tanto, la plenitud individual, requiere la potenciación cultural del entorno.

Ciriaco Morón Arroyo, en su gran libro *El sistema de Ortega y Gasset* (150), relaciona esta noción con la cita bíblica que en el texto de Ortega aparece a continuación: *Benefac loco illi quo natus est*. Morón compara el imperativo de la Biblia con el de John F. Kennedy en su discurso inaugural: "No preguntes qué puede hacer mi patria por mí, sino qué puedo hacer yo por mi patria." Trátase, según Morón, de una justificación que hace Ortega de su intención de intervenir en la política española, fundando un partido de intelectuales. Con todo, la idea de que la salvación individual depende de la salvación nacional puede constituir, además, una respuesta al pensamiento patriótico de todo un período de la historia intelectual española. El propósito del estudio presente es mostrar las implicaciones epocales de esta relación de dependencia. Veremos, primero, que la época en cuestión consiste en concreto en la Edad de Plata (con fechas aproximadas de 1874 a 1936); segundo, que la frase de Ortega se remonta a una cadena de pensadores anteriores a las *Meditaciones del Quijote*: a krausistas como Julián Sanz del Río y a krausopositivistas como Leopoldo Alas y el Unamuno joven, y, tercero, que la frase reaparece en el Unamuno posterior a las *Meditaciones* con un sentido nuevo e inesperado, visible en *San Manuel Bueno, mártir* y compatible con la Edad de Plata en la que surge.

Antes que nada, conviene definir esa edad. Comenzando más o menos con el inicio de la Restauración borbónica (1874) y terminando más o menos cuando prorrumpe la Guerra Civil (1936), esta época tiene las siguientes características: 1) parte de un dolor producido por la decadencia de la patria; 2), por lo tanto, aspira a levantar al país a la altura de la cultura de su propio tiempo; 3) este ascenso ha de afirmar la continuidad de la cultura del Siglo de Oro español; 4) busca por ello modelos de esa época, por un lado; 5) pero tiene presentes, por otro lado, los modelos de la Antigüedad clásica emulados por el Siglo de Oro. La cuarta nota de la Edad de Plata no señala una aceptación omnímoda de toda la cultura áurea. De hecho, los grandes pensadores de fines del siglo XIX y principios del XX se aproximan con ánimo crítico a cuanto del Siglo de Oro no les parece universal, a la par que eligen paradigmas excepcionales de esa edad para seguir en la elaboración de sus propias empresas.

Las cinco características de la Edad de Plata se descubren en el deseo de Ortega de salvarse mediante la salvación patria. Es palmario el patriotismo doloroso que motiva la doble salvación buscada por Ortega. Pongamos entre paréntesis las opiniones de autoridades como Pedro Laín Entralgo, que sostiene que con el 98, del cual forma parte en su juventud (Ortega, I, 268), Ortega sentía "el dolor enorme... que era su país, la 'patria enferma'" (Laín, II, 410). Limitémonos al texto de las *Meditaciones del Quijote*, en donde expresa su afán de salvación individual y colectiva. Confiesa que "hasta en los últimos rincones de estos ensayos" late "la preocupación patriótica" (I, 329). "Tenemos los ámbitos del alma infeccionados," se queja Ortega (I, 325), en una excesiva adhesión al pasado, a la tradición. La intolerancia del alma española, la incapacidad del amor, el odio al prójimo, explican por qué Ortega clasifica al español como a uno de los "pueblos débiles" (I, 315).

El remedio tendrá que constar de "un afán de comprensión," que impulse al amor intelectual al estilo platónico, recomendado en el *Banquete* (I, 314). Este ejercicio mental representa un intento no sólo de salvar a España de su intolerancia, sino también de lograrlo mediante la elevación de la patria a la altura filosófica de su tiempo, el segundo rasgo de la Edad de Plata. Porque la "salvación" de la realidad inmediata española equivale para Ortega a su universalización. Cada tema nacional estudiado por Ortega tiene que problematizarse, o relacionarse con "los motivos clásicos de la humana preocupación" (I, 312). Morón (144) ha advertido la dimensión neokantiana-marburguesa de las *Meditaciones del Quijote*. Añadimos, a nuestra vez, que lo confirma la problematización universal de la cultura española, una de las máximas aportaciones del neokantismo marburgués a las *Meditaciones*. Julián Marías (469) ha notado, aunque de paso, el influjo del joven Nicolai Hartmann, neokantiano marburgués, en este primer libro de Ortega. Y, en un artículo citado por Ortega con el título "Métodos sistemáticos" (1913, XII, 496, nota 1), Hartmann reconoce la necesidad metódica de partir siempre de un problema cognoscitivo, como hacían los neokantianos de Marburgo, con Cohen a la cabeza. La universalización de lo concreto español significa para Ortega la salvación de lo mismo (I, 312). Y puesto que los máximos filósofos del día—neokantianos como Cohen y Natorp, fenomenólogos como Scheler—teorizan sobre el amor intelectual, el tratamiento amoroso por Ortega de la circunstancia española eleva ésta a la altura de la época, como conviene durante la Edad de Plata.

El tercer rasgo de la época exige la continuación del ímpetu cultural iniciado en el Siglo de Oro. Podemos señalar en las *Meditaciones del Quijote* un sentimiento de vivir una ruptura histórica. En oposición a Antonio Cánovas de Castillo, arquitecto de la Restauración, que la ha visto como "la continuación de la historia de España," Ortega la presenta como "la detención de la vida nacional" (I, 337). Por esto, para utilizar los términos del Scheler del *Ressentiment* empleados aquí por Ortega, la Restauración adolece de un error de óptica valorativo, y estima lo mediocre al tiempo de menospreciar lo excelso. Incapaz de percibir la profundidad del *Quijote*, la crítica de finales del siglo XIX, encabezada por Menéndez Pelayo y Valera, parece a Ortega incapaz de situar a Cervantes en el alto lugar que le corresponde (I, 339). Además, rechaza Ortega la célebre distinción, hecha por Menéndez Pelayo, entre las nieblas germánicas y la claridad latina. La claridad latina se le antoja a Ortega un mero reflejo de la brillantez de Grecia. Y de su maestro marburgués Hermann Cohen, según ha mantenido magistralmente Morón Arroyo (295), Ortega ha aprendido su veneración por Grecia como inventora de los "temas sustanciales de la cultura europea," y como "protagonista de la historia" humana (I, 341-342). Morón nos ayuda, pues, a completar la prueba de que la salvación de España por medio del concepto en Ortega es obra de la Edad de Plata: busca modelos en el Siglo de Oro y en la Antigüedad clásica, a imitación de los pensadores áureos. El modelo a imitar es Cervantes, maestro de profundidad: "si supiéramos con evidencia," exclama Ortega, "en qué consiste el estilo de Cervantes, la manera cervantina de acercarse a las cosas, lo tendríamos todo logrado. Porque en estas cimas espirituales... un estilo poético lleva consigo una filosofía y una moral, una ciencia y una política" (I, 365). La salvación de España se realizaría por medio de un sistema que emulara en profundidad la gran obra cervantina. Y no se le oculta a Ortega la deuda de Cervantes con los griegos. Por un lado, el autor del *Persiles* hereda motivos épicos de la novela griega (I, 376); por otro lado, el diálogo, meollo del *Quijote*, según Ortega (I, 388), nace de la comedia griega, con su tema de la realidad cotidiana y su burla de la cotidianeidad (Aristófanes). La genialidad de Cervantes consiste en conjugar de una manera peculiar, original, lo épico con lo cómico, de encerrar al héroe en el mundo cotidiano, para estudiar la interacción entre uno y otro. Y Ortega aspira a salvar a España con una filosofía que, refiriendo el yo a la circunstancia española, reforme este ámbito y de tal forma preste un nuevo sentido, universalice, al yo concreto que teoriza.

La medida en que Ortega debe esta empresa salvadora a Unamuno va escondida entre líneas de las *Meditaciones del Quijote*. No sólo Pío Baroja y Azorín constituyen "circunstancias" de Ortega a las cuales éste se siente llamado a potenciar en un sentido cultural (I, 323), sino que aspira también a estimular el pensamiento de "almas hermanas," pertenecientes a "hermanos enemigos"—una clara alusión al rival para la hegemonía intelectual española, el rector de Salamanca—(I, 318). De hecho, como hemos mostrado en otro estudio, Unamuno sirve tanto como *Gegner* o antagonista cuanto como apoyo teórico para el pensamiento de Ortega en marzo de 1914. Porque Ortega parece refutar las doctrinas del Unamuno maduro, el de la *Vida de Don Quijote y Sancho* (1905) y el de *Del sentimiento trágico de la vida* (1911-1912), valiéndose de las ideas unamunianas de una época anterior, la de los cincos ensayos que componen *En torno al casticismo* (1895) (ver Orringer 1983). Bien se entiende la proximidad de Ortega al Unamuno previo, el krausopositivista leído en Sanz del Río y Giner, por un lado, y Herbert Spencer, por otro: el krausismo es racionalismo armónico, y lo respaldan los datos empíricos entresacados por el joven Unamuno de la sicología de Spencer (Orringer 1997). El krausismo es una especie de neokantismo; y neokantiana es la voluntad de sistema del Ortega de 1914, mientras que la fenomenología de las *Investigaciones lógicas* (1900, 1901), dependientes de la intuición inmediata de toda la experiencia, le permite practicar el "positivismo absoluto contra [el] parcial positivismo" en su salvación científica, cultural, de las apariencias (1915-16, XII, 399). El parentesco entre el primer Unamuno y el Ortega de las *Meditaciones* salta a la vista. Pero el parentesco cala mucho más hondo, porque, como las *Meditaciones del Quijote*, la obra ensayística *En torno al casticismo* es un fruto de la Edad de Plata española.

Regresemos al punto de partida del estudio presente, la idea orteguiana de que la salvación del yo precisa la salvación del entorno. En Unamuno "salvación" carece del preciso matiz culturalista que adquiere en Ortega. Significa la armonización del individuo con la humanidad, como ha deseado Krause. Una de las ideas principales de *En torno al casticismo* resulta ser la salvación del individuo a través de su salvación del mundo. En el calvinista liberal Paul Sabatier, citado en el libro de Unamuno (I, 851, nota 1), aparece un contraste entre los santos que adornan las iglesias francesas con sus "aires contristes," anémicos y demacrados como San Luis de Gonzaga (Sabatier 215), y los *joculatores* gozosos como San Francisco de Asís (89, 352). Por eso, en Unamuno descubrimos aplausos para "el pobrecito de Asís" con su "alma de trovador," de "alegre umbrío," en oposición al "macilento y triste en que se le trasformó en España" (I, 845). No permanece San Francisco encerrado en su alma, sino que "se derrama fuera, amando con ternura a la Naturaleza, hermana de la Humanidad." En fin, "al solitario, *monachum*, monje, sustituye el hermano, *fratellum*, el fraile." A esta antítesis añade Unamuno una frase que no es sino el antecedente de la frase de Ortega, "si no la salvo a ella [mi circunstancia], no me salvo yo"; así Unamuno: "Salvando a los demás, se salva uno en redención mutua" (I, 846).

En esta pretensión redentora, podemos atisbar el pentagrama de notas que componen la Edad de Plata. En primer lugar, la salvación presupone la necesidad de ser salvado. En el caso de la España de 1895, Unamuno recalca tal necesidad. Escribe con Costa y con Giner del imperativo de estudiar la historia española para hacer de ese estudio "un implacable examen de conciencia." La regeneración de España exige la purgación de "pecados pasados," de atrocidades cometidas contra la humanidad y consideradas hasta la fecha como las mayores glorias de la patria. "Mientras no sea la historia una confesión de un examen de conciencia, ...no habrá salvación para nosotros" (I, 798). Examen tal debería indicar una interrupción en la historia española: "El caso fué que Castilla paralizó los centros reguladores de los demás pueblos españoles, *inhibióles la conciencia histórica* en gran parte, les echó en ella su idea, la idea del unitarismo conquistador, de la catolización del mundo, y esta idea se desarrolló y siguió su trayectoria, castellanizándolos" (I, 805, con énfasis nuestro). La Reconquista, la Conquista de América y la Contrarreforma deshumanizan a España, alejándola del concierto de los demás pueblos de la humanidad. El tercer rasgo de la Edad de Plata

Española consta de su aspiración a reanudar el esfuerzo cultural iniciado en el Siglo de Oro. Y aunque en *En torno al casticismo*, según queda insinuado, la mayor parte de la cultura áurea le parece a Unamuno provinciana, exclusivista, no genéricamente humana, sin embargo, esa cultura le ofrece también una excepción, un modelo de conducta y pensamiento: fray Luis de León.

En el ensayo "De misticismo y humanismo," penúltimo del libro *En torno al casticismo* (1895), Unamuno elogia a fray Luis por armonizar una y otra corriente cultural. Amante de la paz y del sosiego en un siglo "de estruendo más que de sustancia," su sentimiento de la naturaleza consuena con su humanismo platónico (I, 847). Unamuno nota su repugnancia por la guerra y por la ley escrita que de ella brota. La guerra es exclusivista, y la legislación escrita es una imposición externa. Fray Luis contrapone la ley externa a la ley de la gracia. Sueña, como su admirador Unamuno, con el Reino de Dios en la tierra, cuando haya de regir la "ley interna, concierto de la razón y la voluntad." Según *De los nombres de Cristo* (Luis de León, I, 629), la imposición externa de la ley, por justa que ésta sea, carece de eficacia al ir en contra del gusto del sujeto, pecador por naturaleza, al par que la inclinación suave al bien es eficaz, pues mediante la gracia Cristo escribe amoroso en la voluntad de cada cual. Unamuno percibe *De los nombres de Cristo* como un "soberano himno...a la paz." La paz refleja el "concierto del mundo," no la darwiniana lucha, supuesta ley de la vida. Mantiene Unamuno de fray Luis, "Penetró en lo más hondo de la paz cósmica, en la solidaridad universal, en el concierto universal, en la Razón hecha Humanidad, Amor y Salud" (I, 850). Puesto a resumir toda la doctrina de fray Luis, Unamuno elige este pasaje de ontología panarmónica, derivado de la meditación inicial de los dialogantes Marcelo, Sabino y Juliano sobre el nombre en general. Entre las líneas de fray Luis, leemos el esfuerzo de cada ser por salvarse salvando los demás. El autoperfeccionamiento es el ejercicio de admitir en uno mismo el ser de todos los demás, creando así una armonía cósmica que plenifica a cada cual y al conjunto universal: "Consiste...la perfección de las cosas en que cada uno de nosotros sea un mundo perfecto, para que por esta manera, estando todo en mí y yo en todos los otros, y teniendo yo su ser de todos ellos y todos y cada uno dellos el ser mío, se abrace y eslabone toda aquesta máquina del universo, y se reduzca a unidad la muchedumbre de sus diferencias, y quedando no mezcladas se mezclen" (Unamuno, I, 851; Fray Luis, I, 414-415). Unamuno, pensador de la Edad de Plata con un modelo del Siglo de Oro, asevera que estas palabras "encierran la doctrina de todo renacimiento" (I, 851).

Si el autor de *De los nombres de Cristo* ha definido la perfección como la recepción de "todos en mí y yo en todos los otros," Unamuno concibe al pueblo perfecto como siendo "todos en él y él en todos, por inclusión y paz, por comunión de libre cambio. Sólo así se llega a ser un mundo perfecto" (I, 851). De ahí su oposición a todo exclusivismo, sea de tradicionalistas o de europeístas; y de ahí su elaboración de conceptos sintéticos como la «intrahistoria» y la «tradición eterna». La intrahistoria significa aquel componente génericamente humano, esencial y duradero de cada instante histórico; y la tradición eterna, la prolongación diacrónica de la intrahistoria. Pues bien: Unamuno sugiere la diferencia entre historia e intrahistoria contrastando el "estruendo" de una "tempestad de verano" con el "silencio augusto" del fondo del mar (I, 794). Para el autor de la oda a la *Vida retirada*, la ambiciosidad mundial, urbana, es comparable al "mar tempestuoso"; la serenidad del campo, a un "día puro" (León, II, 743). Idéntica oposición subyace el "Nombre de Cristo" titulado "Pastor": "Porque...la vida pastoril es vida sosegada y apartada de los ruidos de las ciudades, y de los vicios y deleites de ellas" (León, I, 466). Pero el máximo argumento que ofrece fray Luis para menospreciar la urbe y elogiar el campo es el siguiente: "Vive en los campos Cristo, y...ama la soledad y el sosiego; y en el silencio de todo aquello que pone en alboroto la vida, tiene puesto Él su deleite" (I, 469). Aquí notamos la distinción hecha entre los agentes que perturban la vida y el aspecto silencioso de la misma. ¿Cómo dudar que en su época krausopositivista, Unamuno escribía como un pensador de la Edad de Plata?

No falta en *En torno al casticismo* el quinto elemento de este período, la conciencia de la ejemplaridad de la Antigüedad clásica. Dejemos aparte el platonismo de fray Luis, señalado por Unamuno (I, 847). La ejemplaridad de la lengua le parece superior a la de la literatura. El castellano demuestra la persistencia de la *intrahistoria* a través del tiempo, mientras que las letras que emplean el castellano tienen un elemento más "histórico" (I, 806). "El que quiere juzgar la romanización de España no tiene sino ver que el castellano en el que pensamos y con el que pensamos, es un romance de latín casi puro: que estamos pensando con los conceptos que engendró el pueblo romano, que lo más granado de nuestro pensamiento es hacer consciente lo que en él llegó a inconsciente" (I, 801-802). La evolución de la lengua latina en el mundo hispánico ofrece una lección de universalidad. Porque la internacionalización del castellano viene convirtiéndolo en la "verdadera lengua española, la lengua del pueblo español que va formándose sobre el núcleo castellano" (I, 802). Buen ejemplo de esta autenticación lingüística es para Unamuno la cultura de la América española. Por eso dice que el *Martín Fierro*, aunque reclamado por los argentinos como patrimonio nacional, "está impregnado de españolismo, es española su lengua, españoles sus modismos, españolas sus máximas y su sabiduría, española su alma" (IV, 716). Unamuno ha sido un gran introductor de la literatura hispanoamericana en España. Y en sus obras, ha intentado introducir vocablos y modismos poco conocidos de los pueblos españoles para enriquecer el castellano. Si la obra de un escritor, según Unamuno, sirve para inmortalizarle, tendremos que decir que D. Miguel ha intentado salvarse por medio de la salvación de todo su pueblo.

Sin embargo, antes que Unamuno, otro krausopositivista, Leopoldo Alas, tan admirado de él, había novelado la posibilidad de la propia salvación mediante la salvación ajena. En *La Regenta*, terminada en 1885 (Alas, pág. XXVI), "Clarín" pone el siguiente libre discurso indirecto en la mente de su personaje, el magistral D. Fermín de Pas, pensando en su hija de confesión, la protagonista Ana Ozores: "Sí, sí...; yo la salvo a ella, y ella, sin saberlo, por ahora, me salva a mí" (270). Aquí la salvación no alude a la escatología, ni a la redención religiosa. D. Fermín busca su propia superación de su materialismo diario con un mínimo de idealismo. En el caso de Ana, el magistral le prepara un estilo de vida que él ha llamado *higiene espiritual* (269), concibiéndose a sí mismo como a su *médico del alma*, pero de todas maneras, que no pasa de ser un modo de vivir que la obligue a permanecer al lado de su confesor. En el caso de D. Fermín, Ana ha de darle una empresa existencial digna de él, algo más elevado que la ambición que le consume de concentrar en sus manos todo el poder sobre su diócesis (270). "El vivía para su pasión, que le ennoblecía, que le redimía" (368).

Bien mirado, este género de doble redención o salvación aparece como parte esencial de una obra producida por la Edad de Plata. No cabe duda de la crítica de la decadencia patria implícita en este episodio. Don Fermín, símbolo de la Iglesia militante de la Restauración, quiere convertir a otro ser humano, Ana Ozores, en instrumento para sus propios fines egoístas. *La Regenta*, obra krausopositivista, alegoriza una premisa especulativa krausista, apoyada a su vez por pruebas positivistas concebidas por analogía con las ciencias naturales y abrigadas por la escuela del naturalismo literario de Émile Zola. El hombre, para Krause, es un arquetipo o viva imagen de Dios que evoluciona hacia su ideal de armonía entre naturaleza y espíritu, entre el mundo y Dios, pero encuentra obstáculos en su camino: instituciones sociales que, como la Iglesia o el Estado entonces corrientes, impiden el progreso de autorrealización. Sanz del Río, traductor de Krause, afirma el problema histórico en los siguientes términos: "¿Hay salud para el hombre? Todo á nuestro lado, en el espíritu puro y en la naturaleza pura, parece estar en su asiento, cada cosa parece ajustar con las demás de su género, y caminar con seguridad hácia su fin respectivo; sólo el hombre vive como en tierra ajena, alternativamente en el espíritu y en la naturaleza, y alternativamente arrojado de un reino, y del otro como extranjero en su casa, como desterrado sin patria ni hogar" (15). Yvan Lissorgues (I, 48), estudioso de la política de Clarín, sostiene que Alas escribe con un sentido de misión, influído por el krausismo, de luchar "contra la reacción y por el pueblo" desde su propia perspectiva pequeñoburguesa de "armonismo social."

El conflicto de Ana Ozores—alma huérfana, que alterna entre el predominio del espíritu y la tiranía de la naturaleza en la ciudad de Vetusta donde reside—refleja el dilema metafísico del ser humano de Krause: "En aquel momento vió a todos los vetustenses felices a su lado, entregados unos al vicio, otros a cualquier manía, pero todos satisfechos. Sólo ella estaba allí como en un destierro. Pero ¡ay!, era una desterrada que no tenía patria a donde volver, ni por la cual suspirar" (Alas 150). Abundan las analogías entre los textos de Krause y de Alas. Ambos contrastan enseguida al individuo humano y los seres a su lado; ambos contraponen las especies de ocupaciones de estos seres; los dos autores, empero, resuelven la antítesis apuntando la autosuficiencia de estos seres; con todo, los dos perciben con dolor la deficiencia radical del ser humano inmerso en esta autocomplacencia cósmica como un exiliado en su propio hogar.

El tema de la novela puede resumirse en la paulatina pérdida por Ana de su salud sicofísica, entendida no como la "salvación" que le ofrece su "médico del alma" Fermín de Pas, sino más bien en el sentido krausista de armonía entre espíritu y naturaleza, entre la intimidad y el ser externo. Examinemos las fuerzas de la Restauración, tan criticada por Ortega y aún con mayor acerbidad antes que él por Alas: por un lado, la Iglesia, personificada por el presbítero más poderoso de la ciudad, el hercúleo vicario general de la diócesis, Don Fermín de Pas; y, por otro lado, el Estado, simbolizado por el político más potente, el seductor Don Álvaro Mesía. Si para Krause el Estado debe constituir el puente legítimo al Reino de Dios en la tierra, él reconoce que, en realidad, en la actualidad histórica, el Estado obra en su propio interés (Krause, 224-225). Mesía, jefe del Partido Liberal de Vetusta, en secreto domina también al Marqués de Vegallana, jefe de los Conservadores (Alas 113). Canaliza los considerables recursos de Vegallana, junto con los del casino liberal, hacia el proyecto de conquistar el amor de Ana y de derrotar al rival Fermín de Pas. Krause sostiene que la Iglesia debe consistir en el despliegue racional de la ciudad de Dios en la tierra; pero, de hecho, en esta etapa de la humanidad, es egocentrista e intolerante (Krause 253). En *La Regenta* Fermín de Pas emplea su formidable racionalidad para convertir a Ana en una esclava virtual de la Iglesia, forzada a ejecutar obras piadosas que ostentan su fanatismo al tiempo de mostrar la superioridad secular de Fermín de Pas a Mesía. Las consecuencias son trágicas: Ana oscila entre cada vez mayores extremos de piedad seudomística y de erotismo pagano hasta sucumbir al adulterio y a la humillación pública, que lleva a la muerte de su marido Víctor Quintanar.

Examinada, pues, la crítica de la decadencia española que fundamenta la novela, cabe señalar en ella también las otras características de la Edad de Plata. Antes que Ortega, Clarín vive la Restauración como la interrupción de la historia española. Según Y. Lissourgues (I, 47), Alas, intelectual de tendencias liberales, "ve en la Restauración una reacción usurpadora de un poder que, según ella, le correspondía asumir después de 1868 [fecha de la Revolución Septembrina]." Luego, si Krause y Sanz del Río (252) presentan el desarrollo de la humanidad en tres etapas históricas, la edad de inocencia (tesis), la actualidad de egoísmos (antítesis) y una futura época de armonía (síntesis), Alas concibe el sexenio liberal (1868-1874) como la edad de inocencia, la Restauración como el período de corrupción y un futuro que permanece en suspenso como una utopía siempre fugitiva de reforma social, moral e intelectual. Esta concepción explica la actitud ambivalente de *La Regenta* hacia el Siglo de Oro: cualquier modelo áureo que ofrezca un vislumbre de la utopía futura y armónica, promoviendo armonía personal de naturaleza y espíritu, es digno de imitación; y todo paradigma del Siglo de Oro que estorba la armonía debe evitarse. Partidario de la paz, como el primer Unamuno, Alas favorece a los místicos áureos; y enemigo de la violencia, rehúye a los dramaturgos del pundonor castellano. En los escasos instantes en que Ana Ozores lee e imita a los místicos del Siglo de Oro—a fray Luis de León, a San Juan de la Cruz, a Santa Teresa de Jesús—parece lograr la armonía de espíritu y naturaleza que busca. Sin embargo, la sociedad de la Restauración impide la continuación de esta armonía. De niña, al leer los versos de San Juan, Ana improvisaba versos "sencillos, dulces y apasionados," y descubría "secretas relaciones entre las cosas," misteriosa armonía de espíritu y naturaleza (65). Con todo, la alta sociedad de Vetusta atajó ese gusto por la poesía religiosa, considerando la literatura como un vicio hombruno, propio de varones "vulgares, plebeyos" (79). Luego, tras una recaída en el fanatismo religioso, Ana intenta recuperar el equilibrio de su espíritu y su cuerpo escapándose al campo con su marido Quintanar, que de noche recita trozos de *Noche serena* de fray Luis, de quien confiesa Ana, "Cuando yo era niña y empezaba a leer versos, mi autor predilecto era ése" (460; cfr. 65).

No obstante, el forcejeo entre Iglesia y Estado, entre Don Fermín de Pas y Don Álvaro Mejía, para dominar a Ana, da al traste con su armonía interior. Perturba su serenidad, además, la imitación por su marido Víctor Quintanar de sus modelos predilectos del Siglo de Oro. Un apasionado de la poesía dramática del siglo XVII, "deliraba por las costumbres de aquel tiempo, en que se sabía lo que era honor y mantenerlo. Según él, nadie como Calderón entendía en achaques del puntillo de honor, ni daba nadie las estocadas que lavan reputaciones tan a tiempo" (51). Implícito en el aprecio de Quintanar por el código del honor va la estimación del tesón con que España conquistó todo su imperio. Así, tras la exposición de sus ideas sobre el arte del teatro, suele concluir esbozando "su teoría del honor, según se entendía en el Siglo de Oro, *cuando el sol no se ponía en nuestros dominios*" (286, con énfasis mío). Convencido de la verosimilitud de los lances teatrales del honor, jura de un modo quijotesco seguir esos ejemplos en el caso que él considera imposible de que su mujer le falte (286). Hasta al ver a un actor de talento mediano hacer el papel de Don Juan Tenorio, aplaude la plasticidad de sus movimientos y gestos. Refuta a quienes pudieran ver tales posturas como falsas, pues "así seguramente andaríamos y gesticularíamos los españoles en el Siglo de Oro, cuando éramos dueños del mundo." Aunque Alas seguramente no suscribe las ideas que hasta aquí pone en boca de Víctor Quintanar, éste añade una opinión que, no cabe duda, pertenece al mismo autor, precursor, en 1885, de los críticos del 98: "Bueno estaría que ahora que vamos a perder a Cuba, resto de nuestras grandezas, nos diéramos esos aires de señores y midiéramos el paso"

(282). Aquí se muestra Alas buen discípulo de Giner de los Ríos (III, 165), que ha elogiado el "ejemplo y enseñanza inestimable [dado] a una sociedad que empieza a renegar de esos precedentes y aspira a suicidarse por contradecirlos."

Ahora bien, ni el imperialismo español, ni el pundonor gozan de la admiración de Alas, según se desprende del desenlace de su novela. Al descubrir la infidelidad de su mujer, Quintanar renuncia por inverosímiles a las comedias de capa y espada, que, al decir teatral suyo, "mentían como bellacas" (524). Porque prevalece en su ánimo la cristiana doctrina del perdón, encarecida por Krause y Sanz del Río. Por lo tanto, en el duelo que sigue entre Quintanar y su burlador Don Álvaro Mesía, Quintanar, capaz de tirar mejor, decide no matar. El narrador omnisciente explica que "la filosofía y la religión triunfaban en el ánimo de Don Víctor" (543). El vigésimosegundo mandamiento de la humanidad de Krause en cuanto a los individuos incluye lo siguiente: "Combatirás el error con la ciencia... el pecado con la virtud... el odio con el amor... la provocación con la firme serenidad y la igualdad de ánimo" (101). Por lo cual, en medio del duelo, Quintanar piensa que ya no aborrece a Don Álvaro. Pero Don Álvaro no comparte la filosofía de Quintanar. Símbolo del Estado, tan indiferente a los sagrados vínculos conyugales como la Iglesia, encarnada por Don Fermín, Álvaro mata a Quintanar por temor animal (544). Esta gran novela krausopositivista critica la Restauración por impedir el avance de los armónicos ideales krausistas de la humanidad.

La figura del magistral Fermín de Pas, que dice querer confesarse con su hija de confesión Ana Ozores (380), ofrece un precedente a Unamuno, cuyo personaje novelesco mejor logrado es Don Manuel Bueno. Preguntado por su hija de confesión Ángela Carballino por qué no va al claustro, confiesa Don Manuel su incapacidad para sobrevivir en la soledad: "Yo no debo vivir solo; yo no debo morir solo. Debo vivir para mi pueblo, morir para mi pueblo. ¿Cómo voy a salvar mi alma si no salvo la de mi pueblo?" (Unamuno, II, 1135). Sin embargo, ¡qué lejos está la salvación soñada de Don Manuel de la de Don Fermín, de la fraternidad franciscana de *En torno al casticismo* y de la salvación de la circunstancia orteguiana!, todas las cuales, empero, prestan a Unamuno intertextos para su propio texto novelesco. Hipócritas, tanto Don Manuel como Don Fermín predican doctrinas de salvación en que creen no creer; pero si la hipocresía del personaje clariniano impide la armonía de materia y espíritu, la hipocresía de Don Manuel la favorece. El problema de la formación de la personalidad autoconsciente constituye el tema de casi toda la ficción de Unamuno, su novela más apreciada inclusive. En su prólogo de 1932 a *San Manuel Bueno, mártir* (1931) y a varias otras novelas, explica Unamuno, "Don Manuel Bueno busca, al ir a morirse, fundir—o sea salvar—su personalidad en la de su pueblo" (II, 1123). Aquí la fusión equivale a la salvación anhelada. ¿Cómo entender la ecuación si en esta novela dice Unamuno haber querido expresar "todo mi sentimiento trágico de la vida cotidiana" (II, 1115), y si en el libro de ensayos *Del sentimiento trágico* (VII, 257) leemos que cualquier pérdida del individuo en la colectividad angustia a D. Miguel? Incluso para después de la muerte, las múltiples visiones de la *apocatástasis*, la totalización de Dios en todas las almas, le consuelan poco (VII, 259). Don Manuel, con su tendencia hacia el suicidio, pretende suprimir la voz de su yo para verse inmerso en las necesidades espirituales, inmortalizadoras, de su pueblo. La pretensión es ilusoria, el yo no puede negarse, y por eso Unamuno compara el martirio de Don Manuel con el martirio de Don Quijote, que buscó la gloria sin plena convicción de conseguirla (II, 1123).

San Manuel Bueno, martir, con un modelo tomado del Siglo de Oro, resulta ser una obra de la Edad de Plata. Puede clasificarse como una novela ejemplar en un sentido más íntimo que el cervantino. En el prólogo a sus propias novelas ejemplares, Cervantes escribe que "no hay ninguna de quien no se puede sacar algún ejemplo provechoso" (769-70), y en el *Coloquio de los perros* insinúa por boca del perro Cipión que "los cuentos, unos encierran y tienen la gracia en ellos mismos; otros, en el modo de contarlos" (999). Con otras palabras, la narrativa puede ofrecer o un ejemplo moral o un ejemplo estético. Por otra parte, Unamuno sostiene que el arte pretende "recrear, vitalizar, consolar y elevar el espíritu" (IX, 849) y que, didáctica o no en su intención inicial, proporciona siempre una lección de vida, de ser o de no-ser (II, 972). Don Manuel Bueno quiere no-ser, suicidarse. Su vida ofrece la lección de cómo dar a un impulso suicida un sentido positivo. De ahí su afán de salvar su personalidad abismándola, hundiéndola, en la de su parroquia.

La pasión, el sufrimiento, de D. Manuel asegura la fe de sus feligreses. Si, según Unamuno, esta novela comunica su sentimiento trágico del vivir de todos los días, la vida de Don Manuel da una sistemática lección ética. Para aclarar este sistema, empleemos el ejemplo de Don Quijote, tal como le reinterpreta Unamuno. La doctrina moral del Unamuno maduro parte, como toda su doctrina, de una lucha por la vida eterna que el catolicismo no garantiza al individuo. Ya queda dicho que para Unamuno, el problema de salvar la propia personalidad "en alas de la fama imperecedera" describe la finalidad de la vida de Don Quijote (II, 1123). En el caso de Don Manuel Bueno, ¿qué garantiza la salvación de su personalidad una vez fundida ésta con la de su pueblo? ¿Se salvarán los parroquianos después de muerto él, para que se conserve algo del cura en ellos? Si no los espera la salvación de Ultratumba, se acordarán de Don Manuel sólo unos cuantos años. De hecho, el forcejeo de éste para salvarse anegándose en ellos tiene mucho de quijotesco. Bien lo demuestra el segundo principio de la moral de Unamuno, la subordinación de la teoría, de la doctrina ética, a la acción. Don Quijote "no peleaba por ideas," sino "por espíritus" (VII, 293). La ética resulta ser la justificación *a posteriori* de la conducta. Nada más instructivo sobre el particular que el episodio del suicida a quien Don Manuel no le niega tierra sagrada para su entierro, alegando, a despecho de la prohibición doctrinal del suicidio, que "en el segundo de la agonía, [el difunto] se arrepintió sin duda alguna" (II, 1134). Ángela, al consultar sus propias dudas doctrinales con Don Manuel, tras el consejo de éste de creer todo lo que enseña la Iglesia, lee el escepticismo del cura en las expresiones de su rostro (II,1137). La significancia de la vida cotidiana, pues, excede a la de la teoría, de la doctrina. La vida, vivida con el fin de inmortalizarse, da al hombre dominio del mundo, el poder de convertir la naturaleza en espíritu. En la Parte II, cap. LXX del *Quijote*, el héroe asevera, "No hay otro yo en el mundo," lo cual Unamuno interpreta de este modo: "Si hay un Dios que ha hecho y conserva el mundo, lo ha hecho y conserva para mí" (III, 238). Don Manuel Bueno humaniza el mundo, espiritualiza la naturaleza en torno. El paisaje de su pueblo Valverde de Lucerna, su montaña y su lago, llegan a existir en función de su personalidad (Fernández Turienzo, 119). Goza, además, de dominio del elemento humano de su aldea, de un altruista "imperio…sobre el pueblo" (II, 1138, 1139).

Como una especie de Cristo secular—recuérdense las múltiples comparaciones unamunianas de Don Quijote con Cristo—toma sobre sus hombros la responsabilidad de los pecados de los aldeanos (II, 1138). Suministra los últimos ritos a los otros en una manera que los consuela a ellos, no a sí mismo, frente a la muerte. El Don Quijote de Unamuno, por analogía, profesa una fe en la gloria caballeresca en la cual tampoco cree del todo (VII, 298). Como Don Quijote ante la cultura moderna (VII, 297), Don Manuel pone toda la cultura de la aldea al servicio de la causa de inmortalizar a los aldeanos. Esforzándose por perfeccionarse en su humilde oficio de párroco, cumple la norma moral de Unamuno de lograr suficiente excelencia en su profesión para que se le vea como insustituible después de la muerte (VII, 270). No asombra que su sucesor, abrumado por su ejemplo recordado, se resuelva sencillamente a seguirlo (II, 1150). Así como el Don Quijote unamuniano con las burlas de sus críticos (VII, 293), Don Manuel lleva los cargos de su vocación como una cruz amada. Al pie de la letra, ha hecho una oración de todo acto profesional, según ha recomendado Unamuno en *Del sentimiento trágico* (VII, 272). Por eso, si en *Niebla* Augusto Pérez arguye que Don Quijote es más real que Cervantes y que, por eso, él, Augusto, es más real que su Autor-Dios Unamuno (II, 667), de la misma manera, en la novela *San Manuel Bueno, mártir*, el autor implícito, Unamuno, toma la palabra y confiesa creer en la realidad de San Manuel Bueno más que en su propia realidad (II, 1153). La novela, dice, es "la más íntima historia, la más verdadera, por lo que no me explico que haya quien se indigne de que se llama novela al Evangelio" (II, 1154). Al escribir así, Unamuno recuerda sin duda su propia reacción quijotesca ante la controversia teológica de los 1890 sobre la fundamentación del cristianismo. Su admirado Ritschl urgía la reconstrucción científica de la revelación divina en la vida de Jesús; otros teólogos, con todo, favorecían la especulación racionalista que marginaba la biografía de Cristo. Albert Kalthoff, citado por Unamuno (I, 1230), dudaba de la validez científica de los Evangelios, sólo «novelas apocalípticas» de judíos cristianos. Daba poca importancia a la vida de Jesús, y mucha a la idea de Cristo como el ente ético y religioso que vive, cambia y se adapta a las necesidades de cada época. Como Cristo, el Don Quijote de Unamuno—Cristo español—"vivió y sigue viviendo con una...vida acaso más intensa y más eficaz que si hubiera...vivido al modo vulgar y corriente" (I, 1230). Precisamente en este sentido, mantenemos, Unamuno ha visto a San Manuel.

Para redondear la prueba de que *San Manuel Bueno, mártir* proviene de la Edad de Plata, veamos cómo su quijotismo oculta una inspiración derivada de la Antigüedad clásica. Ciriaco Morón Arroyo acentúa la presencia de Platón en Unamuno (1964: 232). Y pocas obras de Unamuno son más platónicas que *San Manuel Bueno, mártir*. La *República* V, 459 c 8 – d 3 propone el uso del "engaño" (ψευδές) y del "noble fraude" (ἀπάτη) como una "droga" (φάρμακον) para los gobernados. Don Manuel se vale de un "engaño" (II, 1142), del "fraude piadoso" de la vida eterna (II, 1152), como un "opio de las masas" para darles el contento de creer que la existencia tiene sentido (II, 1146). Aunque el articulista Unamuno ha anhelado "despertar al durmiente" a la duda de la fe, ya para 1933 confiesa que el alma "sencilla, cándida" nunca se despertará, viviendo siempre en el engaño (VIII, 1199-1200). El sentimiento de Manuel Bueno hacia la muerte y la inmortalidad apenas difiere del Sócrates platónico. Cuando sus parroquianos le piden que evoque el Más Allá en que cree no creer, como el Sócrates del *Fedón* 114 d 2, se sirve de mitos que consuelan pero que carecen de certeza (II, 1139, 1149). En vida, ese Sócrates dice practicar el arte de morir (*Fedón* 64-65); y Don Manuel ve su vida como un "suicidio continuo," un esfuerzo de pervivir pese a su deseo de matarse (II, 1144). Como Sócrates en la *Apología* 40 e 4, anhela el sueño final, interminable e interrumpido por visiones desagradables. Por fin, mueren Sócrates y Don Manuel en circunstancias demasiado parecidas para ser fortuitas. Unamuno aprecia como una obra de poesía la "divina inmortal muerte del Sócrates que soñó Platón": reuniendo en torno suyo a sus estudiantes, les enseñó a "saber morir y a saber cómo se muere. Y, por tanto, a vivir, a saber cómo se vive" (VII, 1013). A punto de morir, pues, Don Manuel instruye en el arte de morir a sus discípulos Ángela y Lázaro Caballino, falleciendo él mismo en el seno de la Iglesia sin esperar en la salvación (II, 1148). Expira predicando al pueblo sobre cómo ha de vivir. Sus últimas palabras son las de Sócrates, "οὐδὲν Καινότερον," en el *Fedón* (115 b 4)—"Y nada nuevo tengo que deciros" (II, 1149). Sócrates y Don Manuel rehusan las lágrimas de sus estudiantes. Ante quienes los aman como a padres en el lecho de muerte, mantienen la dignidad del silencio para su último instante de vida. La última petición de perdón de Don Manuel por haber cometido males ni sabidos ni deseados (II, 1149), se remonta a Sócrates, que concibe el mal como una ignorancia involuntaria (*Eutidemo* 281 d; *Timeo* 86 d 7-8).

Para concluir, resumamos las formas de salvación colectiva y salvación individual aquí estudiadas. Todas tienen en común el haber nacido en la Edad de Plata española. La sucesión de todas, me parece, arguye la continuidad del pensamiento desde el krausismo hasta el Ortega de 1914 y el último Unamuno. En Krause/Sanz del Río, recordamos, la salvación es la salud, la armonización de la naturaleza y del espíritu, anhelada por el individuo pero escatimada por sus instituciones en la segunda etapa de la historia humana. En *La Regenta* (1885) Leopoldo Alas alegoriza esta segunda etapa tomando la Restauración como ejemplo de la corrupción histórica. Ana Ozores, símbolo del ser humano que se siente exiliado en su propia patria, alterna entre la tiranía del espíritu y la de la naturleza, hasta sucumbir, por fin, a la materia, víctima de la Iglesia y del Estado. El magistral D. Fermín, personificación de la Iglesia, en vano se las ha ingeniado para salvarse a sí mismo de la materia, idealizando su pasión por Ana y fingiendo salvarla a ella de la misma materia. Tan krausopositivista como Alas es el primer Unamuno, el de *En torno al casticismo*. Sólo que al positivismo naturalista de Zola visible en Alas lo sustituye el positivismo evolucionista de Spencer en Unamuno, que lo emplea para respaldar las premisas krausistas «intrahistóricas» visibles en Krause, en Sanz del Río y en Alas. Por eso Unamuno preconiza la cosmovisión que, como la de San Francisco de Asís primero y la de fray Luis de León después, recaba la salvación de los demás como medio salvador de uno mismo. Aquí la salvación significa la recepción de todos en mí y de mí en todos en una firme unión humanitaria. Pues bien, frente al Unamuno maduro, tragicista (1905+), que rechaza el racionalismo del Unamuno anterior, el de *En torno al casticismo*, Ortega y Gasset se aproxima al autor de esta última obra al abogar por la salvación del individuo mediante la salvación de la patria. Orientado por Cohen, por Natorp, en el Ortega de las *Meditaciones del Quijote* la salvación cobra un sentido eminentemente culturalista. Busca la profundidad del sistema científico, tomando al profundo Cervantes como modelo. Sabemos que Unamuno ha leído las *Meditaciones* de Ortega, porque hemos visto un ejemplar de ese libro en la Casa-Museo Unamuno con algunas acotaciones marginales de D. Miguel. Así pues, con todo este haber de lecturas—Sanz del Río, Alas, Ortega y sus propios ensayos de la juventud—, el último Unamuno toma la pluma para componer su novela más madura, *San Manuel Bueno, mártir* (1931). En una Edad de Plata al borde de la autoliquidación—pronto sigue la Guerra Civil—Manuel Bueno anhela salvarse suicidándose como individuo para unirse con su pueblo en su afán colectivo de salvación escatológica. Imagen iconográfica de esta especie de salvación es la de "una caravana en marcha por el desierto, desfallecido el caudillo al acercarse al término de su carrera" y tomado en hombros por los suyos "para meter su cuerpo sin vida en la tierra de promisión" (II, 1133). San Manuel, como el último Unamuno, es un Moisés que predica en el desierto a un pueblo crédulo atento a sus hechos y no a sus palabras. Quien historie la política de las minorías de intelectuales que ilustran a las masas durante la Edad de Plata, quizás pueda descubrir leyes históricas en las múltiples relaciones aquí dibujadas entre el yo y la sociedad a salvar. Quede este ejercicio de historiografía para otro volumen-homenaje de ensayos.

UNIVERSITY OF CONNECTICUT, STORRS

Bibliografía

Alas, Leopoldo ("Clarín"). *La Regenta*. En *Obras selectas*. Madrid: Biblioteca Nueva, 1947. 7-554.
Cervantes Saavedra, Miguel de. *Coloquio que pasó entre «Cipión» y «Berganza»*. *Obras completas*. Ed. Ángel Valbuena Prat. Madrid: Aguilar, 1950. 997-1026.
———. "Prólogo al lector." *Novelas ejemplares*. *Obras completas*. Ed. Ángel Valbuena Prat. Madrid: Aguilar, 1950. 769-770.
Fernández Turienzo, Francisco. "*San Manuel Bueno, mártir*, un paisaje del alma," *NRFH* 26 (1977): 113-30.
Giner de Los Ríos, Francisco. *Estudios de literatura y arte*. Vol. 3 de *Obras completas*. Madrid: La Lectura, 1916.
Husserl, Edmund. "Ideen zu einer reinen Phänomenologie und phänomenologischen Philosophie." *Jahrbuch für Philosophie und phänomenologische Forschung*. I, parte I (1913). Halle: Max Niemeyer, 1913.
Krause, Carl Christian Friedrich. *Ideal de la humanidad para la vida*. Tr. Julián Sanz del Río. Madrid: M. Galiano, 1860.
Laín Entralgo, Pedro. *España como problema*. 2 vols. 2.ª ed. Madrid: Aguilar, 1956.
León, Fray Luis de. *De los nombres de Cristo*. Vol. 1 de *Obras completas castellanas*. 5ª ed. rev. Ed. P. Félix García. Madrid: Biblioteca de Autores Cristianos, 1991. 403-825.
———. "Vida retirada." En Vol 2 de *Obras completas castellanas*. 5.ª ed. rev. Ed. P. Félix García. Madrid: Biblioteca de Autores Cristianos, 1991. 742-745.
Lissorgues, Yvan. *Clarín político*. 2 vols. Barcelona: Lumen, 1980.
Marías, Julián. *Circunstancia y vocación*. Vol. 1 de *Ortega*. Madrid: Revista de Occidente, 1960.
Morón Arroyo, Ciriaco. "*San Manuel Bueno, mártir* y el «sistema» de Unamuno," *HR* 32 (1964): 227-246.
———. *El sistema de Ortega y Gasset*. Madrid: Alcalá, 1968.
Natorp, Paul. *Einleitung in die Psychologie nach kritischer Methode*. Friburgo: J. C. B. Mohr, 1888.
Orringer, Nelson R. "El horizonte krausopositivista de *En torno al casticismo*." *El joven Unamuno en su época*. Ed. Theodor Berchem y Hugo Laitenberger. Salamanca: Junta de Castilla y León, 1997. 31-43.
———. "El Unamuno casticista en *Meditaciones del Quijote*." *Cuadernos Salmantinos de Filosofía* 10 (1983): 37-54.
Ortega y Gasset, José. *Investigaciones psicológicas*. En vol. 12 de *Obras Completas*. Madrid: Alianza, 1963. 337-453.

———. *Meditaciones del Quijote*. En vol. 1 de *Obras Completas*. 6.ª ed. Madrid: Revista de Occidente, 1963. 311-400.
———. "Sensación, construcción, intuición." En vol. 12 de *Obras Completas*. 487-499.
Platón. *Euthyphro. Apology. Crito. Phaedo. Phaedrus*. 18.ª ed. Tr. Harold North Fowler. Cambridge y Londres: Harvard University Press, 1995. Edición bilingüe griego-inglés.
———. *Laches. Protagoras. Meno. Euthydemus*. 7.ª ed. Tr. W. R. M. Lamb. Cambridge y Londres: Harvard University Press, 1990. Edición bilingüe griego-inglés.
———. *Republic, Books I-V*. 10.ª ed. Tr. Paul Shorey. Cambridge y Londres: Harvard University Press, 1994. Edición bilingüe griego-inglés.
———. *Timaeus. Critias. Cleitophon. Menexenus. Epistles*. 8.ª ed. Tr. R. G. Bury. Cambridge y Londres: Harvard University Press, 1989. Edición bilingüe griego-inglés.
Sabatier, Paul. *Vie de S. François d'Assise*. París: Fischbacher, 1894.
Spiegelberg, Herbert. *The Phenomenological Movement; A Historical Introduction*. 2 vols. 2.ª ed. Evanston: Northwestern University Press, 1972.
Unamuno, Miguel de. "Almas sencillas." En vol. 8 de *Obras completas. Autobiografía y recuerdos*. Ed. Manuel García Blanco. Madrid: Escelicer, 1966. 1199-1201.
———. "Cartas al amigo." En vol. 7 de *Obras completas. Meditaciones y ensayos*. Ed. Manuel García Blanco. Madrid: Escelicer, 1967. 1013-1073.
———. *Del sentimiento trágico de la vida en los hombres y en los pueblos*. En vol. 7 de *Obras completas*. 109-302.
———. *En torno al casticismo*. En vol. 1 de *Obras completas. Paisajes y ensayos*. Ed. Manuel García Blanco. Madrid: Escelicer, 1966. 775-869.
———. "*El gaucho Martín Fierro*. Poema popular gauchesco de don José Hernández (argentino)." En vol. 4 de *Obras completas. La raza y la lengua*. Madrid: Escelicer, 1968. 709-719.
———. *Niebla (nivola)*. En vol. 2 de *Obras completas. Novelas*. Ed. Manuel García Blanco. Madrid: Escelicer, 1967. 543-682.
———. "La novela contemporánea y el movimiento social." En vol. 9 de *Obras completas. Discursos y artículos*. Ed. Manuel García Blanco. Madrid: Escelicer, 1971. 844-852.
———. "Prólogo." *Tres novelas ejemplares y un prólogo*. En vol. 2 de *Obras completas. Novelas*. 971-977.
———. *San Manuel Bueno, mártir*. En vol. 2 de *Obras completas. Novelas*. 1115-1154.
———. "Sobre la lectura e interpretación del «Quijote»." En vol. 1 de *Obras completas. Paisaje y ensayos*. 1227-1238.
———. *Vida de Don Quijote y Sancho*. En vol. 3 de *Obras completas. Nuevos ensayos*. Ed. Manuel García Blanco. Madrid: Escelicer, 1968. 51-256.

"El Encontronazo de Robinson y Don Quijote": Los Españoles y los ingleses se critican, 1895-1905

LAURA OTIS

EL PELIGRO DE ANALIZAR estereotipos es perpetuarlos en vez de minimizarlos. Sin embargo, vale la pena examinar representaciones de pueblos, porque influyen las percepciones y, por consiguiente, la política de naciones contemporáneas. Durante la década del desastre, 1895-1905, los españoles y sus enemigos de otros tiempos, los ingleses, analizaban sus carácteres nacionales para definir sus posiciones en un mundo amenazado por un nuevo poder imperial, los Estados Unidos. En las palabras de Miguel de Unamuno, la guerra de 1898 fue "el encontronazo entre Robinson y Don Quijote, entre el que se creó una civilización y un mundo en un islote y el que se empeñó en enderezar el mundo en que vivía" (Unamuno 2000, 20). En esta comparación fascinante, el práctico protagonista de una novela inglesa—un hombre que construye—confronta a un idealista ficcional—un hombre que deconstruye—y Robinson gana la guerra. Pero los ingleses, que describían el "encontronazo" durante los mismos años, nunca habrían aceptado esta apropiación de su héroe literario. Una análisis de sus representaciones de los españoles revela una correspondencia entre sus descripciones de los españoles y las críticas culturales de los españoles mismos.

Para examinar las representaciones culturales de los ingleses y los españoles durante esta época, me he concentrado en cuatro obras españolas: *En torno al casticismo* (1895, 1902) y *Amor y pedagogía* (1902) de

Miguel de Unamuno, y *Reglas y consejos sobre investigación científica: Los tónicos de la voluntad* (1897) y *Cuentos de vacaciones* (1905) de Santiago Ramón y Cajal.[1] Las cuatro analizan el "progreso" hecho por científicos ingleses y alemanes—y la supuesta falta de progreso hecha por la cultura española—con una mirada crítica implacable, y emplean una creatividad genial para explorar las consecuencias de actitudes contemporáneas.[2] He comparado las observaciones del autor y del científico español con las de varios críticos culturales que contribuían artículos a revistas inglesas durante la misma década: *The Fortnightly Review*, de un nivel intelectual bastante alto; *Punch*, la revista humorística más leída; *Blackwood's Magazine*, una revista literaria; y *MacMillan's Magazine*, una revista popular que ofrecía representaciones ficcionales de situaciones desconocidas. Los lectores de estas revistas— como los de las obras de Unamuno y Ramón y Cajal—eran en gran parte gente culta de clase media.

Durante los años 1895-1905 *The Fortnightly Review* ofrecía a sus lectores un mosaico de ensayos sobre asuntos políticos y sociales, viajes extranjeros, historia, literatura, y artes plásticos. Los escritores que contribuían artículos sobre España hacían esfuerzos para presentar sus descripciones como si fueran más auténticas que aquellas a las que los lectores estaban acostumbrados, "eye-witness accounts" de locales fuera de "the recognised tourist tracks" (D 1035). Sus artículos indican que durante esta época, muchos turistas ingleses visitaban España, y los lectores conocían ya muchos "travelogues"—según los escritores del *Fortnightly*, descripciones poco realistas. En su ensayo "Spain: Yesterday and Today," L. Higgin critica a turistas que "visit the dead cities" y

---

[1] *En torno al casticismo* apareció primero en *La España moderna*, vol. 7, no. 74-78, feb.-junio de 1895. Unamuno publicó los cinco ensayos en un volúmen en 1902. Ramón y Cajal escribió los *Cuentos de vacaciones* en 1885-86 pero esperó casi veinte años para publicarlos, posiblemente porque temía que su crítica del sistema político hiciera daño a su carrera científica (O'Connor 100).

[2] Es preciso notar que Unamuno y Cajal suelen combinar sus representaciones de la cultura inglesa con las de las culturas alemana y francesa, "los países del norte." Ramón y Cajal aconseja a científicos jóvenes que los idiomas más esenciales para la ciencia son el alemán, el inglés, el francés, y el italiano, en este órden (Ramón y Cajal 1940, 98). En *Amor y pedagogía*, Unamuno se burla no solamente del sistema educativo propuesto por Herbert Spencer, sino también de la hipótesis embrionaria de Ernst Haeckel según la cual la ontogenía (el desarrollo individual) recapitula la filogenía (el desarrollo de la especie).

"come back with the old, foolish parrot cry that 'Spain never alters!'" (Higgin 641). Leonard Williams se queja de "the often scanty and incompetent treatment of Peninsular affairs in the leading organs of the English press" y empieza su artículo con una lista de sus calificaciones para presentar observaciones auténticas: "I have been in Porto Rico...I have been in Cuba...I live in Spain" (Williams 884). Desafortunadamente, no explica por qué vive en España, un hecho que proveería un contexto importante para interpretar sus comentarios.

Las representaciones victorianas de la cultura española continuan la leyenda negra de los siglos XVI-XVIII y tienen que ser leídas con relación a esta propaganda de otros tiempos. Los ingleses de los 1890s encontraban estas representaciones negativas de España en la misma novela citada por Unamuno: *Robinson Crusoe* (1719) de Daniel DeFoe. Después de rescatar a un marinero español de una banda de caníbales, Crusoe le confiesa su falta de confianza en sus compatriotas, declarando, "I had rather be deliver'd up to the *Savages*, and be devour'd alive, than fall into the merciless Claws of the Priests, and be carry'd into the *Inquisition*" (DeFoe 1994, 176). El contexto de esta manifestación la pone en duda: el español es valiente y leal, y cuando los dos se encuentran por la primera vez, y Crusoe le pregunta "what he [is]," el marinero contesta, "*Christianus*," indicando lo que los dos tienen en común (DeFoe 1994, 170). En el siglo XVIII, la leyenda negra ya estaba evolucionando, pero la noción de los españoles como un pueblo cruel persistía. Este estereotipo nunca se manifiesta en las obras de Ramón y Cajal o Unamuno.

Como DeFoe, los escritores del *Fortnightly* y *MacMillan's* asocian la crueldad legendaria de España con la religión católica. L. Higgin opina que cuando los españoles expulsaron a los judíos y los moros en 1492, también expulsaron "science, learning, and development of every kind." Según Higgin:

> From the moment that Spain gave herself over, bound hand and foot to the power which aspired to make the sun turn round the earth by burning Giordano Bruno, when she threw herself, blindfolded, into the arms of obscurantism, she began her downward course...In the New World she stamped out the splendid civilisation of the Incas, and, there and at home, established the Inquisition. (Higgin 643)

En un artículo publicado durante la guerra, Richard Davey describe la crueldad con la cual los cubanos trataban a sus esclavos y da testimonio de un incidente—que él vió personalmente—en que un esclavo que trataba de escapar era desollado y quemado (Davey 718-19). La implicación es que España no era competente para manejar un imperio colonial, y que no merecía uno—precisamente la meta de la leyenda negra original.

Durante el último tercio del siglo XIX, Inglaterra tenía el movimiento anti-viviseccionista más poderoso de Europa, sostenido en gran parte por mujeres de la clase media—las mismas personas que constituían la mayoría de los lectores de las revistas citadas. Descripciones del maltrato de animales habrían suscitado mucha indignación, un hecho que Charles Edwardes tiene en mente en una descripción de un incidente en Segovia:

> I was one day admiring the shaven buttocks of an ass upon which a variety of careful patterns had been wrought, either by singeing or with a knife.... But from a passage now came forth the ass's owner. Down went the poor brute's ears in painful expectation, and the biped swung a bludgeon upon the embroidery. It was blow, blow upon this pretty pattern all up the alley. (Edwardes 208)

Esta imágen triste de golpes dirigidos a un bordado está diseñado para activar la simpatía de las lectoras. Los adversarios de la vivisección representaban la violencia dirigida contra los animales como una indicación de la falta de sensibilidad a los sentimientos de otros seres. Esta falta de simpatía señalaba un nivel cultural más bajo y, según versiones populares de la teoría evolucionaria, un estado inferior de desarrollo mental. Según los defensores de los animales, esta brutalidad se manifestaba no solamente en pueblos extranjeros, sino en las clases bajas de Inglaterra.

Algunos escritores atribuían la supuesta crueldad de los españoles a su orientalismo, su tendencia a reducir a las mujeres a la esfera doméstica. El autor de "Social Life in Spain" sostiene que "the ideas of the Spaniard retain a flavour of orientalism" y que las españolas viven en una "semi-oriental condition" (D 1040, 1043). Como contraste, propone que "in northern Europe and in the United States of America, the influence of woman is the predominating feature of the society in which she moves" (D 1039). En España, "the absence of the finer and subtler qualities of feminine influence tends to infuse, in all classes of Spanish society, a spirit of coarseness and animalism" (D 1042). Su posición de que la influencia femenina es la esencia de la civilización habría complacido a sus lectoras.

Las percepciones de un "orientalismo" español se diferencian notablemente con respecto a la clase social observada. El autor de "Social Life in Spain," por ejemplo, comenta que la falta de ejercicio físico constituye "a wide distance separating the Anglo-Saxon woman from her southern neighbor.... not only do women take little or no exercise, but they have a strong aversion to taking it" (D 1042). Hannah Lynch, en cambio, que viajaba en zonas rurales de Galicia, observaba que las mujeres hacían la mayoría del trabajo físico, incluso la labor de los campos. Según Lynch, "the male [gallego] is proud, vain, martial, endures hardship without complaint, [and] despises his womenfolk, to whom he makes over all ignoble labour" (Lynch 116). Así es que en 1897 *Blackwood's* publicó un artículo (el de Lynch) describiendo españolas trabajadoras y oprimidas; y cinco años más tarde, *The Fortnightly* publicó uno ("Social Life in Spain") sobre españolas que apenas salían de sus casas. Artículos como estos casi nunca tratan de las contradicciones que existen entre sí.

Ramón y Cajal nunca apoya estas descripciones del orientalismo español, pero está de acuerdo en que "la *mujer intelectual*, es decir, la joven adornada con carrera científica o literaria, o que, llevada de vocación irresistible por el estudio, ha logrado adquirir instrucción general bastante sólida y variada, constituye especie muy rara en España." En contraste, "abunda...en el extranjero" (Cajal 1940, 162). Como el autor de "Social Life in Spain," Ramón y Cajal cree que esta falta de intelectuales femeninas se debe a una tradición de educación deficiente. El escritor inglés propone que "half-a-century ago, the orthography of a large percentage of well-born Spanish ladies would not have come up to the standard of one of our elementary Board Schools" (D 1041).[3] En *Reglas y consejos sobre investigación científica*, Ramón y Cajal recomienda la mujer intelectual como pareja ideal para un científico, pero en sus ficciones, se burla de este tipo de mujer, perpetuando un estereotipo de la mujer anglo-sajona. En su cuento, "A secreto agravio,

---

[3] Establecidas por el Education Act de 1870 y manejadas por las autoridades locales, Board Schools ofrecían una educación básica a gente que no podía pagar una educación privada. La gran mayoría de sus estudiantes eran hijos de trabajadores.

secreta venganza," el protagonista Max von Forschung se enamora de "Miss Emma Sanderson, americana, con veinticuatro años [Forschung tiene unos cincuenta], lozana, rubia y apetecible, y por añadidura doctora en Filosofía y Medicina por la Universidad de Berlín" (Cajal 1964, 12). Esta mujer aculturada se casa con Forschung pero se siente atraída por su asistente carismático, Heinrich Mosser. Sin embargo "Emma, como buena americana, [es] harto calculadora y prudente para entregarse sin reservas y exponerse a perder, acaso para siempre, una situación moral y económica excelente y envidiada" (Cajal 1964, 37). El cuento implica que la educación no garantiza la buena conducta, y que las mujeres cultas del norte evitan la pasión no porque son más frías, sino porque son más calculadoras.

El estereotipo del español —sobre todo la española— como un ser sensual tiene una presencia muy fuerte en las revistas victorianas. El artículo "Social Life in Spain" apoya el retrato ficcional de Ramón y Cajal, ofreciendo una dicotomía entre anglo-sajonas controladas y españolas apasionadas. El autor avisa a sus lectores: "one must not forget the great difference which exists between the southern and the northern nature. The southern woman is an eminently sentient being, passionate and impulsive. She has none of the qualities of calm calculation and self control which so characterise her northern sister" (D 1045). En abril de 1895, *Punch* presenta un dibujo de una bailadora, "Carmencita," acompañado por un poema que acaba con referencias a "passions bold as the ardent gold of the sun on a southern shore" ("Carmencita" 204; fig. 1). Estas referencias inglesas a la sensualidad de las españolas se centran en la mujer, pero Ramón y Cajal, que nunca niega del todo el estereotipo, critica también a su admiradores masculinos. En su cuento, "El hombre natural y el hombre artificial," el protagonista Jaime Miralta—cuyas opiniones coinciden muchas veces con las del autor—condena "el culto sensual a la mujer, enfermedad esencialmente española, desconocida casi de los fríos y laboriosos hombres del Norte" (Cajal 1964 263). Las observaciones de Ramón y Cajal ocurren en sus obras de ficción, en sus "narraciones seudocientíficas." Es más difícil caracterizar los artículos de las revistas victorianas. Con la excepción del poema de *Punch*, se presentan como obras científicas: descripciones auténticas basadas en observaciones de primera mano. Al mismo tiempo, usan las estrategias de la ficción popular, ofreciendo una visión de lo desconocido con formulas conocidas.

En 1898, Charles Edwardes informa a sus lectores sobre "the subject of character moulded, or at least restrained, by climate" (Edwardes 211). Avisa que "we Britons, in considering these children of the hot South, do not sufficiently appreciate this influence. The sun saps their energies, while ministering to certain of the more unprofitable of their passions.... Civilisation does not seem to suit Spain" (Edwardes 211). Miguel de Unamuno nunca emplea un tono tan superior, pero en los ensayos de *En torno al casticismo*, publicados tres años antes, considera también el efecto del clima sobre "el espíritu castellano." Sin embargo, hay una diferencia fundamental entre las actitudes y las metas de Edwardes y Unamuno. Edwardes intenta caracterizar una raza, y presenta lo que él percibe como falta de energía como un destino, una cualidad permanente. Unamuno, en cambio, describe un estado temporal con la intención de cambiarlo. Su noción del "espíritu castellano" deriva del *Volksgeist* de los científicos alemanes Moritz Lazarus y Heymann Steinthal.[4] Según éstos, el espíritu de un pueblo—algo cultural—está influido, pero nunca completamente determinado, por factores físicos como el clima. Como Ramón y Cajal, Unamuno no niega las representaciones extranjeras de

---

[4] Para estudios más informativos sobre la relación entre Unamuno, Lazarus, y Steinthal, véase Francisco LaRubia Prado, *Alegorías de la voluntad*; Ciriaco Morón Arroyo, "La teoría crítica de Menéndez Pidal", y Laura Otis, *Organic Memory*, 128-36.

la sensualidad y la pereza españolas, pero las presenta como defectos que pueden ser corregidos.

Aun más que los escritores ingleses de la época, Unamuno y Ramón y Cajal critican la resistencia de los españoles al trabajo. Unamuno lamenta que "es proverbial nuestro castizo horror al trabajo," pero en el prólogo de la segunda edición de *Amor y pedagogía* en 1934, especifica que habla de "la terrible pereza mental de nuestro público—no de nuestro pueblo" (Unamuno *En torno*, 88; *Amor y pedagogía* 32). Ramón y Cajal hace la misma distinción, caracterizando a Francia, Inglaterra, Alemania e Italia como "las naciones más laboriosas" (Cajal 1940, 7). En sus *Reglas y consejos sobre investigación científica*, comenta sarcásticamente que "en España,...la pereza es, más que un vicio, una religión" (Cajal 1940, 67). Al mismo tiempo, ataca a los que critican la pereza del obrero español. Hijo de un cirujano de familia muy pobre, Ramón y Cajal se consideraba a sí mismo trabajador, y confesó que "sin querer columbro siempre, a través de cada moneda recibida, la faz curtida y sudorosa del campesino, quien, en definitiva, sufraga nuestros lujos académicos y científicos" (Cajal 1985, 21). "El público" perezoso de Unamuno es gente de un cierto nivel social: los políticos, los intelectuales; en una palabra, sus lectores. El "pueblo" español, en cambio, que apoya la sociedad con su trabajo físico, no tiene nada de perezoso.

Aunque las críticas de los escritores ingleses suelen condenar un pueblo entero, se derivan de experiencias con gente de clase media como ellos mismos. Según las revistas de la época, por ejemplo, los españoles son incapaces de hacer negocios. Fred T. Jane afirma que "no nation could be more devoid of commercial ability than Spain" (Jane 644). El autor de "Social Life in Spain" opina que "money-making necessitates both physical effort and concentration of thought, and in neither of these do the natives excel…. the spirit of competition and enterprise still lies dormant" (D 1037, 1046). Ramón y Cajal incorpora este estereotipo en su cuento, "La casa maldita"—para mostrar que la tendencia puede ser superada. Con tono sarcástico, el narrador nota que el protagonista, un médico joven, construye en su casa un laboratorio bacteriológico, "contra el hábito secular de las razas meridionales, empeñadas en resolver con discursos todos los problemas de la vida" (Cajal 1964, 106). En sus consejos a científicos jóvenes, Cajal recuerda:

> "Una de las causas de la prosperidad de Inglaterra," me decía un profesor de Cambridge, "consiste en que, entre nosotros, cada cual

ocupa su puesto." Lo contrario de lo que, salvando honrosas excepciones, acontece en España, en donde muchos parecen ocupar un puesto, no para desempeñarlo, sino para cobrarlo y tener de paso el gusto de excluir a los aptos. (Cajal 1940, 131)

Como Unamuno, Ramón y Cajal describe lo que los españoles hacen, no—como Jane—lo que *son*. La intención de *Los tónicos de la voluntad* es cambiar la perspectiva de científicos potenciales, y esta obra, como las ficciones del neurobiólogo, presupone que se puede cambiar una actitud por fuerza de voluntad.

Los pésimos estereotipos de los escritores ingleses representan a los españoles como sujetos del imperialismo inglés. El autor de "Social Life in Spain" declara que "[the Spaniard's] mind is essentially childlike.... The qualities and defects of the Spanish nature are those of children" (D 1044, 1048). Hannah Lynch opina que "the race lives by observation, not by thought. It sees everything and learns nothing.... The Spaniards are not critical. In this they resemble the Irish.... these dear sympathetic Spaniards can see no difference between the good and the bad" (Lynch 113, 116).[5] Afirmaciones como estas implican que los españoles—como los indios o los africanos—son incapaces de gobernarse y necesitan la "ayuda" de Inglaterra. Es decir, los españoles son algo menos que "white men;" constituyen más bien una parte del "white man's burden." La cantidad de dinero que firmas inglesas tenían invertidas en las minas y los ferrocarriles españoles reafirma la idea que la relación entre España e Inglaterra durante los años 1895-1905 parecía más la de nación y colonia que la de dos poderes imperiales.

Turistas ingleses volvían de España con cuentos de una tierra primitiva. En la revista *MacMillan's*, Charles Edwardes describe las condiciones en la Puebla de Sanabria en 1898:

> It is the pigs that give Puebla de Sanabria its individuality.... They sit on their hams at the thresholds of the houses and, when the whim

---

[5] Comparaciones de los españoles y los irlandeses abundan en las revistas inglesas de los años 1895-1905. La fé católica las invita, pero la motivación principal de esta yuxtaposición es económica. Los escritores de la época representan a los dos países como colonias llenas de gente incompetente que tiene que ser gobernada desde afuera.

seizes them, stroll into the dwellings.... They even climb the stairs like the two-legged inmates and...take the air on the agreeable old balconies above. Thence, from amid hanging creepers and household crockery, their long slate-blue snouts peer down upon the passer-by with a critical air. (Edwardes 206)

Aun en las capitales de provincia al fín del siglo XIX, implica Edwardes, la gente vive con y como puercos. L. Higgin intenta describir el progreso de España al comparar el Madrid de 1904 con el de Isabel II, 1833-68. Higgin se acuerda de una ciudad de "the most extraordinary squalor." El palacio real, que no estaba completo, tenía en esa época "[a] shabby entrance court encumbered with rubbish." En las afueras de la corte, entre grandes montones de basura, vivían "troops of dogs which swarmed in the city at night...huge, brindled, savage-looking brutes." A veces, cuando los perros se hacían demasiado agresivos, la guardia civil los envenenaba y los tiraba en los montones de basura para que se pudrieran (Higgin 628, 633). En el otoño de 1865, hubo en Madrid una epidemia de cólera. Higgin comenta, "perhaps it was scarcely remarkable that with such ideas of sanitation, Madrid became the victim of so terrible a visitation of cholera.... Medical science and sanitation shared the backwardness of all else in the Spain of Isabel II" (Higgin 633, 631). Pero Londres sufrió epidemias de cólera en 1832, 1849, 1854, y 1866. En la última, más de 2,200 personas murieron.[6]

Si los lectores ingleses creían las representaciones que encontraban en las revistas populares, imaginaban un pueblo inmaduro, perezoso, sucio, e incapaz de contribuir a la ciencia y la tecnología moderna. Pero al mismo tiempo que se distanciaban de los españoles, los escritores ingleses se identificaban con ellos. Un artículo del *Fortnightly* de 1898, "The 'Maine' Disaster and After," contrasta una representación ficcional de los Estados Unidos ("through Spanish spectacles") con una de España ("through the spectacles of an educated American"). El norteamericano culto—aparentemente, el español no lo es—compara los barcos de las armadas españolas y americanas e indica que la flota española es superior. Sin embargo, tiene confianza que los Estados Unidos ganarán la guerra, porque los españoles son "bad gunners" y "abominably bad

---

[6] Para una demonstración visual del progreso de la epidemia de 1866 en Londres, véase http://www.geog.qmw.ac.uk/gbhgis/gisruk98/chol1866.html.

engineers" (Jane 646, 647). La introducción de Jane, que afirma que no hay ninguna evidencia de un ataque español contra el Maine, apoya el punto de vista español: "[the yankees] have acted the bully of the world with absolute success for the last thirty years or more, and the English have always been foremost in showing how afraid of them they are" (Jane 641). Como un dibujo de Bernard Partridge publicado en *Punch*

MAUVAIS SUJET.
Spain. 'CARAMBA! AMIGO JONATHAN, YOUR NEW CITIZEN LOOKS HAPPY!"
Jonathan. "'CITIZEN'! NOT MUCH. GUESS I'LL HAVE TO MAKE A *SUBJECT* OF HIM!"

antes del incidente del Maine, el debate ficcional de Jane sugiere que la amenaza al imperio inglés no es el antiguo imperio de España, sino el nuevo de los Estados Unidos (fig. 2). En esta caricatura, un español vestido como un hacendado americano habla con un norteamericano de nivel social más bajo. El "yanqui," que combina características de Andy Jackson y Uncle Sam, está intimidando a un filipino, un obrero descalzo, con una escopeta. "Caramba! Amigo Jonathan, your new citizen looks happy!" exclama el Español sarcásticamente. "'Citizen'! Not much," contesta el yanqui. "Guess I'll have to make a *subject* of him!" (Partridge 413). Con su postura de observador irónico, el español asume la posición del caballero inglés.

En enero de 1897, antes del principio de la guerra, *Punch* recibió una carta del caballero español más conocido en Inglaterra victoriana, Don Quijote de la Mancha. El caballero andante avisa a los lectores:

> If only I could go [to Cuba] with my faithful squire and my good *Rocinante*, I would fight the *canalla infame* as I fought the monstrous giants…Even Sancho would not wish to be governor of the island of Cuba…. There is across the ocean…a certain country discovered by one CRISTÓBAL COLÓN, a worthy navigator. This country is inhabited by a wild and savage people, the Americanos…They are not *caballeros*, and therefore I, DON QUIJOTE DE LA MANCHA, of the order of the knights-errant, despise them. ("Los Jingos Americanos" 40)

Los lectores de *Punch*, implica su personaje español favorito, tienen más en común con los españoles aristocráticos que con la canalla que les quiere derrocar.

Es claro que las definiciones de las clases sociales importan a los escritores ingleses que describen sus viajes en España. Muchos de ellos alaban la cortesía de los obreros españoles que contrasta con la insolencia de los trabajadores ingleses. En Galicia, Hannah Lynch nota "the absence of squalor, of vulgarity, of any touch of repulsiveness, so common—nay, so inevitable—with the same class in England" (Lynch 113). En "Social Life in Spain," el autor afirma que

> there is an entire absence of that vulgarity of manner so characteristic in England of the cockney and the *nouveau riche*…. class distinctions are material not moral in their nature and results. Say, for instance, to an importunate beggar that you have nothing on you, and he will answer sympathetically that such is exactly his own case. (D 1036)

Este escritor critica no solamente a los obreros ingleses, sino a la gente que acaba de entrar en la clase media, indicando que él y sus lectores son de un nivel social más alto. Lo bueno de los españoles es que los mendigos se comportan como caballeros. Al parecer, los nuevo ricos de Inglaterra y de los Estados Unidos tienen menos respeto por la clase media alta.

Cuando se considera que estos escritores ingleses admiran algunos de los aspectos más conservadores de la sociedad española, no es sorprendente que apoyen al carlismo. Es decir, rechazan la decisión de la reina Cristina y las fuerzas liberales en 1830 de anular la ley de succesión de 1713 y reconocer a la hija del rey Fernando VII (Isabel II) en vez de a su hermano, Don Carlos, como monarca legítima de España. Según Leonard Williams, "The so-called Duke of Madrid is as much Charles VII of Spain at this moment as our Victoria is legitimate sovereign of Great Britain" (Williams 887). En un artículo del *Fortnightly* en 1897, Cranstoun Metcalfe echa la culpa a los liberales por el deterioro de España:

> Before 1833 Spain was one of the great Powers...Since 1833 Spain has declined in the scale of nations, and now ranks as little more than a third-rate power. A glorious tribute, indeed, to the wisdom of interfering with the settled succession. (Metcalfe 881)

Metcalfe concluye que con respecto a la cantidad de capital inglés invertido en las minas y los ferrocarriles de España, "nothing but advantage can accrue" para Inglaterra si el representante de Don Carlos toma el trono (Metcalfe 883). En 1897, este heredero de Don Carlos se hallaba en Inglaterra.

La mayoría de los críticos ingleses de España durante los años 1895-1905 asocian los problemas internos de España con sus fracasos coloniales. La meta implícita de sus argumentos es mostrar que Inglaterra, que maneja sus colonias de una manera más eficiente, es más digna de su imperio. En todos casos, afirma Richard Davey, "the Spaniards began to colonise admirably and ended badly" (Davey 719). Según Davey, el error más grande de España fue usar la Inquisición como instrumento colonizador: "unfortunately, the Inquisition, which had been implanted everywhere with the object of compelling the aborigines and the imported slaves to embrace Catholicism, was used as a means of overawing the refractory colonists" (Davey 720). Charles Edwardes culpa a la iglesia católica no solamente del fracaso del imperio español, sino de los problemas sociales internos:

> The deadliest part of the wrong lies in the chain set upon the nation by its religious guides. These condemned enterprise and activity of thought as sins...and so poor Spain...has been dosed with narcotics and kept stunted, and to this day is in the main medieval in its aspirations and its pride. (Edwardes 207-8)

En la percepción de Edwardes—y de muchos ingleses protestantes—el catolicismo desanimaba el pensamiento y la acción independiente, cualidades tan importantes para el colonialismo como para los negocios domésticos.

En 1897, el imperio español estaba en una condición tan lamentable que en vez de suministrar recursos, las colonias desangraban los recursos de la nación. En sus descripciones de España durante los años 1895-1905, casi todos los escritores de las revistas inglesas populares emplean la misma metáfora para representar la relación entre la patria y sus colonias. L. Higgin compara Cuba a un vampiro que consume la sangre de España. Después del desastre, afirma Higgin, "Cuba is no more draining her life-blood…. Spain has been freed from an incubus; and it has become possible for her to set her house at home in order" (Higgin 639, 643). J. S. Mann opina que "[Spain's] possessions in the Caribbean Sea had drained her of money, and still more of productive human labor…. She had failed in her colonies, and failed in consequence at home" (Mann 328).[7] La metáfora parece apropiada cuando se considera la pérdida de vidas humanas durante la guerra de independencia cubana 1868-78. Ramón y Cajal, que sirvió como médico militar en Cuba 1874-75, casi se murió de malaria allí.

La metáfora del vampiro, con la cual escritores ingleses caracterizan la relación entre España y Cuba, revela sus ansiedades sobre su relación con sus propias colonias. Durante los años 1895-97, cuando la guerra "sangrienta" hispano-cubana se reanudó, Bram Stoker escribió la novela *Dracula*, en la que el proceso de desangramiento se hace literal. La obra de Stoker evoca el doble-vampirismo del imperialismo europeo: si—desde la perspectiva de la patria—todo funciona bien, el poder colonial bebe la sangre del país colonizado. Si, en cambio, la gente de la colonia resiste, o peor, monta su propia campaña de vampirismo, el proceso se invierte. Ninguna colonia inglesa aceptó su conquista sin resistencia, y la literatura de los años 1890-1900 juega con estas ansieda-

---

[7] En una variación de esta metáfora, Leonard Williams escribe: "you may liken Cuba to a gangrenous limb of Spain. Leave it and the whole body will become infected; amputate it, and the patient may be saved and live to thank you for your drastic measure" (Williams 886). En esta comparación, en que el médico es los Estados Unidos, la colonia no bebe la sangre de la nación; la envenena.

des de una invasión o un contra-ataque vampírico.[8] En sus descripciones del imperio español, los escritores del *Fortnightly* especulan sobre lo que pudiera pasar al imperio inglés.

Liberado del vampiro—según estos escritores—España progresaba admirablemente. En su ensayo "Spain and Europe," J. S. Mann afirma que

> Spain wanted nothing so much as capital; yet her own capital had been forced into manufacturing goods for the colonies...As soon as the cotton manufacturers lost the colonial trade...they at once set themselves the task of gratifying the requirements of the home market. They succeeded admirably...Spain has come, indeed, since the war, to stand sixth in the list of the cotton spinning countries of Europe. (Mann 329)

Mann añade que España ha hecho progreso comparable en la industria minera. Según L. Higgin, que describió las primitivas condiciones sanitarias durante el reinado de Isabel II, la corte de 1904 es una capital moderna con electricidad y un buen suministro de agua del Guadarrama (Higgin 637). Higgin opina que las universidades españolas producen científicos e ingenieros "equal to those of any European country," confirmando la percepción de Ramón y Cajal que "hoy el investigador en España no es solidario de antaño" (Higgin 639; Cajal 1940, 7).

Ramón y Cajal, Unamuno, y los críticos ingleses están de acuerdo en que hay esperanza para España. Sin embargo, sus opiniones divergen en cuanto al remedio. La relación entre sus posiciones se hace más compleja cuando consideran el papel social de la religión. En sus *Cuentos de vacaciones*, Ramón y Cajal desafía las costumbres y actitudes religiosas de los españoles. No ataca la fé católica misma, sino sus representantes dogmáticos. El cura de "La casa maldita," por ejemplo, perpetua la ignorancia del pueblo, atribuyendo fenómenos causados por bacterias a la venganza de Dios en contra de los infieles. Al principio, el sacerdote de "El fabricante de honradez" parece tener más integridad, y resiste el plano de hipnosis general porque viola la doctrina del libre albedrío. Sin

---

[8] Stephen D. Arata y Patrick Brantlinger presentan este argumento muy efectivamente en sus obras "The Occidental Tourist" y *Rule of Darkness*, respectivamente.

embargo, una contribución generosa a la iglesia—sobre la cual él tendrá control exclusivo—calla sus objecciones. Es posible que Ramón y Cajal haya esperado diecinueve años para publicar estos cuentos porque cuando comenzaba su carrera científica, temía las consecuencias de diseminar ficciones tan subversivas (O'Connor 100).

Miguel de Unamuno representa la religión y la ciencia desde una perspectiva muy distinta. Durante las décadas 1877-97, Unamuno apoyaba "un cientifismo progresista," creyendo que el crecimiento del conocimiento humano crearía progreso moral y social.[9] En 1897, sufrió una crisis religiosa, después de la cual rechazó el positivismo y pasó a mantener que la humanidad se beneficiaría más de un desarrollo de sus capacidades irracionales de amar y tener fe (Barella 10). Su novela *Amor y pedagogía* (1902) ilustra la fuerza de esta transformación filosófica. En esta parodia, el protagonista equivocado, Avito Carrascal, intenta crear—o más bien, criar—a un genio. Convencido que "el genio moderno no puede ser más que sociólogo," Carrascal es "entusiasta de todo progreso y enamorado de la sociología" (Unamuno, *Amor y pedagogía* 116, 41). Escoge una pareja adecuada, y organiza un programa educativo rigoroso que incluye todo el conocimiento de la biología, la psicología, y la sociología moderna y excluye cualquier tipo de irracionalidad. Criado sin cariño—con la excepción de los mimos furtivos de su madre—Apolodoro, el genio infeliz, es incapaz de soportar los conflictos de la vida, y se suicida cuando fracasa como escritor y es rechazado por una mujer. Poco antes de su suicidio, don Fulgencio le aconseja hacer hijos, la meta más importante del hombre en la vida.

En la novela de Unamuno, la leyenda negra que persiste en las revistas victorianas está desmontada. Con su sentido de compasión natural, el "genio" se horroriza cuando su padre le muestra un experimento fisiológico:

> Mira, hijo mío, este señor le ha metido esa enfermedad al conejo para estudiarla . . .
> ¡Pobre conejillo! ¡pobre conejillo!
> Para curar a los hombres luego . . .
> ¡Pobre conejillo! pobre conejillo!

---

[9] Pedro Laín Entralgo, *La generación del 98,* 133, citado en Barella, 10.

Pero mira, niño, hay que aprender a curar.
Y por qué no le curan al conejillo? (Unamuno, *Amor* 97-98)

En esta escena, la crueldad está asociada con los fisiólogos modernos de Inglaterra; la compasión, con el amor y la fé sencilla. Sería una gran injusticia reducir la novela a una dicotomía de Amor-Sur/Pedagogía-Norte, y esta no es la intención de Unamuno. Sería más apropiado decir que, a pesar de la educación que ha recibido, Apolodoro habla como un anti-viviseccionista inglés.

En sus obras de la década 1895-1905, Unamuno y Ramón y Cajal citan a muchos científicos ingleses, manifestando un conocimiento muy grande de su ciencia y filosofía. En *Reglas y consejos sobre investigación científica*, Ramón y Cajal usa al físico John Tyndall como autoridad para confirmar sus nociones que la imaginación tiene un papel central en el desarrollo de ideas científicas y que cada problema solucionado introduce preguntas nuevas (Cajal 1940, 177, 118). Ramón y Cajal cita al filósofo Thomas Carlyle, que afirma, "dadme un hecho, y yo me postro ante él" (Cajal 1940, 136). Ofrece a sus lectores las palabras del biólogo Thomas Henry Huxley, que avisa, "la hipótesis debe considerarse como un medio, jamás como un fín" (Cajal 140, 179). Es importante notar que al comunicar las reglas de la ciencia, Ramón y Cajal escoje tres "self-made men," tres científicos de circunstancias modestas que—como él—se educaron a sí mismos.

En *Amor y pedagogía*, Unamuno invoca también las ideas de Carlyle, en este caso, para indicar la importancia de dar nombres a las cosas (Unamuno, *Amor y pedagogía*, 190-91). Se refiere a la ley del sociólogo Thomas Malthus que la población humana suele aumentar más rapidamente que sus fuentes nutritivas, y menciona el intento del historiador del arte, John Ruskin, de "infundir arte en los oficios" (Unamuno, *Amor y pedagogía*, 45, 50, 169) Pero para Unamuno, el filósofo que más representa el positivismo inglés, el sociólogo de cuya filosofía la novela de burla, es Herbert Spencer, cuyas ideas entraban en discusiones intelectuales españolas en 1870-75 (*Enciclopedia* 57: 791). Para los españoles de los años 1870-90, Spencer era el Robinson del siglo XIX, un "self-made man" con una filosofía hecha por sí mismo.

Cuando el joven Apolodoro anuncia que quiere ser general, Avito Carrascal le avisa:

La sociedad va saliendo del tipo militante para entrar en el industrial, como enseña Spencer; fíjate bien en este nombre, hijo mío, Spencer. ¿Lo oyes? Spencer, no importa que no sepas aún quién es, con tal que te quede el nombre, Spencer, repítelo, Spencer... (Unamuno, *Amor y pedagogía,* 90)

Este discurso de Carrascal es particularmente irónico cuando se considera que el blanco principal de la parodia es el sistema educativo de Spencer; más especificamente, su nominalismo. En un artículo de 1915 en *La nación* de Buenos Aires, Unamuno ataca el sistema epistemológico de Spencer, "[un] hombre fundamentalmente afilosófico" (Barella 9). En *Amor y pedagogía,* el amigo culto de Carrascal, don Fulgencio Entrambosmares, le informa que la meta de la ciencia es "catalogar el universo...para devolvérselo a Dios en orden" (Unamuno, *Amor y pedagogía,* 75). Unamuno se burla aquí de un tipo de saber que él asocia con Spencer: una ciencia que da nombres a las cosas sin investigar su esencia; un sistema educativo en que es importante conocer el nombre "Spencer" sin saber quién es.

Durante los años 1853-83, Spencer intentó crear una filosofía empírica e integral que—como la del positivismo de Auguste Comte—incorporaba el conocimiento de la biología, la psicología, y la sociología de una manera jerárquica. En este sistema, el conocimiento de la conducta humana se apoyaba en la comprensión del sistema nervioso. Ramón y Cajal llama a Spencer "[un] enciclopedista moderno" (Cajal 1940, 94). En su cuento "El hombre natural y el hombre artificial," la definición de Spencer de "cabezas bien construídas y administradas" introduce una de las metáforas más fascinantes de los cuentos. El protagonista, Jaime Miralta, afirma:

> De buena gana compararía yo al cerebro a una asamblea legislativa, en la cual cada diputado, es decir, cada célula o grupo de células nerviosas, representa a un distrito del Cosmos.... en las cabezas mal educadas los representantes o *neuronas* son todos diputados cuneros, desconocedores de la circunscripción que simbolizan. (Cajal 1964, 248)

Para Ramón y Cajal en 1905—o al menos para su personaje—el empirismo de Spencer retiene su utilidad e inspira conducta productiva. Miralta intenta hacerse "lo que los ingleses llaman un *self made man,* un *hombre que se hace de sí mismo*" (Cajal 1964, 260). La ventaja de la epistemología de Spencer es que la correspondencia entre el mundo externo y su representación en la cabeza puede ser desarrollada. Desde esta perspectiva, es posible crear un "self made mind."

Las percepciones divergentes de los intelectuales españoles sobre Spencer durante los años 1895-1905 revelan mucho de sus opiniones sobre Inglaterra en general. En realidad, Spencer no era un "self-made man." Se parecía más al desafortunado Apolodoro que al personaje Jaime Miralta, un ovejero que se hizo científico e industrialista. Hijo de un profesor de matemáticas, Spencer fue educado por su tío, un teólogo anglicano liberal que le enseñaba principalmente ciencias naturales. Según la *Enciclopedia universal ilustrada*, Spencer recibió "todo lo contrario de una educación clásica a base de las lenguas muertas y de retórica y filosofía" (*Enciclopedia* 57: 787). En vez de ganar un doctorado de una universidad, obtuvo una licenciatura de ingeniería y trabajó para el London-Birmingham Railway. Ganó todos sus conocimientos sobre biología y psicología contemporáneas de forma autodidacta. Nunca se casó, y nunca tuvo hijos.

Si los escritores españoles de los años 1895-1905 pensaban que Spencer ofrecía ideas productivas o que, en cambio, el filósofo inglés promovía una epistemología estéril, estaban de acuerdo en que la situación de su propia cultura era lamentable, y que tenía que ser mejorada por medio de reformas educativas. En sus críticas de la condición de España, Ramón y Cajal es a veces más severo que los escritores ingleses. Avisa que la enseñanza es particularmente importante en "países como España, de producción científica miserable y discontínua" (Cajal 1940, 209). Nota que en las universidades españolas, faltan los textos extranjeros claves, y las academias carecen de los recursos para subscribir a las revistas más leídas en otros países (Cajal 1940, 104). Dirigiéndose a científicos jóvenes, Ramón y Cajal promueve un "optimismo crítico," avisando que "el buen maestro debe tener plena conciencia de la nacional incultura y de nuestra pobreza científica. Tendrá siempre presente que España está desde hace siglos en deuda con la civilización" (Cajal 1940, 221). Como los escritores ingleses, cree que vale la pena invertir recursos nacionales en la instrucción científica, notando que "en Alemania e Inglaterra…en su generosidad hacia los maestros, han convertido el aula y el laboratorio en pingües sinecuras…. Muy alejados nos hallamos todavía en España de este ideal económico" (Cajal 1940, 155). Leonard Williams está de acuerdo con Ramón y Cajal en que la situación de la sociedad española es algo temporal y afirma que "the Spanish people must be compensated for high taxation, repugnant military service, and crass administrative neglect, by peace and education, lessened taxes, and agricultural and mercantile encouragement" (Williams 887). Aun el autor de "Social Life in Spain," que caracteriza la mente del español como "essentially childlike," echa la culpa del atraso a la "political degeneration, administrative corruption, and lack of education" (D 1035).

Las posiciones críticas de Unamuno y Ramón y Cajal no están muy lejos de las de estos escritores, pero a la vez, son definitivamente distintas. En *En torno al casticismo*, Unamuno lamenta el "atomismo" castellano, "la falta de lo que los ingleses llaman *sympathy*, la incapacidad de comprender y sentir al prójimo como es" (Unamuno, *Casticismo*, 145). Paradójicamente, según él, el español de los años 1890 carece de "verdadero espíritu de asociación," pero tampoco es bastante individualista para pensar por sí mismo—otra característica asociada revindicada por los ingleses (Unamuno, *Casticismo*, 141). El autor de "Social Life in Spain" mantiene que "the expansion of the individual sphere of thought and action is one of the chief phenomena of the more advanced nations of today" (D 1046). Como Unamuno, percibe una falta de esta manera de pensar en la España de 1902. En el encuentro de "El hombre natural y el hombre artificial" de Ramón y Cajal, Jaime Miralta afirma, "nadie negará ciertamente que la educación encaminada a forjar personalidades fuertes, omnilaterales y capaces de enérgicas iniciativas, constituye importante factor de la superioridad de las razas del Norte." Pero avisa que la fuerza verdadera de la cultura inglesa es "el culto fanático a la colmena," un patriotismo que falta en España (Cajal 1964, 272-73). Como Unamuno, Ramón y Cajal escribe para inspirar individualismo y patriotismo a la vez.

La declaración famosa de Unamuno, "tenemos que europeizarnos y chapuzarnos en pueblo," ilustra las diferencias entre su punto de vista y el de Ramón y Cajal (Unamuno, *Casticismo*, 148). En *Cuentos de vacaciones* y *Reglas y consejos sobre investigación científica*, el lector encuentra argumentos inumerables para la europeización. Aunque Ramón y Cajal incluye el patriotismo como característica indispensable para el científico, sus dibujos ficcionales de pueblos españoles—Villabronca en "El fabricante de honradez" o Villaencumbrada en "La casa maldita"—son casi completamente negativos. Los intelectuales tienen el poder de explotar o de rescatar estas villas, pero los pueblos ignorantes tienen poco que ofrecer a los intelectuales. Son más bien colonias que esperan la ciencia de hombres de voluntad fuerte—una percepción muy parecida a las de los escritores ingleses. Unamuno, en cambio, cree en un *Volksgeist* español, y en vez de ignorancia, ve en los pueblos españoles una cultura viva. Los escritores del *Fortnightly Review*, *Blackwood's Magazine*, y *MacMillan's Magazine*, que ignoran la intrahistoria española, la pasan por alto porque miran a España con los ojos de colonialistas nerviosos, buscando las debilidades de una nación que necesita desarrollo.

HOFSTRA UNIVERSITY
MAX PLANCK INSTITUT FÜR WISSENSCHAFTSGESCHICHTE, BERLIN

Bibliografía

Arata, Stephen D. "The Occidental Tourist: *Dracula* and the Anxiety of Reverse Colonization." *Victorian Studies* 33 (1990): 621-45.
Barella, Julia. "Introducción." *Amor y pedagogía*. By Miguel de Unamuno. Madrid: Alianza, 2000.
"Carmencita: An Impression." *Punch* 108 (1895): 204.
D. "Social Life in Spain." *The Fortnightly Review* 71 (1902): 1035-49.
Davey, Richard. "Havana and the Havanese." *The Fortnightly Review* 63 (1898): 718-22.
DeFoe, Daniel. *Robinson Crusoe*. Ed. Michael Shinagel. 2nd ed. New York: Norton, 1994.
Edwardes, Charles. "The Spanish People." *MacMillan's Magazine* 78 (1898): 205-211.
"Heriberto Spencer." *Enciclopedia Universal Ilustrada Europeo-Americana*. Bilbao: Espasa Calpe, 1927. 57: 787-92.
Higgin, L. "Spain: Yesterday and Today: A Retrospect." *The Fortnightly Review* 75 (1904): 625 44.
Jane, Fred T. "The 'Maine' Disaster and After: The Naval Positions of Spain and the United States." *The Fortnightly Review* 63 (1898). 640-69.
Laín Entralgo, Pedro. *La generación del 98*. Madrid: Espasa Calpe,1945.
LaRubia Prado, Francisco. *Alegorías de la voluntad: Pensamiento orgánico, retórica, y deconstrucción en la obra de Miguel de Unamuno*. Madrid: Libertarias/Prodhufi, 1996.
Lewy Rodríguez, Enriqueta. *El Madrid de Cajal*. Madrid: Artes Gráficas Municipales,1985.
"Los Jingos Americanos." *Punch* 112 (1897): 40.

Lynch, Hannah. "An Unnoted Corner of Spain." *Blackwood's Edinburgh Magazine* 162 (1897): 109-119.
Mann, J. S. "Spain and Europe." *The Fortnightly Review* 73 (1903): 328-39.
Metcalfe, Cranstoun. "The Crisis in Spain: The Carlist Cause." *The Fortnightly Review* 62 (1897): 875-83.
Morón Arroyo, Ciriaco. "La teoría crítica de Menéndez Pidal." *Hispanic Review* 38 (1970): 22-39.
O'Connor, D. J. "Science, Literature, and Self-Censorship: Ramón y Cajal's *Cuentos de Vacaciones*." *Ideologies and Literature* 1.3 (1985): 98-122.
Otis, Laura. *Organic Memory: History and the Body in the Late Nineteenth and Early Twentieth Centuries*. Lincoln, NE: University of Nebraska Press, 1994.
Partridge, Bernard. "Mauvais Sujet." *Punch* 120 (1901): 413.
Ramón y Cajal, Santiago. [1905]. *Cuentos de vacaciones: Narraciones seudocientíficas*. Madrid: Espasa Calpe,1964.
———. *Reglas y consejos sobre investigación científica: Los tónicos de la voluntad*. [1897]. Madrid: Beltrán Príncipe,1940.
Unamuno, Miguel de. *En torno al casticismo*. [1902]. Madrid: Alianza, 2000.
———. *Amor y pedagogía*. [1902]. Madrid: Alianza, 2000.
Williams, Leonard. "Can Sagasta Save Spain?" *The Fortnightly Review* 62 (1897): 884-87.

Ortiz y Malinowski:
Los caminos de la transculturación

ENRICO MARIO SANTÍ

EN LOS ÚLTIMOS AÑOS hemos comprobado, dentro del mundo académico europeo y norteamericano, un alza en el interés por el estudio de culturas no-occidentales. Ese interés obedece, en gran medida, no sólo al deshielo de la Guerra Fría y la consecuente liberación de fuerzas políticas y económicas más allá de los polos de Capitalismo y Comunismo que se habían fijado a partir de la Segunda Guerra Mundial. También al cuestionamiento del canon occidental, tan defendido por estudiosos como Harold Bloom. No menos responsable ha sido la llamada "globalización" de la cultura, propalada en parte por la revolución en el ámbito de la tecnología comunicativa, así como el descubrimiento, cuando no la conciencia, de que el mundo, como aquel que dice, es un pañuelo.

El efecto más evidente en el curriculum académico, y en particular en el estudio de la literatura, ha sido el paulatino surgimiento de un nuevo campo de estudio: los llamados "estudios culturales." Estos abarcan, como se sabe, desde nuevos planteamientos de la sociología de la cultura hasta el estudio del mundo post-colonial a raíz del derrumbe de las justificaciones imperiales de Occidente. Dentro de este nuevo campo, un lugar prominente lo ocupa hoy el análisis del cambio cultural, sobre todo la transformación que atraviesan las culturas y etnias cada vez que entran en contacto con otras. Así, en un mundo globalizado y multicultural como el nuestro, donde vale tanto estudiar las expresiones culturales de los pueblos africanos como las de los países desarrollados de Europa, así como su natural y mutua confluencia, resulta indispensable forjar herramientas de análisis que den cuenta de estas nuevas realidades humanas, máxime si se trata de descubrirlas dentro de nuestra propia tradición, como las que encontramos en la vasta obra del sabio cubano Fernando Ortiz (1881-1969).

De todas las muchas y diversas obras del polígrafo cubano, ninguna más influyente, hoy por hoy, que su *Contrapunteo cubano del tabaco y el azúcar* (1940).[1] No porque las dos mercancías que estudiara en este libro

---

[1] Para la biografía de Ortiz nos basamos en las siguientes fuentes: Juan Comas y Berta Becerra, "La obra escrita de Don Fernando Ortiz," *Miscelánea* (La Habana: Revista Bimestre Cubana, 1955), págs. 347-371; Salvador Bueno, "Don Fernando Ortiz: al servicio de la ciencia y de Cuba," *Temas y personajes de la literatura cubana* (La Habana: Unión, 1964), págs. 209-218 y del mismo, "Aproximaciones a la vida y la obra de Fernando Ortiz," *Casa de las Américas*, 113 (1979), págs. 119-128; Oscar Fernández de la Vega, *Fernando Ortiz: Biografía y bibliografía* (1973); Julio Le Riverend, ed., *Orbita de Fernando Ortiz* (La Habana: Unión, 1973), págs. 4-51; del mismo, "Tres observaciones acerca de la obra de Fernando Ortiz," *Revista de la Bilioteca Nacional José Martí*, Año 72, Vol. XXIII, No. 3 (setiembre-diciembre, 1981), págs. 37-44; Jorge Ibarra, "La herencia científica de Fernando Ortiz," *Revista Iberoamericana*, Vol. 56, Nos. 152-153 (1990), págs. 139-151; Thomas Bremer, "The Constitution of Alterity: Fernando Ortiz and the Beginnings of Latin American Ethnography in the Spirit of Italian Criminology," *Alternative Cultures in the Caribbean*, ed. T. Bremer y Ulrich Fleischmann (Frankfurt am Main: Verwuert Verlag, 1993), págs. 119-129; Miguel Barnet, *Fernando Ortiz y el Contrapunto* (sic) *del tabaco y el azúcar...*, (San José: Universidad de Costa Rica, Centro de Investigación en Identidad y Cultura Latinoamericanas, 1995) [Serie Conferencias, #9]; Jorge Castellanos, "Fernando Ortiz y la identidad cultural cubana," *Apuntes Posmodernos/Postmodern Notes*, Vol. 6, No. 2-Vol. 7, No. 1 (Spring-Fall 1996), págs. 23-29; Antonio Fernández Ferrer, "Introducción" a su edición de *La Isla Infinita de Fernando Ortiz* (Alicante: Generalitat Valenciana/ Instituto de Cultura Juan Gil-Albert, 1988), págs. 11-35; Angel Puig Samper y Consuelo Naranjo Orovio, "La formación intelectual de Fernando Ortiz en España," y José Antonio Matos Arévalo, "Fernando Ortiz: cubano entre cubanos," ambos inéditos y distribuidos en el simposio "Cuban Counterpoints: Fernando Ortiz Symposium on Cuban Culture and History'" Graduate Center, CUNY, 20-22 de marzo, 2000. Para la bibliografía de Ortiz, ver la indispensable *Bio-bibliografía de Don Fernando Ortiz*, ed. Araceli García Carranza (La Habana: Instituto del libro, 1970); y de la misma *Don Fernando Ortiz: Suplemento* (La Habana: Biblioteca Nacional José Martí, 1994). De la cronología se ha hecho una edición revisada: *Cronología Fernando Ortiz*, ed. A. García Carranza, *et al.* (La Habana: Fundación Fernando Ortiz, 1996). *Miscelánea II* (New York: Inter-Americas, 1998) reordena toda la bibliografía activa cronológicamente. Ver

tengan más importancia en nuestro tiempo—todo lo contrario. Más bien se trata de que fue precisamente en ese libro donde Ortiz, con la anuencia de Bronislaw Malinowski (1882-1942), el gran antropólogo polaco-británico, introdujo y desarrolló el término y concepto de *transculturación*. Me propongo, en estas pocas páginas, parte de un estudio más extenso sobre la obra de Ortiz, abordar el tema del origen, de los malentendidos y de la fortuna de este término, tan manido hoy en día por los estudios culturales. Como mínimo, mi estudio es una contribución al origen del concepto; como máximo, una crítica de a sus malentendidos. Para ello empiezo aludiendo a algunas de las ideas que el propio Malinowski, en la "Introducción" al libro que a pedido de su autor escribió para el *Contrapunteo* y que desde su primera edición lo ha reproducido.

II

En efecto, en su "Introducción" a *Contrapunteo cubano del tabaco y el azúcar*, Malinowski nunca destaca, tal vez por consabido, el carácter esquemático, y por tanto el filón más formalista, del ensayo delantero de este libro—al menos no más allá de una breve alusión suya a la "ingeniosa exposición de contrastes y semejanzas." Prefiere apuntar, como evidencia del presunto funcionalismo de Ortiz, su estudio de "la estética y las impresiones sensoriales [que] deben ser tenidas en cuenta junto con el *habitat* y la tecnología"; también, como parte de esa misma filiación, la atención a "los problemas económicos y ecológicos del trabajo y de la técnica" junto con "la psicología del fumar, la estética, las creencias y los sentimientos asociados con cada uno de los productos finales…." Por último, señala que "como buen funcionalista que es, el autor de este libro acude a la historia cuando esta es indispensable."[2]

---

también el CD-ROM *Cuban Culture. A Bibliographical Approach Cultura cubana. Una aproximación bibliográfica* (La Habana: Biblioteca Nacional José Martí, 1996).

[2] Es abundante la bibliografía sobre el Funcionalismo. Ver, entre otros: Robert H. Lowie, *The History of Ethnological Theory* (New York: Farrar, Straus & Giroux, 1937); Alexander Lesser, "Functionalism in Cultural Anthropology", *American Anthropologist*, Vol. 37 (1935), págs. 386-93; Adam Kuper, *Anthropologists and Anthropology. The British School, 1922-1972* (Londres: Allen Lane, 1973), págs.9-12 y 239-41; Marvin Harris, *The Rise of Anthropological Theory. A History of Theories of Culture* (New York: Columbia University Press, 1968), págs. 514-67;

Resulta difícil, sin embargo, reconocer en algunas de estas observaciones credenciales metodológicas que permitan afiliar el trabajo de Ortiz al funcionalismo, la escuela antropológica la que Malinowski, al igual que A.R. Radcliffe-Brown, desarrollaron durante el primer tercio del siglo XX. Por eso no es un juego decir que Malinowski pudo identificar el carácter funcionalista del ensayo de Ortiz, aunque no por las razones más convincentes. Un equívoco interesado atraviesa su relación con el libro de Ortiz.

En la correspondencia entre los dos sabios que a Malinowski que guarda la biblioteca del *London School of Economics* hay cartas de Malinowski que muestran cuánto le interesaba abundar en "la relación que tiene su trabajo con el acercamiento antropológico y sociológico moderno, que a mí me gusta llamar funcionalismo."[3] Que se trata, por tanto, de un esfuerzo interesado por incorporar a Ortiz a la escuela funcionalista queda expuesto en sus intenciones profesas. Igualmente expuesto, sin embargo, queda que el trabajo de Ortiz no encaja totalmente dentro de los preceptos del funcionalismo, sobre todo tal como los definía el propio Malinowski, para quien toda cultura se organizaba alrededor de un dispositivo de necesidades. Para citar uno de sus muchos apotegmas metodológicos: "Para el funcionalista, la cultura, es decir, el cuerpo entero de implementos, los fundamentos de sus grupos sociales, ideas humanas, creencias y costumbres, constituyen un vasto aparato por el cual el hombre se dispone a hacerle frente a los problemas concretos y específicos que encara en su adaptación al ambiente a medida que va satisfaciendo sus necesidades."[4] No es esta, sin embargo,

---

Michael W. Young, "Malinowski and the Function of Culture," en Ed. Diane J. Austin-Broos, *Creating Culture* (Londres: Allen & Unwin, 1987), págs. 124-140; S.N. Eizenstadt, "Functional Analysis in Anthropology and Sociology: An Interpretive Essay," *American Review of Anthropology*, 19 (1990), págs. 243-60; Leslie A. White, *The Concept of Cultural System* (New York: Columbia University Press, 1975), págs. 147-58; Héctor Tejera Gaona, "A.R. Radcliffe-Browne y el estructural-funcionalismo de la escuela de Oxford," *Boletín de Antropología Americana*, Vol. 21 (1990), págs. 129-44.

[3] Mis citas del texto de Ortiz provienen de la edición de María Fernanda Ortiz Herrera, ed. (Madrid: Edito CubaEspaña, 1999).

[4] Traduzco de "The Functional Theory of Culture," en su *The Dynamics of Culture Change*, p. 41, donde también observa lo siguiente: "Función siempre significa, por lo tanto, la satisfacción de una necesidad, desde el más sencillo acto

la teoría de la cultura que permea el análisis del propio Ortiz. Si bien es cierto que el *Contrapunteo* analiza las vidas económicas del tabaco y el azúcar, en cambio no las relaciona a necesidades básicas del ser humano en Cuba. Antes bien, la posición, o al menos el objeto, de Ortiz es lo opuesto: lejos de ser necesidades, el tabaco es un vicio y el azúcar un lujo. La propia azúcar, que Ortiz ve como imposición extranjera, provee la columna vertebral de la economía del país pero no cumple necesidades de supervivencia biológica. Por último, Malinowski y Ortiz se apartan en la valoración de la historia como instrumento de análisis cultural. Si hay algo que diferencia al funcionalista, como a todo seguidor del formalismo, es la relativa desvaloración de la historia, o del pasado, a favor de la unidad orgánica del objeto. Le interesa no cómo el objeto fue constituido a lo largo del tiempo sino cómo funciona en el presente. O para decirlo con el propio Malinowski: "En vez de encadenar evidencias a través de la coordenada temporal y proyectarlas bajo los titulares de pasado, presente y futuro en una secuencia evolucionista o histórica, debemos regular los datos bajo categorías, todas las cuales existen en el presente y se pueden estudiar en el trabajo de campo empírico."[5] La frase de Malinowski al efecto de que el buen funcionalista solo acude a la historia "cuando ésta es indispensable," delata, por tanto, una resistencia, o tal vez hasta pánico, ante la abrumadora información histórica que Ortiz reúne en los veinticinco capítulos adicionales que conforman la segunda parte del texto del *Contrapunteo*. En contraste con el carácter analítico y esquemático del apretado ensayo delantero, estos no deben haber pasado de tener, con contadas salvedades, un interés anticuario en su estimación.[6]

---

de comer hasta el drama sacramental en el que comulgar se relaciona con un conjunto de creencias que a su vez están determinadas por una necesidad cultural de ser uno con Dios."

[5] Traduzco de *The Dynamics of Culture Change*, p. 32. Sobre el tema es interesante el breve ensayo de Leslie A. White, "The Three Types of Interpretation of Culture," *Southwestern Journal of Anthropology*, 1 (1945), págs. 221-48.

[6] Es justo recordar, no obstante, que fue el propio Malinowski el que recomendó a Ortiz que cambiara el nombre original de *Apéndices* a los "capítulos adicionales" que aparecen en la segunda parte del libro, para así evitar que se obviaran; según consta en su carta a Ortiz, 5 de marzo, 1940.

Donde sí coincidieron los dos sabios, en cambio, es en su entusiasmo por el término *transculturación*. En su primera carta a Malinowski (25 de noviembre de 1939) adjuntando las pruebas de imprenta del libro, Ortiz le advertía su invención del término y le señalaba el pasaje del capítulo adicional II, donde "explico mi preferencia por el neologismo y acudo a la autoridad de Ud. para su bautizo." En efecto, es en ese pasaje donde Ortiz afirma que el vocablo "expresa mejor las diferentes fases de una cultura a otra, porque este no consiste solamente en adquirir una distinta cultura, que es lo que en rigor indica la voz angloamericana *acculturation*, sino que el proceso implica también necesariamente la pérdida o desarraigo de una cultura precedente, lo que pudiera decirse una parcial *desculturación*, y, además, significa la consiguiente creación de nuevos fenomenos culturales que pudieran denominarse de *neoculturación*. Al fin, como bien sostiene la escuela de Malinowski, en todo abrazo de culturas sucede lo que en la cópula genética de los individuos: la criatura siempre tiene algo de ambos progenitores, pero también siempre es distinta de cada uno de los dos. En conjunto, el proceso es una *transculturación*, y este vocablo comprende todas las fases de su parábola.

En la "Introducción" Malinowski también cuenta, por su parte, que fue durante su visita a La Habana de 1939 cuando Ortiz primero le informó "que en su próximo libro iba a introducir un nuevo vocablo técnico, *transculturación*, para reemplazar varias expresiones corrientes, tales como "cambio cultural," "culturación," "difusión," "migración u ósmosis de cultura" y otras análogas que él consideraba como de sentido imperfectamente expresivo." El momento no podía ser más propicio. El pasaje del capítulo adicional demuestra que Ortiz ya conocía el ensayo de Malinowski "The Anthropology of Changing African Cultures" (1938), texto introductorio de un tomo sobre el tema de "contacto cultural" en Africa en el que el sabio polaco había dado un dramático viraje en torno al estudio de las culturas nativas que entraban en contacto con las europeas, y la necesidad de estudiar su historia.[7] Malinowski cita de este ensayo de 1938 en su "Introducción" para señalar cómo su coincidencia científica con Ortiz se basaba en la convicción de que "el contacto, choque, y transformación de las culturas no puede concebirse como la completa aceptación de una cultura dada por cierto grupo

---

[7] "The Anthropology of Changing African Cultures," en *Methods of Study of Culture Contact in Africa* (Oxford University Press, 1938), págs. vii-xxxvii.

humano 'aculturado,'" recordando a su vez su afirmación al efecto de que las dos razas "se sostienen con elementos tomados así de Europa como de Africa... de ambos acervos de cultura. Al hacerlo así, ambas razas transforman los elementos que reciben prestados y los incorporan a una realidad cultural enteramente nueva e independiente."[8] Si el pensamiento de Malinowski sobre el concepto de "contacto cultural" [culture contact] ya había evolucionado para cuando viaja a La Habana en 1939, el propio contacto con Ortiz lo confirmó y, además, le dio un nombre: *transculturación*.

III

Tanto Ortiz como Malinowski reaccionaban, aunque por distintas razones, a la difusión del otro término, *aculturación* [*acculturation*], que desde principios de la década de los treinta había hecho fortuna en las ciencias sociales para nombrar "aquellos fenómenos que resultan cuando grupos de individuos de distintas culturas entran en continuo contacto directo, con consecuentes cambios en los patrones culturales originales *de uno o ambos grupos*."[9] Cito y subrayo la definición original que en 1936 dio el trío de antropólogos norteamericanos (Redfield, Linton y Herskovits) no sólo para evitar cualquiera de las múltiples distorsiones posteriores que ha sufrido el término; también para fundamentar que Malinowski en realidad pecaba de distorsión al afirmar que se trataba de

---

[8] Sobre transculturación, los mejores estudios son: Diana Iznaga, *Transculturación en Fernando Ortiz* (La Habana: Editorial de Ciencias Sociales, 1989); Antonio Fernández Ferrer, "Fernando Ortiz, explorador de la isla infinita," en *ob cit.*, págs. 29-32, y su amplia bibliografía; y Antonio Moreiras, "The Conflict of Transculturation," por aparecer en *The Literary History of Latin America: A Comparative History of Cultural Formation*, ed. Mario Valdés y Djelal Kadir (Cambridge University Press, 2001). Ver también Arnaldo E. Valero, "La transculturación en el marco de una antropología latinoamericana (1928-1940)," *Catauro. Revista Cubana de Antrolopogía*, Año 1, No. 1 (enero-junio, 2000), págs. 58-67.

[9] Traduzco de "A Memorandum for the Study of Acculturation", *American Anthropologist*, Vol. XXXVIII (1935), págs. 149-52. Herskovits volvió a la carga en "The Significance of the Study of Acculturation for Anthropology", *American Anthropologist*, Vol. XXXIX (1937), págs. 259-64, así como en su libro *Acculturation. The Study of Culture Contact* (New York: J.J. Augustin, 1938).

"un vocablo etnocéntrico con una significación moral... el inculto ha de recibir los beneficios de "nuestra cultura"; es "él" quien ha de cambiar para convertirse en uno de nosotros." Ortiz, por su parte, repitió el error de Malinowski, aunque sin la saña de aquel, y sosteniendo una objeción mayormente lexicológica o linguística ("[aculturación] no consiste únicamente en adquirir una distinta cultura, que es lo que en rigor indica la voz angloamericana"). No cabe duda de que el neologismo de Ortiz es harto más feliz, al menos en español, que el original de *aculturación*, que después de todo traduce del inglés.[10] Además, Ortiz provee un análisis detallado del mecanismo de la transculturación, que hasta el momento la aculturación no proveía, dividiéndolo en dos etapas: *desculturación y neoculturación*. Justo es reconocer, sin embargo, que el etnocentrismo que tanto uno como otro achacaban al primer término como justificación de su crítica y reforma léxica no tenía fundamento. El "toma y daca" que Malinowski identificaba en *transculturación* como contribución original en realidad ya estaba presente en *aculturación*, al menos tal y como lo propusieron sus primeros autores. El propio Herskovits llegará a señalarle a Ortiz, en defensa del concepto de "aculturación" y la respectiva crítica de Malinowski, cómo los que lo proponen lo aplican a "estudios en este campo que involucran el contacto entre dos pueblos primitivos," y por tanto desechan la posibilidad de "inculcación." Todo lo cual significa que "aculturación," como término, habrá pecado de imprecisión científica, aún en inglés, pero la alternativa que Ortiz y Malinowski ofrecían, *transculturación*, no aportaba, a pesar de su

---

[10] Tiene razón Diana Iznaga cuando observa que al traducirse al español la palabra significa lo contrario de su sentido original—ya que el prefijo *a-* significa "ausencia de"—y, por lo tanto, "tergiversa la esencia del fenómeno del contacto cultural"; *Transculturación*, p. 55. En cambio, no la tiene la profesora Catherine Davies cuando indica que "en español, el prefijo `ac' significa `a' o `hacia,' mientras que en en anglo-sajón 'a' puede significar 'sobre' o 'y,' lo cual sugiere suplementación. Así 'aculturación' significa `tendencia hacia la culturación' con, tal como sugirió Malinowski, un `*terminus ad quem*,' un punto final'." (Mi traducción, "Fernando Ortiz's Transculturation: The Postcolonial Intellectual and the Politics of Cultural Representation," en Robin Fiddian, ed., *Postcolonial perspectives on the Cultures of Latin America and Lusophone Africa* (Liverpool: University Press, 2000), págs. 149). Davies confunde algo muy elemental: la partícula o prefijo *a*, que en español significa "ausencia de," con la preposición *a* que en español significa "hacia."

capacidad significativa, esa zanja conceptual que sus dos padrinos le atribuían.

Son distintas las razones por las que ambos sabios coincidieron en la oposición al término *aculturación*. En el caso de Ortiz, como vimos, su objeción era la imprecisión conceptual del término. Enteramente posible, además, es que a esa objeción se uniera una crítica soterrada a los trabajos de Melville Herskovits, principal promotor del término, a causa de sus trabajos de los años treinta sobre el negro en el Nuevo Mundo, donde ni siquiera se menciona el nombre de Ortiz.[11] En el caso de Malinowski el resentimiento contra Herskovits, y por extensión contra la escuela norteamericana de antropología, era harto evidente. Para cuando él y Ortiz se conocen en La Habana en 1939 una guerra transatlántica ya se libraba entre las dos escuelas, la norteamericana y la británica, sobre la naturaleza de la llamada "antropología aplicada" y la ética profesional de todo aquel antropólogo que convive con el nativo y a la vez aconseja al administrador colonial.

Las diferencias entre las dos escuelas existían por lo menos desde hacía una década, a partir de sus puntos de vista en torno a la importancia metodológica que se le concedía a la historia de los pueblos nativos. (Los británicos, ortodoxos funcionalistas, la desdeñaban, mientras que los norteamericanos la defendían). En un discurso de 1936 Herskovits llegaría a acusar a los alumnos de Malinowski de franca complicidad con la política colonial británica, lo que entonces se llamaba *Indirect Rule*, e incluía a Malinowski como uno de sus arquitectos.[12] Dos

---

[11] Según sugiere Iznaga, cuando señala que en su ensayo "The Negro in the New World: The Statement as a Problem" (1930), Herskovits alegaba que se había realizado "por primera vez el estudio coordinado de las culturas negras en Africa y en el hemisferio occidental," lo cual demostraba "una total ignorancia de la obra del cubano Fernando Ortiz," págs. 49-50.

[12] Ver Melville J. Herskovits, "Applied Anthropology and the American Anthropologists," *Science*, Vol. 83, No. 214 (6 marzo, 1936), págs. 215-22. Se trata de un discurso ante la *American Association for the Advancement of Science*, 3 de enero de 1936. A la distancia, Malinowski respondió en su "The Present State of Studies in Culture Contact: Some Comments on an American Approach," *Africa*, Vol. XII (1939), págs. 27-47. Sin embargo, es injusto afirmar, como hizo Julio Le Riverend, que "la ausencia de historicismo es un dato importante en la obra de Malinowski" ("Ortiz y sus contrapuntos," p. XXIV). Como bien señaló Lucy P. Mair, el funcionalismo de Radcliffe-Browne y Malinowski rechazaba cualquier "historia conjetural" que estuviese basada en reconstrucciones hipotéticas o

años después, Malinowski daría su viraje en torno al tema, tal vez en reacción a estas acusaciones y a sus nuevas circunstancias profesionales en Estados Unidos, donde a partir de 1936 empieza a impartir cursos. El viraje se comprueba en su polémica contribución a *Methods of Study of*

impresionistas del pasado ("Malinowski and the Study of Social Change," en *Man and Culture*, págs. 240-43). En cambio, Malinowski sí veía la historia tribal no como "un documento objetivo sino como un factor más en la situación social presente, en la misma categoría del mito" (traduzco de *Ibid.*, p. 241). Al resumir el pensamiento de Malinowski para diferenciarlo del de Ortiz, Le Riverend recorta un importante párrafo de aquel para así poderle achacar el mismo antihistoricismo. Compárese el pasaje y paráfrasis de Le Riverend (*ob. cit.*) con el de Malinowski, que aquí paso a traducir: "Pero para el estudiante de cambio cultural lo que realmente importa no es el pasado objetivamente verdadero, científicamente reconstruído y tan importante para el anticuario, sino la realidad psicológica de hoy. Lo primero es un orden de eventos que está muerto y enterrado, al punto de haber desaparecido de la memoria humana; lo segundo es una poderosa fuerza psicológica que determina el comportamiento presente del africano nativo. La gente se guía por los errores que sienten, no por la verdad que ignoran. La distinción entre las dos antropologías es sencilla y fundamental. Para el anticuario lo que realmente cuenta es el pasado, verdadero y objetivo, habiendo cuidadosamente extraído toda la glorificación retrospectiva e invectiva. Para el estudiante de cambio cultural, el prejuicio, el contraste y los falsos colores son igualmente importantes porque todos ellos constituyen fuerzas que, respectivamente, alientan o retrasan el cambio" ("The Anthropology of Changing African Cultures," p. XXX). Es de notar que, al hacer su recorte, Le Riverend cita del texto de Malinowski pero ni lo identifica ni lo incluye en su bibliografía (págs. 453-63). El escepticismo ante la llamada "historia conjetural"—más acentuado en Radcliffe-Browne que en Malinowski, por cierto—se debe más, a mi juicio, a los rigores del consabido empirismo británico que a cualquier prejuicio colonialista. El viraje de Malinowski ocurre precisamente en 1938, con el ensayo "The Anthropology of Changing African Cultures," que fue seguramente el que atrajo la atención de Ortiz. Según Firth (págs. 4-5), Malinowski visitó EE.UU. por primera vez en 1926, regresó en 1933 (a Cornell University) y después, a partir de octubre de 1939, hasta su muerte en 1942 (en Yale). Si bien compartimos con Le Riverend una convicción sobre las considerables diferencias metodológicas entre los dos sabios, no vemos razón para denigrar a Malinowski como "polaco colonizado o sometido al extranjero austriaco" (*ob. cit.*, p. XXVII), máxime cuando los datos acerca de la simpatía de Malinowski, sobre todo después de 1938, hacia la creciente descolonización de Africa prueba precisamente lo contrario. De otra manera no se explica el acercamiento entre Ortiz y su colega polaco en este momento.

Cultural Contact in Africa (1938) cuyo pasaje citaba en la "Introducción," y donde insiste en que la llamada "antropología aplicada" debería empezar a dar cuenta del nativo cambiante, prole del contacto entre africanos y europeos. No obstante ese cambio, el mismo año Herskovits volvería a hacerle graves críticas a Malinowski y a sus alumnos por el relativo desdén que hasta el momento habían mostrado hacia la historia nativa. Su tesis en *Acculturation: The Study of Culture Contact* (1938), gira precisamente alrededor del evidente cambio de Malinowski en aquel texto, sus críticas a sus propios alumnos en torno al tema, y el tono defensivo de los debates. Termina insistiendo, de hecho, en que todo ello demostraba una conversión a los principios de la escuela americana. Para cuando Malinowski y Ortiz se conocen en noviembre de 1939, por tanto, la disputa entre las dos escuelas giraba alrededor de una cuestión palpitante, hoy vuelta a poner en el candelero por la crítica post-colonial: ¿cuál de las dos defiende mejor la integridad y derechos del nativo?

Tal es el verdadero trasfondo de la acuñación del término *transculturación*, o al menos lo que explica el entusiasmo de Malinowski por adoptarlo. Más allá de los evidentes beneficios conceptuales del término de Ortiz, para el sabio polaco su adopción significaba, en buena medida, una manera de pagarle a la escuela americana con su propia moneda: según él, la *aculturación* escondía el desdén hacia el nativo del que se acusaba a la escuela británica. Que un nacionalista cubano, conocido por sus estudios del sustrato africano de su cultura, lanzara ahora una inteligente alternativa al término y a su racismo implícito significaba la impugnación ideal. Ese interés de Malinowski por impugnar la escuela americana es lo que explica, además, su deseo de afiliar a Ortiz al funcionalismo británico, no obstante toda la evidencia en contra. La coincidencia de Ortiz con Malinowski respondía, por su parte, no tanto a intereses de tipo académico como de política cubana interna, sobre todo en lo que tocaba lo que llamamos, en otra parte de nuestro estudio más extenso sobre Ortiz, la "crítica de la caña" que Ortiz propone varios años antes. Crítico de la política de Estados Unidos en Cuba, Ortiz volvía a la carga con un nuevo término antropológico que intentaba poner en entredicho al imperialismo norteamericano, precisamente en medio de la proclamación de la política del Buen Vecino. El respaldo de Malinowski, con su prestigio mundial, era una manera eficiente, a un tiempo, de taparle la boca a los críticos del patio, responderle a Herskovits a distancia, y abrir una brecha ante el público de Estados Unidos, donde esperaba que el libro influyese en la política hacia Cuba.

IV

No más publicarse su libro, Ortiz envió un ejemplar al propio Herskovits (25 de octubre, 1940), quien en seguida acusó recibo en una carta que confirma toda nuestra recreación del trasfondo del término *transculturación*. Luego de calificar la sugerencia del nuevo término como "provocadora" [*thought-provoking*] Herskovits se pregunta "si el término aculturación no estará tan firmemente establecido, y su sentido tan bien comprendido, que resultará un poco difícil substituirlo por el nuevo término que Ud. propone." Sus otros comentarios los dedica a criticar a Malinowski:

> Por cierto que tengo que discrepar fuertemente con las implicaciones del término "aculturación" que Malinowski propone en las páginas xvi-xvii. Me parece significativo que él no documenta este pasaje; ciertamente en nuestro uso del término en este país no se sugiere condescendencia de una civilización superior a un pueblo "salvaje." Tal y como usamos el término en nuestro trabajo científico, es enteramente incoloro, y en mi libro hice hincapié en la necesidad de hacer estudios en este campo que involucra el contacto entre dos pueblos primitivos... Si alguien ha sido culpable de discutir el contacto cultural en términos de "inculcación"—para usar la propia palabra de Malinowski—han sido sus propios discípulos que escriben sobre "contacto cultural" en vez de nosotros en este país a quienes nos preocupan los problemas científicos de la aculturación.[13]

Además de la queja sobre la deshonestidad, o al menos falta de documentación, de las afirmaciones de Malinowski—alusión a los trabajos del propio Herskovits de 1936 y 1938—evidente en la carta es la diferencia implícita entre el "nosotros" norteamericano, involucrados como están con "problemas científicos," y los "discípulos de Malinowski," quienes al escribir sobre "contacto cultural" optan por involucrarse con los aspectos administrativos y políticos más cuestionables de la antropología aplicada. Más pertinente para Ortiz era la advertencia sobre

---

[13] Traduzco de la carta de Herskovits en el archivo de Malinowski del LSE. Ortiz copió los pasajes más pertinentes de la carta y se los envió a Malinowski con una carta fechada el 14 de noviembre de 1940.

la dificultad de la nueva acuñación, en vista de la difusión del antiguo término. De hecho, si hemos de darle crédito a las observaciones de Ralph Beals, en su panorama de 1953 sobre el campo de la antropología, el propio Malinowski apenas usó el término de Ortiz en sus trabajos posteriores, aún cuando Beals también admite que la gran mayoría de los estudios de aculturación asumen que el proceso de contacto cultural no es recíproco sino uni-direccional.[14] Herskovits volvió a referirse a la contribución de Ortiz en su propio posterior panorama de 1948, citando ya la edición en inglés de 1947, cuando hace notar que "cada situación de contacto cultural y las posteriores innovaciones resultantes suponen préstamo. La de Ortiz en torno al término aculturación no es tan seria como la que atribuiría una cualidad etnocéntrica a la aculturación, lo cual nunca ha tenido." De esta manera el antropólogo norteamericano no se daba por aludido, suprimía la queja de Ortiz, y reservaba todas sus salvas para la escuela británica, por no hablar del fantasma de Malinowski.[15]

No nos equivocaríamos al concluir que transculturación como término ha tenido una fortuna equívoca. En español su recepción ha sido ambivalente, entre antropólogos al menos, y hasta francamente negativa en algunos círculos ortodoxos, mientras que en portugués "aculturación" ha sido el término preferido. Más suerte, aunque no menos equívocos, ha tenido a partir del uso que de él se ha hechos no precisamente en la antropología, donde apenas tuvo eco, sino en los llamados estudios culturales, y sobre todo a partir de la obra del crítico uruguayo Angel Rama, *Transculturación narrativa en América Latina* (1982).[16] Rama aplicó

---

[14] Ver Ralph Beals, "Acculturation," en A.L. Kroeber, ed. *Anthropology Today. An Encyclopedic Inventory* (University of Chicago Press, 1953), p. 628. Según Kaberry, Malinowski llegó a usar muy poco el término de Ortiz y en cambio cita como ejemplo uno de sus últimos artículos: "The Pan-African Problem of Culture Contact," *American Journal of Sociology*, XLVIII, No. 6 (1943). Ver también, en cambio, su "Introduction" a I. Schapera, *Married Life in an African tribe* (New York: Sheridan House, 1941), págs. i-xvii.

[15] Ver Melville Herskovits, *Man and his Works. The Science of Cultural Anthropology* (New York: Alfred A. Knopf, 1948). El rencor profesional de Herskovits hacia Malinowski, años después de fallecido este, llegó al extremo de asociar la obra del sabio polaco a la del etnólogo alemán Wilhelm Muhlmann, quien a su juicio había traducido "en la esfera de la cultura, la cultura nazi de superioridad racial"; traduzco de *Ibid.*, p. 529.

[16] (México: Siglo XXI, 1982). El libro reúne ensayos publicados a lo largo de varios años. Hay amplias discusiones de las ideas de Rama en Moreiras, *passim*;

el término, como indica su título, a procesos de transformación cultural dentro de textos y tradiciones narrativas como manera de contrarrestar los efectos nocivos o alienantes de la modernización. Aplicando el esquema analítico que provee Ortiz, Rama identifica etapas de "parcial desculturación" que puede alcanzar diversos grados y afectar variadas zonas tanto de la cultura como del ejercicio literario"; un segundo término que implica "incorporaciones procedentes de la cultura externa"; y por último, "un esfuerzo de recomposición manejando los elementos supervivientes de la cultura originaria y los que vienen de fuera."[17] Rama formula, por tanto, un uso literario de la transculturación para promover la supervivencia de culturas nativas. Se trata de un mecanismo de resistencia cultural ante los procesos de modernización a partir de la recomposición étnica. Constituye, por lo tanto, un esfuerzo por utilizar el concepto como herramienta meta-histórica con el fin de aguzar el análisis de textos narrativos latinoamericanos. La reconfiguración del concepto no parte, como vemos, de una base antropológica sino de la ideología, y se postula como un proyecto, utópico tal vez, pero de todos modos liberador, o al menos liberacionista.

También como alegoría del mestizaje cultural, lo cual explica que el estudio de Rama se fundamente en la cultura andina, y en particular en las obras de José María Arguedas, que muestran una fuerte transculturación europea e indígena. Con posterioridad a Rama, el término tiende a ser sustituido por otros, como "heterogeneidad" o "hibridez" [*hybridity*], que poseen otros matices analíticos.[18]

Jesús Díaz Caballero, "La transculturación en la novela regionalista: el caso surandino peruano y la obra de Arguedas" *Revista de crítica literaria latinoamericana*, Año XIII, No. 25 (1987), págs. 155-72; y del mismo, *Angel Rama, o la crítica de la transculturación: última entrevista* (Lima: Lluvia editores, 1991); y en general, Mabel Moraña, ed. *Angel Rama y los estudios latinoamericanos* (Pittsburgh: Instituto Internacional de Literatura Iberoamericana, 1997).

[17] Rama, p. 38.

[18] Ver sobre todo Moreiras, *passim*, y Frank McQuade, "Transculturation," en Verity Smith, ed., *Encyclopaedia of Latin American Literature* (Londres: Fitzory Dearborn, 1997), y sobre todo, Jesús Guanche Pérez, "Avatares de la transculturación orticiano," *Temas*, 4 (octubre-diciembre, 1995), págs. 121-8. Sobre hibridez, ver los ensayos de Homi Bhabha recogidos en su *The Location of Culture* (Londres: Routledge, 1994). Para una definición sintética: *Key Concepts in Post-Colonial Theory*, ed. Bill Ashcroft, *et al*. (Londres: Routledge, 1998), págs. 118-21; y los números especiales de *Journal of American Folklore*, 112 (1999) y de *Critical*

Mientras que a Rama, el término transculturación le permite estudiar, sobre todo, formas históricas de la narrativa latinoamericana, a Mary Louise Pratt le ayuda a referirse no sólo a un "fenómeno de la zona cultural" sino al tipo de lectura que "evita reproducir la dinámica de posesión e inocencia" de textos que narran el encuentro entre el nativo y el colonizador.[19] No nos equivocaríamos al deducir, por tanto, que el concepto de transculturación ha tenido un enorme impacto en los llamados estudios culturales, y específicamente los dedicados al estudio de la postcolonialidad. Otros usos del término abundan, aunque por desgracia resultan poco rigurosos. Casi todos se apartan de las intenciones antropológicas del *Contrapunteo*, donde la transculturación se hace evidente sólo a partir de la conciencia de vastas transformaciones históricas, y en especial económicas, que aparecen en cambios de usos y costumbres.

No es exagerado resumir, por tanto, diciendo que la mayoría de los estudios que invocan el término transculturación—o su adjetivo, *transcultural*—lo hacen superficialmente: lo invocan apenas como sinónimo de mestizaje o hibridez; prescinden del esquema del ensayo inicial (el *contrapunteo*) y de los detalles históricos de los capítulos adicionales; y por último, omiten el nombre de Ortiz.[20] Al malentendido

---

Studies, ed. Rita de Grandis y Zila Bernd (2000). El último de estos incluye el ensayo de Abril Trigo, "Shifting Paradigms: From Transcendence to Hybridty: A Theoretical Critique" (págs. 86-108), quien pide se abandone el concepto de Ortiz. Otra discusión es la de Román de la Campa, *Latinamericanism* (University of Minnesota Press, 1995), págs. 57-84. Para "heterogeneidad," el ensayo clave es el de Antonio Cornejo Polar, "Mestizaje, transculturación, heterogeneidad," *Revista de crítica literaria latinoamericana*, Vol. XX, No. 40 (1994), págs. 368-371.

[19] Mary Louise Pratt, *Imperial Eyes. Travel Writing and Transculturation* (Londres: Routledge, 1992).

[20] Ver, entre otros, Daisy Fariñas Gutiérrez, *Religión en las Antillas: Paralelismos y transculturación* (La Habana: Editorial Academia, 1995); Rafael Figueroa Hernández, *Salsa mexicana: transculturación e identidad* (Xalapa: ConClave, 1996); Fernando Romero, *El negro en el Perú y su transculturación lingüística* (Lima: Editorial Milla Batres, 1987); *Transcultural Joyce*, ed. Karen R. Lawrence (Cambridge: University Press, 1998); *Tropicalizations: Transcultural Representations of Latinidad*, ed. F. Aparicio et al (Hanover: University Press of New England, 1997); David MacDougall, *Transcultural Cinema*, ed. L. Taylor (Princeton: University Press, 1998); Linda Pratt, *Transcultural Children's Literature* (Upper Saddle, NJ: Merrill, 1999). Sobre *mestizaje*, ver el ensayo de Lourdes

sobre el origen polémico del concepto de transculturación como polo opuesto de aculturación se añaden, por tanto, los malentendidos sobre el uso y fortuna del término, ya hoy bastante alejado del que le otorgó Ortiz autor ya hace más de medio siglo, al calor de su diálogo, él mismo "transcultural," con Malinowski, su homólogo anglo-polaco.[21]

UNIVERSITY OF KENTUCKY

Martínez Echizábal, "Mestizaje and the Discourses of National/Cultural Identity in Latin America, 1845-1959," *Latin American Perspectives*, Vol. 25, No. 3 (May, 1998), págs. 21-42.

[21] Para más detalles sobre el *Contrapunteo* de Ortiz, véase la introducción a mi edición crítica de este texto, de próxima aparición en Ediciones Cátedra de Madrid.

Corrientes y prácticas literarias en la obra de Carmen de Burgos

Sylvia Truxa

I. Introducción

Hace años vi en alguna bibliografía un título que mencionaba a las mujeres de la Generación del 98; me llamó la atención pero, incautamente, no tomé la referencia. En la primavera del 2001, cuando he tenido el honor y placer de ser invitada a contribuir al homenaje a Ciriaco Morón Arroyo, este gran conocedor del primer tercio del siglo XX, empecé a buscar febrilmente aquel título, del cual no sabía el autor, ni si era libro, artículo o conferencia. La busqueda duró meses, con llamadas intercontinentales, e-mails y cartas, pidiendo ayuda a colegas expertos en el campo. Por fin me salvó amablemente Carmen Simón, indicándome el artículo "Biografía de una generación: las escritoras del noventa y ocho" de Amparo Hurtado en la *Breve Historia feminista* de Iris Zavala.

Hurtado estudia los rasgos comunes de estas "escritoras de 1898" que "se inventaron a la mujer *moderna*" (139). No tenían un programa común, ni casi contactos entre ellas. Cada una pensaba que sus inquietudes intelectuales y artísticas, y la actitud hostil del entorno social, eran problemas personales, no los de toda una generación. Inclusive la crítica las veía desvinculadas, "como una excepción, como individualidades, más que como integrantes de una corriente colectiva" (144). Hurtado las divide en dos grupos: el que es objeto principal de su artículo son las mujeres que empezaron a publicar entre 1898 y 1918, y un segundo grupo escribió sus primeras obras entre 1918 y 1936. El primer grupo "actuó como detonante... Las novelistas de este primer grupo hicieron frente a los conflictos que a principios de siglo suscitaba el acceso de la mujer al mundo del trabajo y del arte y posteriormente los reflejaron en su producción narrativa" (143). Entre las ocho mujeres que forman este grupo, Hurtado atribuye un papel preponderante a Concha Espina y a Carmen de Burgos.

"Biografía de una generación" es un trabajo interesantísimo que ofrece criterios innovadores de clasificación histórica y literaria, desde una perspectiva feminista. Sin embargo, a mi modo de ver, no llega a quedar del todo claro por qué Hurtado le da a las escritoras precisamente el nombre algo comprometedor de "mujeres del 98." En este sentido, aprovecho la ocasión y el estímulo ofrecido por Hurtado para 1) retomar la cuestión, a fin de ver cómo Carmen de Burgos está relacionada con el mundo del 98 y otras corrientes culturales de su época; 2) discutir las opiniones sobre de Burgos expuestas por la historia literaria y la crítica feminista; y 3) contribuir a la evaluación retrospectiva de la escritora, relativizando el estereotipo de su pretendido conservadurismo estético.

II. Carmen de Burgos, supermujer infatigable

A pesar de su obra extensa y su papel sobresaliente en la cultura de su tiempo, no se puede decir que de Burgos ocupe un puesto en el canon de la literatura española. Maryellen Bieder (1992) y Carmen de Urioste Azcorra (1997) han mostrado ampliamente las razones—políticas y sexuales—de la exclusión del canon de casi todas las escritoras de los primeros treinta años del siglo XX. Permítaseme por ello pasar sin más a una breve presentación de Carmen de Burgos.

Como ha dicho Judith Kirkpatrick (30), la vida de esta escritora se lee como una novela feminista. Nace en Almería en 1867, hija de un terrateniente. Cuenta en su "Autobiografía" (1909) que se crió en un cortijo de su familia, cabalgando por los montes, leyendo en la playa; mucha naturaleza, mucho contacto con el pueblo, ninguna educación religiosa; de hecho será siempre agnóstica, respetuosa hacia las religiones, pero crítica del fanatismo y la hipocresía. Se casa a los 16 años, tres de sus cuatro hijos mueren, el marido resulta un calavera y la maltrata. Por tanto, después de haberse procurado un mínimo de independencia económica, habiéndose hecho maestra por la escuela de Magisterio de Granada, en 1901 huye con su última hija a Madrid. Trabaja en varias ciudades de Castilla como educadora, haciendo una carrera notable en su profesión, hasta ser profesora numeraria de la Escuela Normal Central de Maestras.

Al mismo tiempo es periodista, como muchos escritores hombres de la época. También en este campo tiene gran éxito, llegando a ser la primera mujer redactora de su país. Colabora en *El Diario Universal, El Heraldo de Madrid, El Imparcial, El País* y *ABC*, y en 1909 es la primera mujer corresponsal de guerra, desde Melilla—a pesar de sus ya conocidas posiciones pacifistas. 1908-09 publica y dirige su propia revista cultural, la *Revista Crítica*, donde escriben plumas famosas, como las de Juan Ramón Jiménez y Galdós. En una época en que una mujer decente no salía ni siquiera a la calle sino acompañada, de Burgos viaja sola a América Latina y por toda Europa. Aquí entra en contacto con movimientos feministas. Esto la induce a fundar la Cruzada de Mujeres de España, asociación feminista progresista, a pesar de su nombre, que sigue un modelo en la nueva República de Portugal. En 1923 es elegida presidente de la Liga Internacional de Mujeres Ibéricas e Hispanoamericanas. Durante unos diez años tiene un salón literario en su casa, donde se reúnen prestigiosos escritores de su tiempo, sobre todo los que escriben, como ella, para *El Cuento Semanal*, fundado en 1907.

Milita por la protección del niño, los derechos humanos y civiles de la mujer, el divorcio, y contra el antisemitismo y la pena de muerte. Es propuesta para un sillón en la Real Academia, aunque, como Pardo Bazán, no es aceptada por ser mujer. Sin embargo, junto a Pardo Bazán es uno de los pocos miembros femeninos del Ateneo de Madrid. Da conferencias en varias universidades europeas, es honrada con la condecoración más alta de Portugal, y en 1931 se afilia al pequeño Partido Radical Socialista, llegando a ser candidata para el Congreso de Diputados. Tiene ya 64 años cuando toma esta decisión, de ahí que llamarla "feminista socialista," como hacen algunos investigadores, parezca un poco forzado, aunque sea válido para el último lustro de su vida. Durante la mayor parte de su vida, más bien parece ser una liberal en el sentido que da Morón Arroyo (69) al término: de espíritu laico, institucionista; aun siendo muy progresista cree en la educación, no en la revolución, como mejor medio para elevar el nivel de vida y cambiar el mundo. Y es la educación su batalla constante, en las escuelas donde trabaja y en su "tiempo libre" como periodista y novelista.

Tanto estrés (y un peso de muchas arrobas—al parecer cocinaba y comía con entusiasmo) le pasaron factura: en medio de un mitin político-cultural sufre un ataque cardíaco que le resulta mortal, pero intrépida trata de consolar a los testigos de su agonía: ""Muero contenta, porque muero republicana. ¡Viva la República! Les ruego a ustedes que digan conmigo ¡Viva la República!" (*El Sol*, 9.10.1932, cit. por Núñez Rey, *Carmen* 91)

También su vida privada es insólita. Sin ayuda económica de su marido o de su familia cría a su hija, manteniéndola a ella y a su hermana Caterina. Hubo rumores sobre relaciones amorosas de Carmen con Blasco Ibañez y con Salmerón, pero la única relación históricamente cierta fue aun más escandalosa para su tiempo: durante 20 años estuvo unida fuera del matrimonio a Ramón Gómez de la Serna, 21 años más joven que ella. Hay otras intelectuales de la época, Carmen Baroja y María Lejárraga (que usa como pseudónimo el nombre de su marido, *Gregorio Martínez Sierra*), que les llevan cuatro y seis años respectivamente a sus maridos, lo que ya causaba cierto escándalo, pero incomparablemente menor que el de los amores de Carmen y Ramón.

Paralelamente a las actividades enumeradas arriba (de modo muy incompleto), de Burgos va produciendo una obra inmensa, prohibida luego por la censura franquista: doce novelas largas, y el asombroso número de 110 textos narrativos entre novelas cortas y cuentos largos, estimulada por—y contribuyendo a—la vivacidad de colecciones como *El Cuento Semanal y La Novela Corta;* casi treinta grandes traducciones, con las cuales introduce en España a intelectuales e ideas europeas y norteamericanas, desde Leopardi, Tolstoi, Renan y Max Nordau a John Ruskin y Helen Keller[1]; estudios literarios sobre María de Zayas y el *Amadís de Gaula*; libros de viaje; tratados sociológicos como *La mujer moderna y sus derechos* (1927); biografías (de Larra y de Leopardi, entre otros, con aportaciones científicas apreciadas aun hoy día, Núñez Rey, *Carmen* 222 y 223n.); manuales sobre el cuidado del hogar y de la belleza (menos de los que se pensaba, hasta que Lynn Scott descubrió errores en los ficheros de la Biblioteca Nacional) y varios millares de artículos en periódicos. Aún no hay bibliografía completa de estos artículos, y hasta Carmen Simón, siempre llena de recursos, dice resignada: "La magnitud de su trabajo hace imposible recogerlo por completo en esta obra" (131). Todo esto en el breve tiempo que va de 1900 a 1932: una contribución sustanciosa a la cultura de la Edad de Plata.

---

[1] Es de suponer que de Burgos traduce del inglés y francés, quizá del italiano. Scott (26-27) da algunas noticias acerca de la cuestión; además, sería interesante comparar las traducciones burgosianas con los originales, a fin de obtener más datos sobre sus conocimientos lingüísticos y por tanto sobre su cultura.

III. Carmen de Burgos y la Generación del Noventayocho

Desde hace casi cien años, numerosos críticos han tratado de caracterizar la obra burgosiana en términos de escuelas, corrientes o movimientos literarios.

Parece poco problemático vincularla con la tradición krausista e institucionista, con la cual entró en contacto ya durante sus estudios de Magisterio en la Granada finisecular. De Burgos permanece básicamente fiel a esta tradición durante toda su vida, logrando armonizar los aspectos idealistas y humanitarios con la paulatina radicalización de sus propias ideas políticas y hasta con elementos del materialismo positivista, en lo que atañe a su atención a los hechos y su curiosidad científica.

Ya es menos clara su relación con el espíritu del 98. Digo "espíritu" porque hubo poquísimos contactos personales entre la escritora y miembros de la famosa generación. No obstante, hay a veces asombrosas coincidencias, como el afán de recuperar viejos vocablos castellanos en desuso para incorporarlos en obras literarias[2], o la visita solitaria de Carmen a la tumba del adorado Larra, nada más llegar a Madrid en noviembre de 1901. A su vida provinciana en Almería no había llegado la noticia de que un grupo de intelectuales madrileños había hecho lo mismo nueve meses antes…

Relación poco clara también por ser la unidad de este "espíritu" un fenómeno debatido hasta hoy. Pero uso el concepto porque de Burgos es estrictamente coetánea a los hombres de la Generación y ha sido asociada por críticos autorizados como Núñez Rey ("Introducción" 19), quien, refiriéndose a los primeros años del siglo XX, ve a Carmen como "la mujer que en ese momento compartía el pensamiento noventayochista, sobrepasándolo." Concuerdo sólo parcialmente, en cuanto que de Burgos tiene el mismo—o aun más—compromiso regeneracionista, social y europeizador que los del 98, pero no comparte sus inquietudes espirituales y filosóficas. Los noventayochistas tienen estos rasgos ya en el primer lustro del siglo, mientras para de Burgos la cuestión palpitante es la autodeterminación de todo el sexo femenino, también su autorrealización, y menos el autoanálisis y/o autoconciencia individuales—aunque a veces sea visible, como muestra Núñez Rey en "Carmen de Burgos y su obra literaria." Por tanto hallo más acertado ver a de Burgos relaciona-

---

[2] Doy sólo tres de muchos ejemplos posibles: 'ricial,' 'traspol,' 'balate' hallados por Núñez Rey ("Carmen" 101).

da específicamente con la *juventud* del 98 (incluso la madurez de Machado y Valle Inclán) que con su pensamiento en general. En cambio, es acertada la etiqueta de "vitalismo racionalista," este casi oxímoron que Núñez Rey acuña ("Introducción" 45) para la postura existencial de la escritora andaluza.

Otra crítica que relaciona a de Burgos con los del 98 es Shirley Mangini.[3] Lo hace un poco al margen, incluyéndola en el capítulo titulado "Precursoras de la Generación del 98" (se refiere a mujeres del 98 que son precursoras de la vanguardia), pero luego no habla de la Generación del 98 en las páginas dedicadas a de Burgos, salvo introducirla de la forma siguiente: "El otro caso finisecular significante es el de Carmen de Burgos... Por su edad, podría considerársela también miembro de la Generación del 98, aunque por su espíritu insólitamente moderno y feminista, tendríamos que decir que es una moderna 'precoz'" (59). Las demás mujeres que Mangini incluye en este capítulo son Carmen Baroja, la hermana del novelista y del pintor, que comparte vida y cultura con ellos y se llama a sí misma en el título de sus memorias "una mujer de la Generación del 98"; y María Goyri, la esposa de Menéndez-Pidal, tan productiva como él en la vida profesional. Diría que estas dos, con María de Maeztu, son las únicas mujeres realmente cercanas a aquella Generación. Cercanas en cuanto a edad, cultura y contactos personales, pero sin formar parte del todo, por practicar mucho más el ensayo que la ficción. Pero tiene gracia que la hermana de Shakespeare inventada por Virginia Woolf encuentre a sus compañeras precisamente en España, personificadas en las hermanas de carne y hueso de los grandes escritores[4]. Por lo demás, es sabido que los del 98 formaban un exclusivo grupo masculino, cuyos miembros reprobaron el empeño literario femenino de diversas maneras: Unamuno alecciona en 1907 "A una aspirante de escritora"; y Valle Inclán se explaya en observaciones mordaces en una entrevista a *El Sol* en 1931: "En la presente civilización... no tienen nada que hacer las mujeres" (Dru Dougherty 223).

---

[3] No he podido ver la obra de Else Hoppe mencionada por Núñez Rey; Hoppe al parecer también trata este asunto.

[4] María de Maeztu y Carmen Baroja pueden ser la respuesta a la pregunta de Bieder "Where are the sisters of Baroja, Unamuno, Valle-Inclán?" (312).

IV. ESTILOS EN SINERGIA

En el campo de la práctica literaria de Carmen de Burgos estamos ante un panorama más complejo que en el de sus relaciones con el 98. Hay evolución en su obra, como han mostrado, entre otros, Núñez Rey (*Carmen*) y Lynn Scott, pero no hay demarcaciones netas entre los estilos que cultiva, porque suele abarcar varios a la vez en una obra; tampoco hay demarcaciones cronológicas, en el sentido de preferencias por uno u otro estilo en determinadas épocas de su creación.[5] Pasemos, de hecho, a ver brevemente cómo la autora introduce elementos modernistas, expresionistas y surrealistas en un contexto básicamente realista.

Muchos críticos, en diversos momentos del siglo XX, han constatado que Carmen de Burgos cultiva el realismo. Así, por ejemplo, Cejador, que subraya que ella no tiene nada que ver con el naturalismo (291), Sainz de Robles,[6] Ignacio Ferreras (37-38) y Catherine Davies (194). Añadamos que ven el caso de Burgos se trata a menudo de un realismo decimonónico, con presencia de un narrador omnisciente que comenta los sucesos. Por otro lado, de Burgos escribe también obras de posición narrativa cabalmente objetiva—pero no solo objetiva—como sus novelas picarescas *Los comerciantes de la Puerta del Sol* (1919), *Vida y milagros del pícaro Andresillo Pérez* (1930) y *Los anticuarios* (1919), también esta última, hasta cierto punto, una novela sobre pícaros. El Realismo, no lo olvidemos, es todavía muy actual en aquella época, muy apreciado por los lectores, y personificado por grandes maestros activos durante los años que hoy asociamos al predominio intelectual de los del 98 y de la vanguardia incipiente (Lissorgues y Salaün 129-134, Morón Arroyo 9).

Otros críticos la colocan en el naturalismo, como Eugenio G. de Nora (51), que da esta etiqueta sólo a sus obras hasta 1917, mientras ve las obras posteriores caracterizadas por una tendencia idealizadora y romántica.[7] La misma de Burgos le da la razón, autocalificándose de

---

[5] En mi trabajo de 1998 sobre Carmen de Burgos aún me parecía ver un desarrollo cronológico de los estilos de Carmen de Burgos; debo decir que ahora, habiendo leído más obras de ella, comprendo mejor la libertad sin esquema fijo en sus opciones estilísticas.

[6] La ve como realista en su obra de 1959 (200); en 1975 la incluye en la Promoción del Cuento Semanal, generación literaria acuñada por él mismo, y que abarca varias corrientes literarias.

[7] A mi modo de ver, no existe esta evolución cronológica en lo que atañe al realismo y naturalismo en la obra de Carmen de Burgos. *La malcasada* (1923) y

naturalista *sui generis*: "Yo soy *naturalista romántica*, y variable como mis *yoes*. Me gusta todo lo bello y la libertad de hacerlo sin afiliarse a escuelas," dice en su "Autobiografía" (26); y en su prólogo a *Los inadaptados* del mismo año, propaga "la sana novela naturalista" (15). Finalmente, José María Marco, en su estudio preliminar de *Los anticuarios*, aprecia que con esta novela la autora logra "una hazaña increíble: inventar el naturalismo feliz" (24).

A nadie puede asombrar que sea imposible resumir las cualidades de una obra tan extensa como la burgosiana en dos palabras. Además, no me parecen casuales estas tentativas de caracterizar su estilo por varios oxímorons, creados extemporáneamente para captar con brevedad lo esencial de su escritura. Más bien me parecen una analogía al hecho de que toda su personalidad literaria está construida a partir de elementos antinómicos.

Sus obras suelen tener una base realista (de vario tipo), a veces también naturalista, en que ella incorpora elementos de otros estilos de su tiempo. Muchas de sus novelas, y en cualquier momento de su carrera, contienen desde párrafos hasta páginas enteras de estilo modernista. *El veneno del arte* (1910), por ejemplo, es, por un lado, un acto de empatía—estilística y psicológica—con los jóvenes modernistas bohemios, sensibles y algo degenerados. Por otro es la sátira de su mundillo social y de sus modas. Y, finalmente, la protagonista María, una cantante, es en parte un *alter ego* de la autora, y en parte es el símbolo de la España fin de siglo, una heroína que sabe que va por el mal camino existencial, pero cuya abulia no le permite regenerarse:

—No, feliz no. ¿Frívola? Sí. Es mejor dar la flor de nuestras almas a la frivolidad, que ahogarla en el ansia de destruirlo todo para que la tierra produzca otra humanidad más perfecta… ¡Ay! Amigo mío, en el fondo de toda alma de artista existe un sagrario que encierra la custodia de un misterio santo…La conserva usted de antes de que su vida se invirtiera para su desdicha…yo, de antes de que mi espíritu quedase mutilado para la fe y el amor…

Quiero vivir mi vida (1931) son naturalistas de igual modo que *Los inadaptados* (1909). De Nora suele ser un lector atentísimo, y muy escrupuloso en sus juicios, pero la mole de la obra burgosiana no se deja clasificar con facilidad. Más adelante, de Nora curiosamente agrupa a de Burgos entre los escritores "intelectuales."

Había anochecido, el paisaje quedaba velado por las sombras como por una de esas cortinas moradas con que la rapacidad de los sacristanes cubre las obras maestras de los altares; las estrellas lucían, hundidas en las profundidades del azul limpio y oscuro; de un nido de cornejas oculto en el hueco de la tapia de un próximo jardín, salía el opaco silbar de las aves…armonizándose con el tañer de los vecinos conventos, que doblaban por los muertos en su melancólico toque de ánimas…

Y la confesión resonó solemne en la sombra del salón, en la soledad poblada de seres invisibles, envueltos en el penetrante aroma de las flores que subía desde el jardín con perfume de noche, y en el silencio que sólo rompía el fatídico piar de la corneja, o la lúgubre campanada de algún templo católico. (242-43)

¿De qué le servía la belleza? Tuvo la visión exacta de la locura, de la perversión de su carácter, del de Luis, del de todos los desequilibrados con lecturas malsanas y anhelos imposibles; y pensando en aquel amor presentido que alboreó un día en su alma, murmuró con amargura:—Ni yo tuve voluntad de regenerarme, ni él quiso prestarme ayuda…(262)

Pido disculpas por lo largo de la cita, pero he querido mostrar cómo de Burgos se posiciona en un equilibrio entre el razonamiento racionalista/regeneracionista y la prosa modernista, musical y llena de evocaciones bellas pero también turbadoras. Como en otras ocasiones, la autora expresa aquí compromisos regeneracionistas y noventayochistas en lenguaje modernista. Su obra confirma, pues, la visión globalizadora que tienen del modernismo estudiosos como R. Gullón, Mainer o Morón Arroyo (32-37), que no aprueban la oposición modernismo *versus* Noventayocho postulada por Salinas y otros.

Si el modernismo es desarrollo de la literatura precedente, el expresionismo es ya ruptura con el realismo.[8] Y también este estilo se halla en las novelas de la autora andaluza. Al igual que en el caso del modernismo, no hay desarrollo linear o cronológico en el uso burgosiano del expresionismo (aparte de que a veces no es fácil deslindar con exactitud el modernismo del expresionismo; la diferencia principal está

---

[8] Sobre el concepto de expresionismo en literatura, ver Paolo Chiarini y Hans Georg Rötzer.

no sólo en las imágenes, sino en la sintaxis). No es que de Burgos haga uso programático del expresionismo, pero es interesante cómo lo emplea para des-realizar pasajes en el contexto realista de muchas novelas. A guisa de ejemplo he escogido *El hombre negro* (publicado en 1916 en *La Novela Corta*), una de las novelas feministas de la autora. El protagonista es un marido abusivo, falso, feo y sucio de cuerpo y alma, la encarnación del mal. En aquellas páginas donde la intriga avanza, el hombre es representado de manera realista. Pero en los pasajes en que la novelista lo quiere caracterizar más intensamente, donde detiene el desarrollo de la trama para dar paso a la descripción del protagonista, escribe en estilo expresionista: "le robaban su corazón con las manos largas, las manos ganchudas, las manos de garduña de su marido" (66), o lo siguiente:

> El ser depravado, sucio, enfermo, envejecido; más seco cada vez, más enjuto, con los cabellos lacios y pringosos, la boca torcida y deformada, boca falsa, cada vez más claramente falsa; las manos sudorosas, y la nariz pronunciándose y creciendo como un pólipo que amenazase con absorberlo todo y convertirlo todo en nariz. (48-49)
> Tenía aquello algo de danza macabra; aquel hombre esquelético, que parecía montado en huesos como esos muñecos que se desarman para estudiar anatomía, parecía que iba a desencuadernarse; los cabellos caían lacios a los lados del semblante, del que no se veía más que la silueta aplastada y la nariz, colgante e innoble. (75)

La novelista práctica aquí y en otros pasajes expresionistas la deconstrucción de la figura humana, fragmentándola. Luego la reconstruye en forma de imagen no-mimética, con un afán estilizador intencionalmente maniqueo, para crear una imagen llamativa hasta ser chillona. Destorsiona las dimensiones y los planos: lo accesorio salta al primer plano y domina el cuadro. En los primeros dos ejemplos también la sintáxis significa ruptura, ruptura con las largas frases burgosianas; se hace escuetísima, una ráfaga intensifica da por la ausencia de predicados.

En este sentido, los pasajes expresionistas de *El hombre negro* anticipan los esperpentos de Valle-Inclán, ya cuatro años antes de la redacción inicial de la obra generalmente considerada el primero de ellos, *Luces de Bohemia*.[9] Y como ellos (y en general la literatura expresio

---

[9] No ignoramos que hay brotes del esperpento ya en obras anteriores de

nista) tienen tanto misión ética, política, y social como estética.

La búsqueda vanguardista de Carmen de Burgos, notada ya por Núñez Rey (*Carmen* y, en particular, "Carmen"), incluye también la creación de un pasaje surrealista. Visto que éste se halla en *Cartas sin destinatario*,[10] obra probablemente de 1912, el hecho es lo suficientemente interesante como para justificar otra larga cita:

> Miro al cielo. Corren nubecillas ligeras; muy blancas y muy tenues.... Son pedazos de estatuas rotas...veo un campanario gótico; un rey sin rostro, con corona y vestiduras... dos trenzas largas... Deben ser de una mujer rubia ... Un guerrero sin cabeza y sin armadura... animales extraños; flores y plantas gigantescas. Un sepulcro con una figura yacente; una mitra; las faldillas de gasa de una bailarina sobre dos piernas de mármol. El sueño y la realidad se han confundido; el pasado y el presente se han mezclado. (Citado por Núñez Rey, "Carmen" 107)

Esto parece escritura automática en estado puro, más de diez años antes de que el movimiento surrealista naciera en Francia. Por tanto no se trata de que de Burgos haya absorbido vanguardismos de su entorno cultural, sino que es ella misma quien los crea.

A la vista de esta creatividad, pueden surgir dudas sobre si algunas frases en estilo de greguería, que se hallan esparcidas en varias obras suyas (Núñez Rey, "Carmen" 107; Truxa, "Carmen de Burgos" 209), se deben verdaderamente atribuir a la influencia de Ramón. No me extrañaría si, en alguno de aquellos momentos en que se adelantó a su tiempo, fuera ella quien le dió el primer estímulo a su amigo, de la misma manera poco autoconsciente en que, azarosamente, surge un bello pasaje surrealista en una de sus novelas.

Los diferentes estilos practicados por la autora, con frecuencia dentro de una misma novela, obran en sinergia. De Burgos no los suele contrastar con violencia, sino que usa los estilemas modernistas y vanguardistas para dar realce a momentos de particular importancia.

Valle Inclán (Truxa "Del Modernismo").

[10] La obra fue publicado por Sempere, Valencia, sin fecha; Núñez Rey ("Carmen" 107) la situa en 1912.

V. En torno a la crítica feminista

El botón de muestra de opiniones que acabo de comentar no da una impresión completa de lo que es la crítica sobre la novelista almeriense, porque adrede he enfocado mi atención en aspectos de las historias intelectual y literaria. Pero prácticamente todo estudio sobre Carmen de Burgos dedica más espacio a su feminismo que a sus cualidades literarias. La escritora es una representante tan importante del feminismo temprano en España, tiene tanta conciencia de los condicionamientos de su sexo, que casi invita a que cualquier mirada sobre ella se detenga en su compromiso por la emancipación femenina, trátese de la lucha por medio de la acción o de la pluma.

Ahora bien: los que critican su estilo tradicional (crítica no siempre justa, como hemos visto) toleran su compromiso extraliterario. La crítica feminista, en cambio, explica el primero por el segundo. Ya en 1988 Janet Pérez subrayó que para la literatura escrita por mujeres el peso de factores extraliterarios es determinante, ya que da un "different historical flavor and detail" (197).

Mi punto de partida es la siguiente idea bien equilibrada de de Urioste:

> La literatura escrita por mujeres no debe ser estudiada aisladamente de la literatura considerada como totalidad—ya que esto produciría una guetorización de las escritoras—sino más bien debe ser analizada como una literatura experimentada de manera desemejante por tener las mujeres, en general, una distinta—quizás la palabra correcta fuera desigual—práctica cultural, pero aún siendo ellas partícipes y productoras de dicha práctica (1993, 528).

Como ilustración de este concepto de la práctica desigual se nos ofrece el caso concreto de Carmen Baroja, cuyas memorias representan un interesante ejemplo de la intrahistoria femenina en el primer tercio del siglo XX. Como ya hemos dicho, Baroja se considera "una mujer de la Generación del 98"; pasó la mayor parte su vida al lado su hermano Pío, disfrutaba, junta a sus hermanos, de lecturas y espectáculos, y de contactos amistosos con otros miembros de aquella generación.

Sin embargo, no tuvo las mismas posibilidades y experiencias intelectuales que ellos, porque en cuanto que mujer, aunque fuera acompañada por sus dos hermanos mayores, no tenía permiso para frecuentar las discusiones literarias en las redacciones de los periódicos, ni las tertulias en los cafés (Hurtado "Prólogo" 20) que fueron centros de reunión y debate cultural tan importantes como el Ateneo.

También las universidades estaban cerradas a las jóvenes de fin de siglo. Sólo dos de las contemporáneas de Carmen de Burgos, Carmen Gallardo y Maria Goyri, lograron estudiar, gracias a una larga lucha por conseguir permisos especiales, y debían acudir a clase acompañadas de un bedel. No para protegerlas a ellas de los estudiantes varones, sino al revés (Hurtado, "Prólogo" 20n.). Y cuando por fin existió aquel centro inestimable de reunión cultural femenina que era el Lyceum Club, en el cual tuvo un papel importante desde su fundación en 1926, Carmen Baroja no podía escuchar a los intelectuales a quienes ella misma había escogido e invitado, y para quienes había preparado la mesa del conferenciante con agua y flores, "pues Rafael [su marido], si no estaba [Carmen] para la hora de cenar, que solía ser muy temprano, se ponía hecho una furia. Así que casi nunca me enteraba de lo que habían dicho" (Baroja 90).

Para muchos, ser escritora era considerado una deshonra: por esto María Lejárraga publica bajo el nombre de su marido (Hurtado, "Biografía" 148), y por esto las mujeres continuan usando pseudónimos cuando los hombres que solían hacerlo en el sigo XIX, habían dejado ya esta costumbre, salvo *Azorín*. Carmen de Burgos, además de su famoso pseudónimo *Colombine,* tenía otra media docena, desde *Gabriel Luisa* hasta *Perico de los Palotes*. Gracias al éxito de las colecciones de novelas, la situación cambia un poco a partir del cuarto lustro del siglo; pero como muestra la historia de Carmen Baroja, a la mujer se le sigue impidiendo su autorrealización en el campo de la cultura. Y esto hasta en una familia que encarnaba el progreso intelectual, no sólo en las personas de sus hermanos sino también en la de su marido Rafael Caro, en cuya casa editorial se publicaron muchas de las obras de los Baroja...pero no las memorias de Carmen.

Las tensiones entre la cultura patriarcal y el deseo femenino de autorrealización podían destruir matrimonios: aun una mujer católica como Concha Espina opta por una separación de hecho cuando su marido hace pedazos el manuscrito de su primera novela, como cuenta la hija de la pareja en sus memorias (Hurtado, "Biografía" 149).

He entrado en estos detalles para aclarar dos puntos: primero, que Carmen de Burgos debía esforzarse enormemente para lograr enseñar, viajar, militar, amar y por añadidura escribir. Y segundo, que, en buena lógica, las mujeres que vivían y se educaban tan diferentemente de los hombres, cuyas tradiciones y estándares morales eran diferentes, que pensaban y en parte hasta hablaban de manera diferente y sobre todo, cuyas ideas "of their own life-changes and opportunities, their 'place' – differ, will think about things differently, will express themselves to different people in different ways and about different experiences, at least in some measure" (Paul Lauter, *Canon and Contents*, citado por de Urioste Azcorra 67).

Así, pues, parece imposible que en un tiempo y lugar, en que la diferencia entre los sexos es tan grande como en la España de principios del siglo pasado, las mujeres formen realmente parte de generaciones literarias junto a los hombres. En este sentido es funcional que Hurtado en su "Biografía" haya agrupado a las mujeres "modernas" en un conjunto aparte, aunque analizado en comparación con la cultura literaria dominante de su época. Pero ¿por qué precisamente la denominación "Generación del 98"? visto que no son generación—carecen de la mayor parte de las características establecidas por el inventor de las generaciones literarias, Julius Petersen—y que el término "del 98" está ya ocupado por un grupo con preocupaciones bastante diferentes de aquellas primeras mujeres modernas.

Quizá fuera adecuado llamarlas—y sobre todo concebirlas como—una corriente o un movimiento, ya que estos términos implican metas comunes, pero no necesariamente contactos personales, como en el caso de "grupo" o "generación."

VI. CONCLUSIONES

La crítica feminista propone un nuevo concepto de la modernidad, menos sometido al afán de continuas innovaciones formales, afán que reputa una imposición del canon patriarcal (Forsåss-Scott 4). Propone, en cambio, ser más concientes del hecho de que ya la misma existencia de los movimientos feministas tempranos es señal de modernidad (Heilmann, en Bieder 316). Martin Pumphrey hasta opina que los debates sobre la libertad de la mujer, moda, cosméticos y limpieza del hogar eran "as essential to the fabrication of modernity as cubism, Dada, or futurism, as symbolism, fragmented form or the stream of consciousness" (cit. por Scott 202). Este ramo de la crítica feminista está, por supuesto, muy atento a innovaciones en el campo de las *sexual politics* y estima altamente en de Burgos la tematización de sectores de la vida hasta entonces ajenos a la novela, como reformas legales, independencia económica y dificultades profesionales específicas de la mujer.

Por otro lado, me parece que ya es hora de que a Carmen de Burgos se la lea no principalmente en cuanto feminista. Este tipo de estudio—por atractivo y casi inevitable que parezca—induce a la lectura de los mismos textos siempre, sobre todo *El artículo 438, La malcasada, La rampa, El abogado, El hombre negro*. Para estos libros es parcialmente verdad lo que critican, entre otros, Davies: "From these few [¡!] succinct plot summaries it is obvious that male and female characters are typecast as black or white respectively" (197), y Pérez: "...her goals were more pedagogical than aesthetic, resulting in a sometimes heavy-handed or too explicit didactism and a tendency to overromanticize" (25). Pero hay muchas otras obras, no sólo las ya mencionadas novelas picarescas o *La entrometida*, que no tienen las mismas lacras.

No digo que de Burgos sea un genio desconocido; pero limitando la lectura de su obra literaria a una décima parte de la misma, que además está dedicada a uno sólo de sus campos temáticos, nos metemos en un círculo vicioso, creamos una *self fulfilling prophecy*: de Burgos es feminista, por lo tanto leemos única y repetidamente sus obras más llamativamente feministas, pero por estar tan claramente en favor de las mujeres no nos satisfacen . Para colmo, lo poco que se lee,[11] no siempre se lee con apertura mental. El cliché sobre una de Burgos feminista-didáctico-realista, ya asentado en nuestra mente, es causa de que algunos primores escapen a nuestra atención. De ahí que, por ejemplo, una novela como *El hombre negro* sea juzgada repetidamente con las normas prescriptivas del realismo, como por jemplo por Davies. Se busca la matizada mimesis psicológica, pero se halla el trazado exagerado, la estilización del expresionismo. Y luego se condena el texto por maniqueo en vez de valorarlo como hallazgo estético.

Pero afortunadamente hay cada vez más trabajos, tan creativos como informados y escrupulosos, dedicados al análisis literario de la andaluza. Núñez Rey, Scott y Kirkpatrick son sólo tres representantes de lo que está llegando a ser—¿nos atreveremos a decirlo?—una brillante "generación" de estudiosos/as de la obra total de Carmen de Burgos.

Università di Padova, Italia

---

[11] Lo difícil que es conseguir ejemplares de los libros de Carmen de Burgos tendrá su peso en esto.

Bibliografía

Baroja y Nessi, Carmen. *Recuerdos de una mujer de la Generación del 98*. Prólogo, edición y notas de Amparo Hurtado. 2a ed. Barcelona: Tusquets, 1999.
Bieder, Maryellen. "Woman and the Twentieth-Century Spanish Literary Canon. The Lady Vanishes." *ALEC* 17 (1992): 301-324.
De Burgos, Carmen. *Los anticuarios*. 1918. Edición y prólogo de José. María Marco. Madrid: Biblioteca Nueva, 1989.
——— "Autobiografía" *Prometeo* II ,1909. *Mis mejores cuentos*. Sevilla: Eds. Andaluzas Unidas, 1986: 23-27
——— *La Entrometida*. Madrid: Prensa Popular, 1924.
——— *La Flor de la Playa y otras novelas cortas*. Edición, introducción y. selección de Concepción Nuñez Rey. Madrid: Castalia, 1989.
——— *El hombre negro*. 1916. Prefacio de Rosa Romá. Madrid: E. Escolar,. 1980.
——— *El veneno del arte*. 1910. *La Flor de la Playa*, 1989. 219-270.
Cansinos Asséns, Rafael. *Las escuelas literarias*. Madrid: Páez, 1925. Vol. 2 de *La nueva Literatura*, 4 vols. 1917-27.
Cejador, Julio. "Epoca regional y modernista." *Historia de la lengua y. literatura castellanas*. 14 vols. Madrid: Tipografía de la RABM, 1919. 11: 1919-20.
Chiarini, Paolo. *L'espressionismo*. Firenze: La Nuova Italia, 1969.
Davies, Catherine. "Feminist Writers in Spain since 1900: from Political Strategy to Personal Inquiry." Ed. Forsåss-Scott. *Textual Liberation*. 192-226.
Dougherty, Dru. *Un Valle Inclán olvidado: entrevistas y conferencias..* Madrid: Fundamentos, 1983.
Ferreras, Ignacio. *La novela en el siglo XX (hasta 1939)*. Madrid: Taurus, 1988.
Forsåss Scott, Helena, ed. *Textual Liberation. European Feminist Writing in the Twentieth Century*. London y New York: Routledge, 1991.
Hurtado, Amparo. "Biografía de una generación: las escritoras del noventa y ocho." *La Literatura escrita por mujer. (Del siglo XIX a la actualidad)*. Barcelona: Anthropos, 1998. 139-154. Vol. 5 de *Breve Historia Feminista de la literatura española (en lengua castellana)*. Coordinada por Iris Zavala. 6 vols. 1995-99.
———. "Prólogo" a Baroja y Nessi. *Recuerdos de una mujer de l a Generación del 98*. Barcelona, Tusquets, 1999, 9-36.
García de Nora, Eugenio. *La novela española contemporánea (1927-1966)*. Madrid: Gredos, 1962. Vol. 2 de *La novela española contemporánea*. 1958-62.
Kirkpatrick, Judith. "Redefining Male Tradition: Novels by Carmen de Burgos and Concha Espina." Tesis doctoral. Indiana U, 1983.
Lissorgues, Yvan y Serge Salaün. "Crise du Réalisme." Cap. VIII de. *1900 en Espagne*. Eds. Carlos Serrano y Serge Salaün. Bordeaux: Presses Universitai-

res, 1988. 129-153.
Mainer, José Carlos. *La Edad de Plata. (1902-1939)*. Madrid: Cátedra, 1983.
Mangini, Shirley. *La modernas de Madrid. Las grandes intelectuales españolas de la Vanguardia*. Barcelona: Península, 2001.
Marco, José María. "Prólogo" a Carmen de Burgos, *Los anticuarios*. 9-24.
Morón Arroyo, Ciriaco. *El alma de España. Cien años de inseguridad*. Oviedo: Nobel, 1997.
Núñez Rey, Concepción. *Carmen de Burgos, Colombine (1867-1932). Biografía y obra Literaria*. Tesis doctoral. U Complutense de Madrid, 1992.
———. "Introducción." Carmen de Burgos, *La Flor de la Playa*. 1989, 9-75.
———. "Carmen de Burgos y su obra literaria." *Carmen de Burgos:. aproximación a la obra de una escritora comprometida*. Ed. Miguel Naveros. Almería: Instituto de Estudios Almerienses, 1996: 93-109.
Pérez, Janet. *Contemporary Women Writers of Spain*. Boston: Twayne, 1988.
Rötzer, Hans Georg (ed.) *Begriffsbestimmung des literarischen Expressionismus*. Darmstadt: Wissenschaftliche Buchgesellschaft, 1976.
Sainz de Robles, Federico. *Ensayo de un diccionario de mujeres célebres*. Madrid: Aguilar, 1959.
———. *La promoción de "El Cuento Semanal" (1907-1925)*. Madrid: Espasa Calpe, 1975.
Scott, Lynn T. "Carmen de Burgos: Piecing a Profession, Rewriting Women's Roles." Tesis doctoral, U of Florida, 1999.
Simón Palmer, María del Carmen. *Escritoras españolas del siglo XIX*. Madrid: Castalia, 1991.
Truxa, Sylvia. "Carmen de Burgos." *Ein Raum zum Schreiben. Schreibende Frauen in Spanien vom 16. bis ins 20. Jahrhundert*. Ed. Ute Frackowiak. Berlin: Ed. tranvía-Verlag Walter Frey, 1998. 198-214.
———. "Del modernismo al esperpentismo de Valle Inclán. Observaciones sobre estética y lenguaje." *Dai modernismi alle avanguardie. Atti del Convegno dell'Associazione degli Ispanisti Italiani*. Eds.. C.Prestigiacomo y M. C. Ruta. Palermo: Flaccovio, 1991. 127-143.
Unamuno, Miguel de. "A una aspirante de escritora." *Obras Completas*. 9 vols. Edit. Manuel García Blanco. Madrid: Escelicer, 1966-71. 3: 479-83.
De Urioste, Carmen. "Canonicidad y feminismo: los textos de Camen de Burgos" *RLA V*, (1993): 527-32.
De Urioste Azcorra, Carmen. *Narrativa andaluza (1900-1936). Erotismo, feminismo y Regionalismo*. Sevilla: Universidad de Sevilla, 1997.

Sobre el editor del volumen

FRANCISCO LARUBIA-PRADO (Ph.D., Cornell University) es catedrático de literatura española en Georgetown University (Washington, DC, USA). También ha enseñado en Princeton University y The Johns Hopkins University. Es el autor de *Alegorías de la voluntad. Pensamiento orgánico, retórica y deconstrucción en la obra de Miguel de Unamuno* (Libertarias/Prodhufi, 1996); *Unamuno y la vida como ficción* (Gredos, 1999); y *Regreso al futuro: Amor, muerte y desencanto en el Romanticismo español* (de próxima aparición). Entre sus volúmenes editados están: *Razón, tradición y modernidad: Re-visión de la Ilustración hispánica* (Taurus, 1996); *Theorizing Modern Hispanic Fiction* (volumen especial del Journal of Narrative Technique, 1997); *El hispanismo en los Estados Unidos. Discurso críticos/Prácticas textuales* (Visor, 1999); y *Cervantes for the 21st Century/Cervantes para el siglo XXI (Studies in Honor of Edward Dudley)* (Juan de la Cuesta 2000). También es el autor de numerosos artículos sobre literatura, cultura e Historia Intelectual españolas.

Literatura y pensamiento

en España

Juan de la Cuesta
Hispanic Monographs

Series: *Homenajes* N° 20

EDITOR
Tom Lathrop
University of Delaware

ASSOCIATE EDITOR
Alexander R. Selimov
University of Delaware

EDITORIAL BOARD
Samuel G. Armistead
University of California, Davis

Annette G. Cash
Georgia State University

Alan Deyermond
Queen Mary and Westfield College of the University of London

Daniel Eisenberg
Excelsior College

John E. Keller
University of Kentucky

Steven D. Kirby
Eastern Michigan University

Joel Rini
University of Virginia

Donna M. Rogers
Middlebury College

Russell P. Sebold
Real Academia Española

Noël Valis
Yale University

Amy Williamsen
University of Arizona